NEXT TOKYO

新世代东京

面向未来的国际大都市创新发展之路

[日] 梅泽高明 [日] 楠本修二郎
王宇 周鹏远 著

清華大學出版社
北 京

NEXT TOKYO

北京市版权局著作权合同登记号　图字：01-2019-7511

图书在版编目(CIP)数据

新世代东京：面向未来的国际大都市创新发展之路 /(日) 梅泽高明等著 . —北京：清华大学出版社，2021.10

ISBN 978-7-302-59211-2

Ⅰ.①新…　Ⅱ.①梅…　Ⅲ.①国际性城市－城市建设－研究－东京　Ⅳ.① F299.313

中国版本图书馆 CIP 数据核字 (2021) 第 184547 号

责任编辑：陆浥晨
封面设计：吕　菲
版式设计：方加青
责任校对：王荣静
责任印制：杨　艳

出版发行：清华大学出版社
网　　址：http://www.tup.com.cn，http://www.wqbook.com
地　　址：北京清华大学学研大厦 A 座　　邮　　编：100084
社 总 机：010-62770175　　邮　　购：010-62786544
投稿与读者服务：010-62776969，c-service@tup.tsinghua.edu.cn
质 量 反 馈：010-62772015，zhiliang@tup.tsinghua.edu.cn
印 装 者：小森印刷霸州有限公司
经　　销：全国新华书店
开　　本：150mm×215mm　　印　　张：22.75　　字　　数：272 千字
版　　次：2021 年 10 月第 1 版　　印　　次：2021 年 10 月第 1 次印刷
定　　价：98.00 元

产品编号：084848-01

作者简介

梅泽高明

科尔尼咨询公司资深全球合伙人、科尔尼日本区前任总裁、“新世代东京计划”发起人。东京大学法学专业毕业后，加入日产汽车，之后赴麻省理工学院斯隆商学院攻读 MBA，毕业后加入科尔尼公司至今已超过 20 年，具有丰富的战略咨询经验。同时承担多项政府咨议职务，包括日本内阁官房日本发展战略推进会议委员、内阁府税制调查会特别委员、Cool Japan 政府委员与基金董事，并兼任日本最知名的商业节目 *World Business Satellite* 的评论员。

楠本修二郎

1964 年生于福冈县，早稻田大学政治经济学专业毕业后，曾在 Recuit Cosmos 公司和大前研一事务所工作，之后担任平成维新会事务局长；2001 年创办 CAFE Company 并担任董事长，以“促进交流”为理念管理旗下约 100 家店铺，并多次参与商业设施的规划和建设；2010 年就任 Cool Japan 政府委员，同时担任一般社团法人东食会、一般社团法人 NEXT WISDOM FOUNDATION、一般社团法人 Food&Entertainment 协会 3 家机构的代表董事及“东京收获节”执行委员长。

王宇

科尔尼全球合伙人、大中华区政府与经济发展主管合伙人，拥有 20 余年丰富的工作经验，对区域开发及战略发展、国有企业战略及转型等问题有独到的见解，且具有丰富的项目经验，领导过多项城市及地区的经济发展课题以及领先的大型国有企业战略及转型项目。曾受聘担任 2016 年 G20 杭州峰会二十国工商集团政策建议组核心成员，制定 B20 政策建议公告。科尔尼《全球城市指数》中国区研究负责人及"'一带一路'城市互联互通指数"研究的负责人。拥有伦敦商学院金融硕士学位和清华大学工程学士学位。

周鹏远

科尔尼资深董事、科尔尼全球区域发展与公共事务课题资深专家。具有超过 12 年的公共事务咨询经验，广泛服务于国内外的政府机构、公共组织及房地产开发商。科尔尼《全球城市指数》中国区研究及"'一带一路'城市互联互通指数"研究的专家。

致中文版读者序

20 世纪 80 年代，我首次来到中国，而频繁来华是 2001 年之后的事了，因为工作需要，身为科尔尼咨询公司日本合伙人的我，多次到中国参加会议和活动，上海、北京、深圳、广州……中国大城市日新月异的变化和创新令人惊叹，这里所发生的一切，都极像我为之骄傲的超级都市——东京，但又是以“快进”的方式在演变发展。

1964 年，借举办夏季奥运会与残奥会，东京成功布局了一系列关键项目的开发与基础设施建设，沿用至今且成果非凡。当下，东京即将迎来第 32 届夏季奥运会和残奥会，而这也同时意味着新一轮重大城市开发计划的启动，其意义必将更为深远。

2014 年，当国际奥委会宣布东京成为第 32 届奥运会举办城市之后，我联合数位专家，组织召开探讨关于东京未来发展的主题论坛，并在之后数年演变成为如今的“新世代东京计划”（NEXTOKYO）。

“新世代东京计划”的专家团队由来自日本及全球各行业的 12 位意见领袖组成。我们一同形成了以“新世代东京”为主题的东京未来城市发展愿景，并与政府部门、开发商和各级利益相关方共同发起和启动了一系列的东京发展项目。与此同时，将这些内容结集出版成书，涵盖了我们对于将东京建设成为世界一流的创意与科技城市的愿景以及一系列具体的实施想法。十分幸运的是，本书受到了中国政界、商界和学界的诸多关注，让我有更多机会来华分享对于东京发展模式的持续思考与实践心得。参与了多次恳谈后，我意识到，中日之间在城市发展上有着共同关心的议题，也面临着众多相似的挑战和困惑——产业发展、科技导入、人才吸引、空间更新、生态优化、文化传承，不一而足——而这些都曾在东京发展的历程中，被深入思考过或正处于探索状态中。

作为日本政治、经济和文化的中心，东京这座令世界瞩目的国际化都市拥有强大的文化融合力，现代与传统、喧闹与静逸、多元与个性、实用主义与美学艺术，都在这里得到完美的融合。

然而，“新世代东京计划”并非着墨于推介东京成功经验。真正心系东京未来的有识之士正倾其所能，试图从批判和理性的视角，为这座魅力之都出谋划策，全力帮助它应对未来发展挑战，以期得到更高层级的优化与提升。

以东京“六本木新城”为例，作为划时代的城市综合体，在落成之时，的确带给世界全新体验，至今为止平均每年吸引超过 4000 万人次客流。尽管极具创新，但也已经是 20 世纪的远见者们对未来城市展望的“落地之作”。但令人担心的是，东京的规划者与开发商们开始因循旧例，在东京持续打造了五六个“迷你六本木之丘”，将人们的生活装入一个个“大箱子”之中。如此一来，东京终将陷入呆板而无趣的境地。

令笔者更为忧虑的是，中国许多超级都市——北京、上海、深圳等，也正在投入大规模的重复建设之中。近年来我也常常被中国的官员与商业领袖询问，如何借鉴东京成功项目案例，在自己所在的城市“复制”一个个的六本木、新宿或代官山，这不由让我感到焦虑。

作为一名战略咨询顾问，我深刻地体会到，城市的经营较之企业的经营，虽有异曲同工之处，却更为复杂艰难，而一旦失败所造成的影响却会长期波及千百万居民。城市发展面对的真正问题应该是：如何在全球的超级都市竞争之中制胜？是否能建立独树一帜的优势？是否能为未来数十年发展留下足够的增长空间？…… 这些话题值得每个热爱自己城市的有识之士关注并参与讨论。制定兼具理性与雄心的城市战略极为重要，于是，通过动员广泛的社会力量，博采众长寻找问题的答案，应被视为明智之举。

“新世代东京计划”恰恰就出自于此：我们汇聚商业、科技、文化、艺术、传媒、法律、建筑、城市规划等各领域专家，形成颇具影响力的机构，并无营利意图，完全出于对东京这座城市的热爱，凭借一己之力推动变革。在实践中，有幸得到日本中央政府与东京都政府的大力支持，从而实现了立法推动、区域再开发与国际合作等一系列切实工作。

当科尔尼大中华区政府与公共事业部负责人、我的同事王宇提出想要引进本书在中国出版中文版本时，我欣然同意。这的确是个大好契机，总结东京城市发展的经验和教训，为中国的城市化发展提供借鉴。

如今，中日两国的各大城市都面临着前所未有的变局，若能在两国城市发展大计这个宏大主题之下贡献绵薄之力，我亦荣幸之至。

樱花落尽待春归，天涯比邻盼知音。

梅泽高明，科尔尼管理咨询公司，日本法人会长

2017 年 10 月

致读者序（中文版）

科尔尼管理咨询公司在中国开展城市发展战略、区域经济发展等公共课题已超过二十年了，是中国城市崛起的参与者与见证者。作为科尔尼大中华区政府与经济发展业务的负责人，我同参与城市发展领域的众多机构频繁合作——地方政府、新区管委会、开发商、高校智库、规划建筑单位；亦于不同场合，为各地城市的发展规划建言献策。

中国城市发展的决策者和实践者让我印象深刻，彼此间交流的广度和深度也逐年递增。近年来我明显感受到，各地城市发展的紧迫感和焦虑感不断上升，在关乎自身发展潜力和能力提升等方面，大家都有着相同的焦虑与期待。

每一年，科尔尼公司都会对外发布《全球城市指数报告》（*Global Cities Index Report*），其中，政府与媒体同我们沟通最多的两个问题便是“中国城市相比全球超级城市，差距到底在哪里？”以及“我们能从领先城市的战略规划中学到什么？”

不久前，在和我公司合伙人梅泽高明先生的交流中，我们意识到，中日两国在城市规划和治理等方面有着诸多相似的背景，这里既包括东亚地域文化上的共同点，也有城市发展机理和脉络的相通性。中国大城市当下所面对的关键问题，诸如区域协同发展、创新发展、治理能力提升、人才竞争、老龄化挑战等，也是日本大都市曾面临或者正在面临的重大议题，其中尤以东京最具代表性。

巧的是，自 2011 年起，梅泽先生就针对未来东京发展的愿景与战略，联合众多专家学者创立“新世代东京计划”，并将研究成果结集出版，其中蕴藏大量的真知灼见，十分值得关心中国城市发展的有识之士参考借鉴。

与其他介绍东京城市发展的相关著作不同，此书并未重点着墨于分享东京发展的成功之道。恰恰相反，“新世代东京计划”的专家们站在应对东京发展挑战以及全球城市竞争的立场上，以前瞻性与批判性的视角，通过深入思考和严谨论证，为东京城市的未来发展出谋划策。

其中，梅泽先生同建筑师、设计师斋藤精一的访谈内容令我印象深刻，他们对复制“六本木之丘”形态的垂直综合体的城市规划进行了反思。事实上，近十年来我曾在很多次的国内交流中听到规划者对“六本木之丘”创意的赞扬，也曾在许多的规划文件中看到或神似或形似的综合体项目。而在这本著作中，专家们能够勇于对公认的全球标杆项目提出批判，强调城市发展的原创性、差异化与创新思维，实为难能可贵！

选择在当下出版本书，也有时机上的特别考虑。

第 32 届夏季奥运会即将在东京举行，“新世代东京计划”中为此盛会所做种种努力则有机会得到推演与践行；而两年后，北京亦将迎来冬季奥林匹克运动会。铜壶滴漏，计日以待。我认为，借此契机引入此书，对于中国城市建设的决策者和参与者来说，将不无裨益。

常年位居全球城市排名前列的东京，的确不落窠臼。它拥有迭代更新的强大融合力，能以不断变化的新姿态持续吸引全球注意力。

这座“立体”城市，既秉持亚洲文化传统，又具备推陈出新的创新土壤，既拥有多元中心且互不干扰的特色区域，还可以兼容并蓄且吐故纳新，从而形成有机整体。

对于如东京般体量规模和发展阶段的城市，显著的变革依然在持续发生。一组数据足以说明——2012 年，东京与北京的国际游客数量大致相等（约 600 万人次），而 2018 年，东京的国际游客已经超过 1400 万人次，是北京的 3 倍多。作为全球一线城市，东京能以每年两位数的增速（16%）实现游客增长，这对于中国的城市而言无疑是一个重要启示——只要策略得当、执行得力，即使是成熟的超大城市，依然能够启动重大的转型与发展。

事实上，这座城市每隔几年就会出现深刻且重大的变革，赋予了东京持续活力与竞争力，其背后的逻辑与范式的确值得我们深入研究和借鉴。

今天，城市集聚着全球 55% 的人口，并贡献了 65% 的全球经济产出，从某种程度上说，国家的竞争已经是城市间竞争力的全面体现。当下的中国，各个城市也正面临高质量发展与城市治理能力提升等方面的重大诉求。我们衷心希望，这本凝聚着全球专家智慧结晶的“新世代东京计划”，能够为中国城市构筑未来发展战略、提升全球竞争力，并使其在全球城市网络中脱颖而出，贡献一份重要的经验与力量。

为此，我们在日文版的基础上，补充了大量的注解和边栏，并特别增加了关于中国城市启示的专门章节（第四章），以使其更为契合当下中国城市的现实发展境况。此外，我们还专门撰写了“东京城市介绍”的附录，从时间和空间两个维度，对东京城市发展进行了系统梳理，建议对东京发展历史不甚熟悉的读者可以在阅读正文前先行浏览。

又及，猝不及防的新冠疫情席卷全球，东京奥运会也受此影响由2020年延期至2021年，并且面临大幅度的观众与游客数量压缩。虽然面临种种不确定性，尤其是对奥运会的“赛会经济”效应的疑虑，但东京奥运会依然在2021年7月23日开幕。

尽管“新世代东京计划”在新冠疫情前的部分设想，在后疫情世代需要重新思考与调整，但我们认为其背后体现的城市发展思想与逻辑，依然值得我们借鉴。例如书中第一章提到的新型战略轴“东京X”，其中的一段已经与2020年10月以“东京BRT”系统的方式展开。

而从中长期看，疫情毕竟是短暂的，随着亚洲各大城市逐步重回发展的轨道上，作为亚洲领先城市的东京，如何长期持续保有其战略竞争力，值得我们长期观察。

最后，我们要衷心感谢“新世代东京计划”的全体专家——梅泽高明、楠本修二郎、小笠原治、为末大、斋藤精一、田川欣哉、斋藤贵弘、佐久间裕美子、伏谷博之、森俊子、藤村龙至，以及为中文版付梓付出辛苦工作的科尔尼公司同事赵展、周坤仪、陈沛祎，以及已经离职的同事谢意、崔向忠、沈佳颖和清华大学出版社编辑陆浥晨等，本书的写作与编译过程凝聚了大家的勤奋与辛劳，谢谢你们！

任重道远，始于足下！

王宇，科尔尼咨询公司，全球合伙人

周鹏远，科尔尼咨询公司，董事

2020年5月

前言

为了筹备 2020 年东京奥运会，日本首都东京正在发生巨变。

根据媒体报道，日本政府和民间团体预计将投入超过 116000 亿日元（约合 7400 亿元人民币）的资金，用于东京奥运会的设施建设。其中很大的比例（58000 亿日元，约合人民币 3700 亿元），都将用于包括沿海地区在内的东京市中心的再开发工程。现如今，东京市内的各项工程设施都已热火朝天地投入建设。

然而，笔者对这种现状却深感忧虑。一言以蔽之，按照如今的发展趋势，东京势必会成为一座呆板而又无趣的城市。

东京所面临的挑战，可以整理为几个要点。

其中最大的问题，在于东京的开发缺乏总体规划。虽说市区内到处都在进行大规模的开发建设，然而从整体看却不难发现，东京缺乏一个清晰的未来方向。

东京究竟该以何种产业，占据国际的核心地位？

面对全球化的都市竞争，东京的影响力究竟应该如何提升？

面对日益攀升的老龄化现状，市民的健康生活究竟该如何保证？

几乎没有人思考过，2020 年之后的东京，应该朝着什么样的方向发展。

涩谷[①]、品川[②]、虎之门[③]、大手町[④]、日本桥[⑤]、芝浦[⑥]……许多缺乏总体规划的大规模再开发项目，正在杂乱无章地进行。

所有项目都不愿花费精力打造自己的地域个性，而是千篇一律地追求项目本身的利益最大化。这就导致东京市内充斥着许多思路相似的开发工程。大型办公楼同高级住宅合并、高级宾馆同各种商业及小型文化设施共处一楼——设计思路相仿的多功能大厦，如雨后春笋般出现在东京的各个角落。

如果所有再开发项目都只顾追求自身利益，那么未来的东京，究竟会变成何种模样？想象一下吧，如出一辙的多功能设施充斥着这座城市——这就是未来的东京。

整洁、安全、现代化，但无趣。这样一座都市，如何招揽世界名企、吸引高端人才、接待外国游客呢？

美国纽约在“9 · 11”惨剧之后浴火重生，英国伦敦在 2012 年奥运会之后欣欣向荣。全世界的著名城市，为了吸引知名企业和优秀人才、为了在经济与文化的竞争中拔得头筹，都在为树立自己的都市个性而不断努力发展。作为其中一员，东京却不懂得打造个性，遍地都是外形相似的大型多功能建筑。这样的东京，究竟靠什么占据全球领先地位呢？

屋漏偏逢连夜雨。少子、老龄化和人口负增长的情况，正在日

---

① 涩谷：东京都涩谷区。东京知名商业区之一。

② 品川：东京都品川区。东临东京湾，是东京沿海地带的重要居民区、商业区和工业区。

③ 虎之门：位于东京都港区北部。东京知名办公区。

④ 大手町：位于东京都千代田区皇居大手门东北。东京知名办公区。

⑤ 日本桥：位于东京都中央区北部，拥有日本银行总行和东京证券交易所等金融机构，是东京最具代表性的金融街。

⑥ 芝浦：位于东京都港区东部，紧邻东京湾，建设有大量工厂、港口和仓库。

本全国持续恶化。

根据东京都政府的预测，2035年以前，东京23区家庭的数量将处于缓慢增长的状态。然而数字背后的现实，却是以高龄人口为核心的“独身家庭”和“无子家庭”的持续增加，而“核心家庭”[①]开始减少。

发展经济所必须的劳动人口不断减少，而东京的再开发项目却依然铺天盖地。东京市内的办公楼和居民楼很快就会供给过剩。

我们必须培养新兴产业和创新企业，吸引外资企业长期入驻，鼓励高端人才和优秀留学生定居，如此才能平衡供给需求。而一切的前提，就是将东京发展成为一座引领全球的魅力之都。

2020年东京奥运会，就是摆在我们眼前的重大机遇。

同发展中国家的城市相比，东京拥有许多得天独厚的资源。不仅经济产业多种多样，而且还拥有饮食、动画与时尚等丰富多彩的文化资源，这种资源配置在全世界都是十分罕见的。高楼大厦之间古色古香的小巷与老宅，同样也是东京的魅力之一。

我们应该发挥东京的优势，向打造全世界最具魅力都市——新世代东京（NEXTOKYO）的方向不断努力。

新世代东京的“条件”皆已具备

那么，新世代东京的突破口又在哪里呢？

本书第一章将针对2020年东京奥运会之后的发展方向进行总结。

其中最重要的关键词在于“创意都市”“科技都市”“健康都市”

① 核心家庭：由一对夫妻及未婚子女构成的家庭。

以及实现这三个目标所必需的“经济特区”。

首先“创意都市”一节中，笔者列举了数个提升城市魅力的方案，以此帮助涩谷、新宿、六本木、秋叶原和浅草等“世界独一无二的街区”增强魅力与个性。若想实现“创意都市”，我们必须以宏观的视角看待城市建设，使东京丰富多彩的街区成为一个有机的整体。

“全民健康，享受东京”——在“健康都市”一节，笔者罗列了实现这一目标的必要条件（例如，铺设人们跑步锻炼道路和自行车专用车道，大力发展沿岸地区经济，等等）。

“科技都市”一节，笔者则针对信息时代，对如何完善城市功能提出了自己的见解。

最后在“经济特区”一节，笔者提出并整理了为实现上述目标所需的制度改革。

相信通过第 1 章的介绍，读者一定可以描绘出新世代东京的具体轮廓。

2020 年东京奥运会将为各行各业带来商机

笔者在本书中的另一重要观点是新世代东京的实现，将为日本整体产业带来巨大福音，并推动其大规模发展。

东京奥运会及残奥会的官方赞助企业，虽然多数成立了“奥运推进部门”，但并未下定决心是否应该放手一搏。

笔者认为，这些企业完全浪费了大好良机。

新世代东京的实现，离不开各行各业的产业革新。也就是说，如果奥运会及残奥会可以帮助东京实现进一步发展，那么对于许多行业来说，这应该是一个不容错过的重大商机。

不仅是体育行业，所有行业都可以在奥运会中分得一杯羹。

例如安保行业。第 32 届夏季奥运会在东京举办，届时将有来自世界各地的游客来到东京。为了应对逐年增加的恐怖袭击威胁，我们必须动用人工智能（artificial intelligence，AI）和无人机、机器人等高新安保技术，为各国游客提供安保服务。

为了保障游客的安全和便利的出行，我们必须进一步发展自动驾驶出租车、支持异地还车的汽车租赁服务，以及大面积覆盖的共享单车服务。此外，为了提升游客的观光体验，电子屏幕导游和购物技术同样需要进一步提升。

除此之外，个人健康记录（PHR）和体育娱乐等行业同样蕴含着商机。

本书第 2 章将以案例的形式详细介绍新世代东京的新兴产业和新式服务。通读第 2 章之后，一定可以发现隐藏在东京奥运会及残奥会背后的巨大商机。

11 个不同视角下的东京未来战略

——“新世代东京计划”（NEXTOKYO Project）所有成员的共同目标是为了东京有一个更美好的未来。本书第 3 章便对该项计划的参与成员进行了采访。

“新世代东京计划”的契机，是2014 年 G1 峰会（G1 Summit）[①]。G1 峰会为邀请制，200 余名与会人员均为政治、经济、文化、体育、学术等领域的行业领袖。在峰会上，笔者参与了一场名为“2020 与东京”的讨论会，并同数名与会者针对东京的发展方向及再开发方式分享了意见和看法。这场集中式的讨论，是笔者生成“新世代东

① G1 峰会：该峰会由一般社团法人 G1 举办，以复兴日本为目标，召集各行各业的行业领袖，共同商讨日本的建设方案，也称日本版的达沃斯经济论坛。

京计划”想法的原因。

截至目前，本计划已邀请来自建筑、城市规划、设计、艺术、体育、媒体，以及法律等各行各业的 12 名一线专家，组成了一支专家小组。

笔者希望通过该项计划，帮助东京在 2020 年之后脱胎换骨，成为世界上最具魅力的都市。

虽然“新世代东京计划”目前依然处于商讨阶段，然而，距离东京奥运会开幕式仅一年的时间，我们必须趁现在向外界传递出自己的想法。这也是本书出版的原因。

笔者相信，未来的东京一定会成为一座引领全球的魅力之都。如果本书能够激发读者的想象与热情，那么笔者将感到十分荣幸。

梅泽高明，科尔尼管理咨询公司，日本法人会长

“新世代东京计划”参与成员

梅泽高明（A. T. Kearny）

小笠原治（ABBALab）

楠本修二郎（CAFE Company）

斋藤精一（Rhizomatiks）

斋藤贵弘（律师）

Sputniko!（艺术家 / 东京大学）

田川欣哉（TaKram）

为末大（原田径运动员）

林千晶（Loftwork）

伏谷博之（Time Out 东京）

藤村龙至（建筑家 / 东京艺术大学）

森俊子（建筑家 / 美国哈佛大学研究生院）

第 1 章

2020 年开启产业与文化的新时代

世界对东京的评价 2
为了 2020 年之后的可持续发展 4
拥挤、科技、文化 7
1964 年东京奥运会 8
东京奥运会解决了日本的基础设施危机 9
从施工到开通，日比谷线仅用时 5 年时间 10
“伦敦 2012”是我们的榜样 12
“9 · 11”之后，纽约浴火重生 13
“新世代东京计划”的视角 14

关键词之一 · 创意都市
全球最具创造力的都市

会聚全球创新人才 17
彻底打造城市个性 18
1. 原宿 · 涩谷——街头文化的“圣地” 20
2. 秋叶原——电脑虚拟城市 AKIBA 22
3. 新宿——亚洲第一不夜城 24
4. 池袋——以女性为主角的文化与创新之城 26
5. 浅草——从江户到昭和的历史主题公园 28
6. 竹芝 · 日出 · 芝浦 · 天王洲——由仓库改造而来 29
7. 筑地——美食 + 体育、娱乐 30

创新教育的现代化和国际化 33
解读东京的未来——“创意都市”四大要点 36

关键词之二・科技都市

体验前沿科技的创新都市

多语种移动导游 38
东京——增强现实之都 39
统一平台 40
将东京变成物联网的实验基地 41
科技都市和共享经济 42
构建共享单车广域网络 43
共享办公和共享房屋让城市更具活力 44
亚洲最大的创业园区 44
解读东京的未来——“科技都市”四大要点 46

关键词之三・健康都市

以人为本的健康都市

社交网络时代，自行车之城顺应时代潮流 47
东京高线：骑行和徒步的“圣地” 49
骑行和徒步的收益 51
东京湾的巨大潜力 53
解读东京的未来——“健康都市”四大要点 58

关键词之四・经济特区
经济特区加速改革进程

【提案 1】针对创新人才放宽工作签证限制 61
高级设计人才促进创新发展 65
【提案 2】废除针对休闲娱乐业夜间经营的限制 66
24 小时营业制下的新市场 69
【提案 3】增设民宿特区 70
【提案 4】开放市内公共空间 73
新型战略轴“东京 X” 75
“东京 Butterfly”促进游客回流 76
解读东京的未来——“经济特区”四大要点 78

第 2 章
新世代东京的五大商机

商机之一
个人健康

【关键词 1】24 小时生命体征监测 81
数字医疗在诊断和治疗领域的应用 82
为用户提供综合性服务 83
【关键词 2】可穿戴外骨骼机器人 / 生物力学 85
个人健康领域的四大要点 88

商机之二

体育和娱乐

体育也是娱乐产业 90
【关键词 1】智能体育馆 91
增加观众互动环节 92
【关键词 2】多机位赛事直播 93
【关键词 3】VR 和 3D 立体影像 94
成长显著的电竞市场 95
体育和娱乐领域的四大要点 97

商机之三

高级交通和物流系统

【关键词 1】自动驾驶出租车 98
安全行驶的必要条件 99
全球范围内日益升级的主导权之争 101
从根本上改变汽车消费市场 104
【关键词 2】无须还车的汽车租赁服务 104
【关键词 3】储物柜 × 快递 106
高级交通和物流系统领域的四大要点 108

商机之四

智能安防

【关键词 1】高级视频分析 109
高级安保技术市场不断扩大 109
【关键词 2】安保机器人和安保无人机 110

用动画的思维打造“机器人保卫下的城市” 111
监察用无人机市场在 4 年内扩大了超过 3 倍 112
安保机器人和安保无人机的四大要点 115

商机之五

数字营销创新

【关键词 1】数字广告牌 116
电子屏幕的用途不仅是“展示” 117
【关键词 2】虚拟商店 119
从根本上改变顾客的购物行为 120
【关键词 3】购物自动化与众包 121
市场销售创新的四大要点 124

第 3 章

专家们共同讲述：新世代东京的成功条件

小笠原治　ABBALab 董事长 126
IoT（物联网）日本制造业最后的机会 126

为末大　原田径运动员 142
残奥会引领下的未来东京的未来影响力在于“残障人士的康复旅行” 142

楠本修二郎　CAFE Company 董事长 155
在多元文化交融的“沼泽”中寻找邂逅 155

斋藤精一　Rhizomatiks 董事长 167
媒体艺术的未来应回归城市设计的原点 167

田川欣哉　Takram 董事长 182
让海外高级设计人才为日本经济服务 182

斋藤贵弘　律师 196
夜间经济可以促进东京的经济、文化和社会发展 196

佐久间裕美子　作家 209
“奢侈”的定义在本质上发生了变化 209

伏谷博之　*Time Out* 东京董事长 220
在“DO”的过程中传播东京魅力 220

森俊子　建筑家 / 美国哈佛大学研究生院教授 233
让东京为“多样性”留下空间 233

藤村龙至　建筑家 / 东京艺术大学副教授 244
基础设施陈旧，东京如何重生？ 244

第 4 章

城市持续更新的秘诀

一、利用重大机遇，促进城市能级跃升 261
1. 1964 年东京奥运会的赛会影响 262
2. 1991 年的东京都厅搬迁 264
3. 2020 年奥运会与东京规划 2040 266

二、保持城市持续更新，密度优先 267
1. 持续更新 269
2. 规模优先，密度优先 272
3. 精明发展，复合多元 275

三、发展城市创意阶层，打造城市 DNA 278
四、轨道交通塑造的东京 283
1. 面——东京都市圈的圈层结构 284
2. 线——轨道交通线路与东京沿线开发 286
3. 点——基于站点的站城一体化开发 289

五、民众参与，多元共治 297
1. 从“新世代东京计划”看多元共治 298
2. 民间力量共治的沿革与模式 300

第 5 章

东京城市发展史，时空交织下的传承和变革

一、关于东京的几个空间概念 312
1. 都心六区 312
2. 东京都区部 315
3. 东京都 316
4. 东京都市圈 317
6. 首都圈 320

二、关于东京的几个时间概念 323
1. 古代时期的东京（公元前 3 世纪—1867） 323
2. 近代时期的东京（1868—1940） 324
3. “二战”及“二战”后复苏期的东京（1941—1955） 327
4. 黄金时代下的东京（1956—1985） 327
5. 泡沫时期和进入千禧年后的东京（1986—至今） 329

东京发展大事记 332

新世代东京 LOGO 设计方案

“新世代东京计划”原创 LOGO 的灵感来源于“东京 Butterfly”。LOGO 扩展了“X”的含义，传递出 Synthesis（合成）、Hub（核心）与 Tissue（组织）的内涵。双重交叉的“X”则代表了“团结有序的组织”等多种含义。

艺术指导：田川欣哉（Takram）。设计：山口幸太郎（Takram）

第1章

2020年开启产业与文化的新时代

以奥运会为契机，东京加快了再开发的步伐。

会集世界人才，吸引全球企业，

东京迎来了一大发展良机。

为了实现2020年之后的可持续发展，

如今的我们，应该怎样建设城市？

本章将以关键词的形式，

为读者介绍能够发挥东京优势的战略构想。

世界对东京的评价

21 世纪，是一个城市竞争力决定国家成败的时代。

根据联合国发表的数据显示，目前世界上大约有一半的人口居住在城市，到 2050 年，城市人口将占全世界人口的 2/3。

一个充满魅力的城市，能够吸引全球的企业与人才，孕育出大量的创新与发明。城市与城市之间基于企业与人才网络的自由交流，已经形成了超越国境线的经济圈与文化圈。

那么，世界对于东京这座城市又有着怎样的评价？

根据科尔尼管理咨询公司 2020 年“全球城市指数”（Global Cities Index，GCI）的研究分析，东京在全球城市综合排名中位列第四，前三名分别是美国纽约、英国伦敦和法国巴黎。根据该报告的分析，东京的排名优势体现在其均衡全面的综合实力上——在指数的五大关键维度中的四个（商业活动、人力资本、文化体验和政治事务），均位列全球前十。而在具体细分指标中，东京拥有全世界最多的高等学历人口、全世界第二多的财富五百强企业、全世界第三多的国际权威智库机构，而在诸如国际顶级文艺与体育活动、航空吞吐量、资本市场实力、大使馆等维度方面，也都位列全球前十。东京的短板则在于其全球交流实力的不足和海外人才的短缺。

东京的城市实力也始终保持稳定发展，报告自 2008 年首次发布以来，东京的名次一直位列前五之中。而在其他国际性的城市研究中，东京的位次也大多处于第一梯队，如表 1-1 所示。

表 1-1 2016—2020 年 GCI 前五大城市列表

2016	2017	2018	2019	2020
伦敦	纽约	纽约	纽约	纽约
纽约	伦敦	伦敦	伦敦	伦敦
巴黎	巴黎	巴黎	巴黎	巴黎
东京	**东京**	**东京**	**东京**	**东京**
香港	香港	香港	香港	北京

从数据上看，东京依然是归属全球第一梯队的关键城市，但是与纽约或伦敦相比，是否还能被视为“顶级”的全球城市，答案似乎并不那么确定。

早在 1991 年，“全球城市”（the Global City）概念的提出者，哥伦比亚大学社会学终身教授萨斯基娅·萨森（Saskia Sassen）在其经典著作《全球城市：纽约、伦敦、东京》中曾将东京置于全球顶级城市之列。

然而，东京却在泡沫经济崩溃后失去了发展的强劲势头。1996 年“世界都市博览会”被迫中止①，接下来的整整 20 年东京都一蹶不振。21 世纪以来，英国伦敦和美国纽约等国际著名大都市，都在加强同世界的交流，并依据各国的战略部署快速发展。与此同时，伴随众多亚洲城市的陆续崛起，新加坡、香港、上海、北京，都相继开展了雄心勃勃的发展计划，这些后起之秀正对东京的亚太中心城市地位发起挑战，东京声名虽依然响亮，但似乎陷入疲于应对之态势。

科尔尼全球城市指数报告（Global Cities Index，GCI）首次发布于 2008 年，由科尔尼咨询公司联合国际顶级学者与智库机构联合发起。报告基于对超过

① 东京计划于 1996 年召开世界都市博览会。然而由于泡沫经济崩溃带来的一系列负面影响，政府被迫取消了原定计划。

130 个城市（其中有超过 30 个中国城市）的事实和公开数据深入分析，旨在对全球各城市的国际竞争力与发展潜力进行系统评估。

科尔尼全球城市指数是目前全球范围内跟踪研究时间最长、涵盖城市范围最广、指标覆盖最为全面的综合性城市评估报告之一，在全球享有广泛声誉与权威性。报告自首次发布起，始终强调城市发展的重要性，为城市决策者确立积极的发展计划和转型战略提供了依据，同时也可以帮助企业识别投资机遇以及布局未来有投资潜力的城市。

为了 2020 年之后的可持续发展

伴随着 2020 年东京奥运会及残奥会的临近，东京亦将迎来再一次的发展机遇。作为日本的首都，东京对外开放程度和城市魅力的不断增强，也会对整个国家带来重要影响。

受海外游客所带来巨大经济效益的影响，政府制定政策大力促进外国人访日。伴随着日元贬值的良好势头，2013 年后赴日观光的外国游客持续增加，日本人也终于感受到一个城市和国家的开放究竟会带来多么大的影响（如图 1-1、图 1-2 所示）。

“安倍经济学”的诞生，以及 2020 年奥运会举办权的尘埃落定——近年来发生的两个重大事件，引发民众对东京的未来有了新的期待，东京再开发的力度也得到增强。

然而，我们究竟应该如何规划东京的未来呢？

很明显，**高级现代的写字楼、干净卫生的住宅、明亮整洁的商业设施——大规模开发为核心的新兴都市，这种发展模式并不适合东京**。

不久的将来，东京将面临人口减少和老龄化的沉重打击。如果我们墨守成规，继续走房地产开发的老路，那么东京的建筑设施迟早会出现供给过剩的状态。

2020 年奥运会结束之后，东京的再开发究竟应该何去何从？笔者认为，**我们必须走可持续发展的道路，将产业和文化政策贯彻落实到城市建设之中**。

正是出于对东京未来发展的忧虑，笔者才召集了国内外各行各业的创新人士，发起了本次“新世代东京计划”[①]（NEXTOKYO Project）。

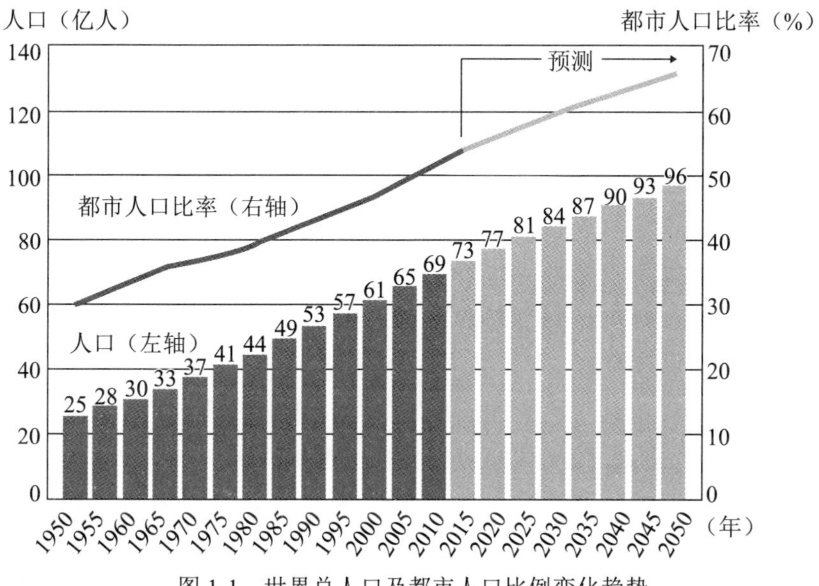

图 1-1 世界总人口及都市人口比例变化趋势

资料来源：日本政府观光局 . 年度访日外国人、出国日本人人数变化趋势 .

---

① 2014 年春，以梅泽高明和楠本修二郎为中心，8 位有识之士齐聚一堂，以“全世界最具魅力的城市——东京”为目标成立了“新世代东京计划”。目前项目成员共 12 人，计划成立一般社团法人。

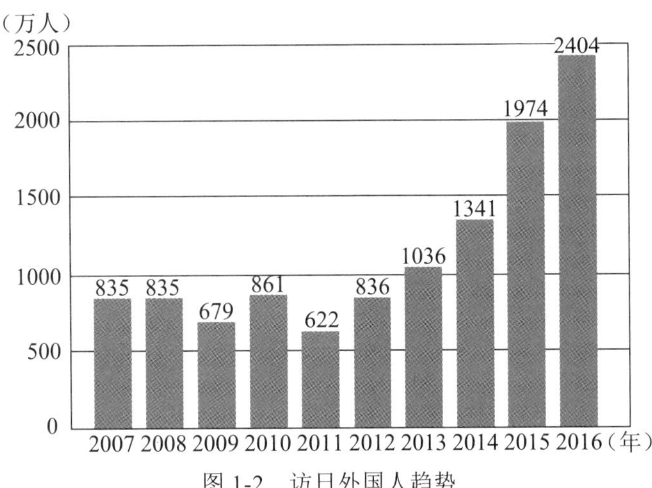

图 1-2　访日外国人趋势

资料来源：日本政府观光局 . 年度访日外国人、出国日本人人数变化趋势 .

所谓的“新世代东京（NEXTOKYO）”，是将“NEXT”同“TOKYO”组合而生的原创词汇。正如字面所示，“新世代东京计划”的目标是打造未来东京。计划的参与者，从产业、文化、生活方式等各个角度，就东京的未来规划进行全方位讨论，并向政府和企业提出具体改进方案。

“新世代东京”这个词，在本书中特指理想状态的未来东京。笔者将结合世界各国的预测数据和具体事例，逐一介绍“新世代东京计划”的全新商业模式。

- **东京：丰富的文化和健康的生活方式**
- **东京：积极开放，汇集全球人才与资本**
- **东京：产业文化不断创新**

为了实现上述目标，我们应该采取怎样的战略？接下来笔者将从城市建设、文化、产业和法律法规等各个角度，针对东京的未来方向进行讨论。

拥挤、科技、文化

为了未来东京的良好发展，我们有必要了解现在的东京究竟在世界上树立了怎样的形象。

英国信息杂志 *Monocle* 每年都会针对全球大都市进行一次“生活品质调查”（Quality of life Survey）。

在该项调查中，东京自 2015 年起连续三年蝉联榜首，2018 年和 2019 年连续位居第二。*Monocle* 的调查更加看重“生活方式”所占的比重，更倾向于从实际居住的角度对城市进行评价。

Monocle 是这样介绍东京的：“这座拥有 1300 万人口的大型都市，在高新技术带来的快节奏生活与传统邻里价值观之间取得了完美平衡。”

森纪念财团都市形象调查（2016 年）同样给出了十分有趣的结果。该调查采访了全球 40 多个都市的居民，以问卷调查的形式收集了受访者“由世界各大都市所联想到的词汇”。笔者按照回答数量由多到少的顺序，将有关东京的部分整理如下。

1. Crowded（**拥挤**）
2. Technology（**科技**）
3. Modern（**现代**）
4. Japan（**日本**）
5. Busy（**繁忙**）

6. Expensive（**昂贵**）

6. Culture（**文化**）

7. Clean（**清洁**）

8. Sushi（**寿司**）

8. Food（**饮食**）

9. Organized（**秩序**）

10. Traditional（**传统**）

排名第 1 的“Crowded（拥挤）”和排名第 5 的“Busy（繁忙）”说明，自经济高速增长期以来，东京上下班高峰期的拥挤状况，已经在全球范围内得到了认知。

而位居前列的“Technology（科技）”和“Modern（现代）”，以及 10 名之后的“Advanced（先进）”和“Innovative（创新）”，都说明东京给世界留下了“高科技都市”的印象。

此外，并列第 8 的“Sushi（寿司）”和“Food（饮食）”，以及排名并列第 6 的“Culture（文化）”，说明东京在外国人眼中，还是一座文化之都与美食之城。

1964 年东京奥运会

举办奥运会究竟会给一个城市带来怎样的影响呢？

在讨论 2020 年东京奥运会之前，让我们先把目光转向 1964 年，看看当年的奥运会（第 18 届奥林匹克运动会）都为日本经济带来了哪些方面的影响。

即使在 21 世纪的今天，东京的公共交通网络同其他国际都市相比依然十分完备。以首都高速为代表的高密度公路网，以及承担东京周边运输职能的铁道网——要知道，这些公共交通基础设施诞生于半个世纪前，即东京奥运会时开始修建。

1959 年 5 月，国际奥林匹克委员会（IOC）全会投票决定，日本东京获得 1964 年奥运会的主办权。**东京只有短短 5 年的时间，去完成包括基础设施建设在内的各项准备工作。**

截至 1964 年东京奥运会开幕时，日本共投入约 10700 亿日元（约合 690 亿元人民币）的资金用于奥运会的准备工作。要知道，日本 1964 年的国家预算大约为 32550 亿日元（约合 2100 亿人民币）。这意味着政府用了短短 5 年时间，就花费了年度预算将近 1/3 的资金。

然而 1 万亿日元的总开销中，只有 265 亿日元（约合 17 亿元人民币）用于体育馆建设等奥运会直接相关的项目，大部分资金都投入了公共交通基础设施建设。其中东海道新干线花费了 3800 亿日元（约合 350 亿元人民币），东京地铁花费了 1895 亿日元（约合 120 亿元人民币），占据了预算中相当大的部分[①]。

1964 年东京奥运会，标志着日本经历战后复兴，重新走上国际舞台。以奥运会这一重大国际赛事为契机，东京以及整个日本的基础设施终于达到发达国家的水平。

东京奥运会解决了日本的基础设施危机

1964 年之前，无论是日本全境还是东京地区，最基本的基础设施都处于严重落后的状态。

---

① 数据来源：国立国会图书馆《奥林匹克与经济》。

东京于 1959 年取得奥运会举办权时，首都放射线大约只完成了计划的 27%，而环状线只完成了计划的 12%。[①] 当时的东京已经完全步入“汽车时代”，城市中心交通严重拥挤，铁路的上座率也接近 300%，公共交通系统可谓混乱至极。东京奥运会正好为解决东京基础设施问题提供了一个良好契机。

放射 4 号线（青山路・玉川路）和环状 7 号线等 22 条总长度约为 54.6 公里的都市主干路，在奥运会开幕前建设完工。而早已进入施工调查阶段的首都高速公路，则于东京取得奥运会举办权之后立刻投入建设。奥运会开幕时，已有总长度约为 32.8 公里的 4 条线路正式开始运营。[②]

这些道路的修建，使羽田机场[③]到代代木奥林匹克村[④]原本需要花费将近 2 个小时的路程不到 30 分钟就可以到达。截至目前，首都高速公路总长度已达 320 公里左右，有效地支持了城市交通的正常运转。

从施工到开通，日比谷线仅用时 5 年时间

再让我们看看东京的地铁。1959 年之前，东京已计划开通 5 条总长度约为 109 公里的地铁线路。申奥成功后，又于 1962 年新增了总长度约 178 公里的 8 条线路。地铁日比谷线从施工到全线开通，

---

① 数据来源：东京都都市计划概要《都市计划停车场建设》。

② 数据来源：稻田知生《东京的城市问题——以长期规划为目标》，国土交通省《首都高速公路发展历程》，国土交通省《最新首都高速公路网络》。

③ 羽田机场：位于东京大田区，首都圈两大机场之一，旅客吞吐量日本第一。

④ 代代木奥林匹克村：1964 年东京奥运会运动员村。

仅仅花费了 5 年时间。[①]1958 年施工的都营浅草线大门站至押上站分段，在奥运会开幕之前也投入了运营。[②]

1960 年之前，东京城市整顿规模尚小，重心主要放在体育场馆及参赛运动员集中的街区。而 1960 年罗马奥运会之后，东京开始利用举办新一届奥运会的契机，对整座城市进行大规模改造。

可以说**东京是全世界第一个以奥运会为契机，对交通体系进行综合性重建的城市**。从 1959 年 5 月申奥成功到奥运会开幕，仅用了短短 5 年时间，东京以惊人的速度完成了城市改造。直到 21 世纪的今天，50 年前奠定的交通格局依然在日常生活中发挥着社会基础设施的功能。

因此，当我们筹备 2020 年东京奥运会时，必须考虑今日的投入是否能够承担起 50 年后的社会基础设施职能。

说到东京的未来，便绕不开“人口”这一话题。

根据国立社会保障及人口问题研究所[③]的统计结果（2017 年修订版），预计截至 2050 年，日本社会总人口大约会减少至 1.192 亿人，而 2065 年大约只有 8807 万人[④]。

此外，根据东京都政府的预测，东京 23 区[⑤]的总人口将于 2020 年达到顶峰，届时将为 916 万人（其中劳动人口约 603 万人）。

---

① 地铁日比谷线：全称东京 Metro 日比谷线，于 1959 年正式施工，1964 年全线通车。

② 都营浅草线大门站至押上站分段于 1958 年正式施工，1960 年施工完成并投入运营。

③ 国立社会保障及人口问题研究所（National Institute of Population and Social Security Research）：日本负责人口、经济和社会保障等领域调查研究的国家级机构。上级机关为厚生劳动省。

④ 出生率、死亡率均按中间数值推测。

⑤ 东京 23 区：东京市中心地区的 23 个特别区。

而 2050 年将减少至 807 万人（其中劳动人口约 434 万人），2070 年将减少至 655 万人（其中劳动人口约 335 万人），如图 1-3 所示。23 区的高龄人口比例（65 岁以上人口所占比例）2020 年约为 23%，2050 年约为 38%，2070 年则会达到 41%。在不久的将来，老龄化将会成为东京的严重社会问题。

2020 年东京奥运会，将在一座严重老龄化的都市举行。本届奥运会的使命之一，就是打造一座适宜老年人和残障人士居住的城市。

在日本公共设施等硬件层面的无障碍设计已经相当完善，然而**人才和社会观念等“软件层面的城市改造”依然任重而道远**。如何提高城市开发的软实力，是我们必须深入研究的课题。

我们应该把注意力更多地集中在 2020 年残奥会上，使它成为东京迈向无障碍都市的标志。

“伦敦 2012”是我们的榜样

如何通过奥运会解决社会问题？2012 年的伦敦奥运会可以给我们很大的启发。

伦敦城市改造的重点在于伦敦东区。

伦敦东区是伦敦市内的贫民区，曾经的支柱产业制造业衰败，失业率攀升。而奥运会的主会场“奥林匹克公园”就建在那里。

奥运会结束之后，大多数场馆都改造成了居住和办公设施，以吸引商业和宾馆入驻，创造新的就业机会。

此外，奥运会期间建造的媒体中心，也于 2016 年改造为大型创业孵化基地 Here East，吸引大学及数字创新企业入驻。

与此同时，伦敦奥运会的另一特征便是 diversity（**多样性**）

和 inclusion（社会包容），即吸引新型人才，改变社会观念。

在人才培养方面，伦敦优先为失业群体提供职业培训，并为他们提供了 7 万个与奥运会相关的岗位。

此外，伦敦市政府为了协调奥运会期间的旅游工作，组织了一批 8000 人的志愿者团体。奥运会结束之后，很多人都选择继续从事志愿者工作，极大支持了“全球最热门[①]旅游城市”——伦敦的发展。

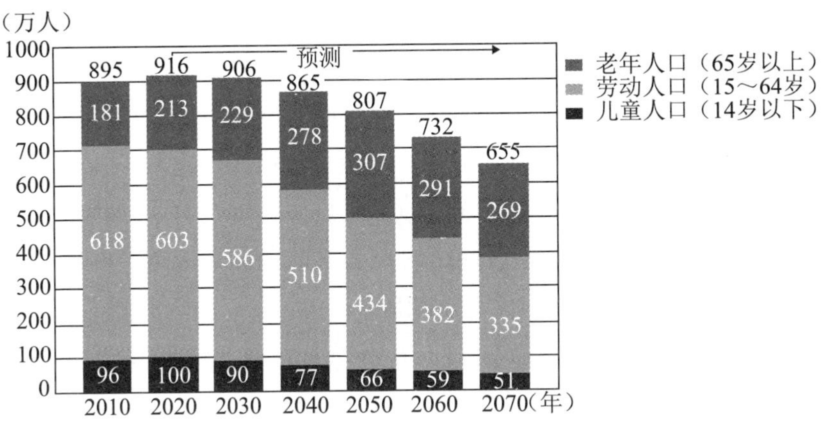

图 1-3　东京 23 区未来人口变化趋势

资料来源：东京都总务局第 7 回东京自治方法研究会 . 东京未来人口变化趋势 .

“9・11”之后，纽约浴火重生

科尔尼管理咨询公司“全球城市指数”（2020 年版）的数据表明，纽约市在全球都市榜中排名第一。纽约的再开发案例，同样可

① 旅游攻略网站 Trip Advisor（猫途鹰）“世界最受欢迎观光都市排行榜 2016”中伦敦排名第一。

以为东京提供极有价值的借鉴。

纽约前市长迈克尔·布隆伯格为了帮助纽约摆脱“9·11”惨剧的阴影，制定了一系列积极的措施。这些措施包括**重新规划城市用地、扩充地铁网及自行车道、投资公园和广场以提升都市形象、发展新兴产业**等。

城市用地方面，布隆伯格市长在执政的12年间，重新规划了纽约市1100个街区、约36%的城市用地。此外还在沿岸地区和车站周边建造了大量居民住宅。

都市形象方面，纽约市修建了布鲁克林大桥公园，还把曾经的货运专用立交桥改造成为如今的空中花园“高线公园”，时代广场也摇身一变，成为宽阔的公共广场。

产业政策方面，布隆伯格鼓励生命科学、医疗及软件开发等企业入驻，大力支持创业。这使纽约在老牌的金融、房地产和服务业之外，又增添了新兴产业的金字招牌。

此外，布隆伯格执政期间，布鲁克林区获得了极大的发展，撼动了曼哈顿的经济和文化中心地位，成为纽约市新一代文化发源地。①

“新世代东京计划”的视角

正式讨论东京的未来发展方向之前，笔者首先为大家介绍一下“新世代东京计划”的研究角度和总体思路。

第一，脱离交通基础设施和房地产的误区，**重视生活方式、文化、人才、产业和法律法规等软实力的建设**。

---

① 关于布鲁克林的发展，详情请见第3章采访稿。

第二，目光长远，放眼未来。在城市建设的过程中，不仅要考虑目前的居民和现有的产业，更应该想到**未来的居民和来自全世界的优秀人才，以及未来着重发展的新兴产业**。

第三，采用新颖的城市建设方法。在决策时，不仅要实现领导层自上而下的决策，**更要重视来自民间的想法，为下情上达提供通畅的途径**。在建设时，应该重视修复、再生（renovation）和改造（conversion）的手法，**发挥现有资产的二次利用价值**。

东京面临少子化和老龄化的危机，急需实现社会多元化。想要解决这些社会问题，使东京成为充满魅力的国际都市，不能仅仅借鉴伦敦和纽约的经验，更要深度发掘东京这座城市独一无二的魅力。

笔者总结了以下 4 个关键词，以此展示东京的未来发展方向。

“创意都市”“科技都市”“健康都市”和实现这些目标所必需的**“经济特区”**。本书第一章将以上述关键词为线索，向大家展现未来东京的具体轮廓。

[关键词之一・创意都市]

全球最具创造力的都市

最早提出创意都市（Creative City）[①] 的人，是英国城市设计界的权威，查尔斯・兰德里先生。一般而言，创意都市是指**创造力是竞争力源泉，创新产业是产业支柱**的城市。

兰德里之后，美国社会学家理查德・佛罗里达也提出了 Creative Class 的概念（创新阶层，即从事研究、教育、编程、艺术、设计、金融和法律等行业的人才阶层），并指出在后工业化都市，创新阶层才是社会和经济的中心阶层。[②]

趣味盎然的城市，丰富多彩的文化，推陈出新的才能——东京已经具备了这些条件，因此更应以“世界第一创意都市”为目标继续努力。

澳大利亚数据调研公司 2thinknow 在其《2018 年全球创新城市指数》（*Innovative Cities Index*）[③] 中，将东京位列榜首，排名超过了伦敦、纽约、旧金山、洛杉矶等顶级创新创意城市。

饮食、媒体、建筑、设计和时尚，日本培养的创新人才正活跃在全球各个领域。

例如建筑领域，日本与美国并列成为建筑界最具权威的“普利兹克奖”获奖人数最多的国家。此外，法国美食杂志 *Le Chef* 曾主办

① 《创意都市——都市复活的工具箱》（日本评论社，英语版于 1995 年出版）。
② 《创新资本论——新经济阶层的兴起》（钻石社，英语版于 2002 年出版）。
③ 作为澳洲的一家智库机构，自 2007 年起“2thinknow”基于文化资产、人力及基础设施和网络化市场三大方面的 162 个指标，开始较为全面地评估全球城市在创新创意等领域一系列相关表现。

名为“顶级主厨100人”的评选（2017年版，发表于2016年），根据米其林星级餐厅主厨们的投票结果，14名来自日本的主厨光荣上榜。

然而，承担起经济发展重任的大企业，却大多未能充分发挥自己的创新能力。创新人才在日本社会中的地位及收入，同欧美诸国相比依然处于较低水平。

在汽车和家电领域，日本企业曾引以为豪的功能和品质优势也已经逐渐被赶上。同新兴国家相比，日本企业在生产成本上也完全没有竞争力。

今后产品竞争的核心不再是数值和产品功能。产品设计、顾客体验以及品牌价值，才是未来产品竞争的主战场。培养优秀的设计师和创意总监，使他们成为企业核心竞争力的一部分，正在变得越来越重要。

会聚全球创新人才

想要在创意都市的道路上走得更远，我们必须学会**与世界“共同创造”**。换句话说，就是**开放式创新**。

所谓“开放式创新”，不仅在技术和商业模式领域十分重要，而且在社会和文化领域也是一个不容忽视的概念。

纽约、伦敦和巴黎等国际大都市集中了大量的企业、研究所和教育机构，为全球的优秀人才提供相互竞争的平台。

例如，旗下拥有路易威登、迪奥和纪梵希等众多奢侈品牌的LVMH路威酩轩集团，虽然总部设在巴黎，但是负责各品牌商品，店铺设计和广告活动的创意总监，大多不是法国人。巴黎作为世界的时尚中心，拥有来自全球的优秀人才，LVMH可以在这些人才中进行筛选，为各个品牌寻找合适的优秀设计师。

如果东京能够以人才和创新为中心，向全世界敞开大门，积极吸引来自海外的优秀人才和企业，长此以往，一定受益良多。

大量吸收海外人才，能够极大提升日本从外部视角对文化产业进行判断、设计和输出的能力。强化海外人才网络，可以帮助日本发展当地合作伙伴、开辟销售途径。外国人所拥有的差异化视角和创意，还可以激励日本人进行创新。

请让我重复一遍：饮食、媒体和时尚——丰富多彩的创新产业已经在日本生根发芽，来自日本的优秀人才，正在世界舞台上大显身手。

日本文化的一大特征，就是**积极吸收外来文化，将外来文化同当地传统文化融合，在持续锤炼中实现升华**。

日本古时向朝鲜半岛和中国学习，明治时代向欧洲学习，第二次世界大战后向美国学习。对外来文化“贪婪”地汲取，在保持传统审美观念的同时进行一次次革新——这就是日本文化的本质。

在音乐领域，全世界的俱乐部中都能看到日本 DJ 活跃的身影；在饮食领域，按照日本风格加工而成的拉面，在世界上的人气同寿司不相上下。**想要保持日本文化的丰富性，最基本的就是积极吸收外来文化**。

积极吸纳海外优秀人才，营造外国人也能够大展身手的社会环境，东京就一定可以超越纽约和伦敦，成为活力与激情之城。这便是“全球最具创造力的城市”——东京。

彻底打造城市个性

提高东京的创新能力，最重要的是**建立“创意集群”**（参照图 1-4）。

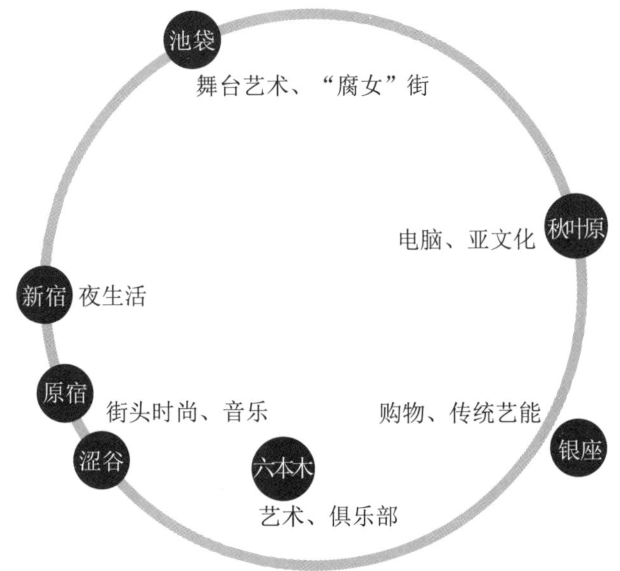

图 1-4　东京的创意集群

所谓的创意集群，就是将创新产业按照类别划分，各个类别的公司、研究所、教育机构和专家集中在特定区域，使创造力得到充分发挥。

目前，东京已经拥有几个各具特色的创意集群。

其中的代表有：**原宿·涩谷（街头时尚、音乐），秋叶原（电脑、亚文化），六本木（艺术、俱乐部），池袋（舞台艺术、“腐女”街）**等。

每个区域都应推出代表性的城市建设规划，提高区域个性。同时，建设各自领域的研究机构和人才培育机构，吸引相关产业入驻。通过这些措施，可以吸引海内外人才，将区域打造成“粉丝”心目中的“圣地”。这才是创意集群正确的发展模式。**增强城市个性，对旅游业也有非常大的帮助**。

那么，不同的区域应该怎样提高自己的个性呢？接下来笔者将以 7 个区域为例，向大家说明“新世代东京计划”中“区域性格塑造”的方向。

1. 原宿・涩谷——街头文化的“圣地”

从20世纪70年代开始，原宿[①]和涩谷[②]就已经逐渐发展成为年轻人的街区。原宿的街头时尚走在时代前列，而涩谷则孕育了“涩谷系”音乐[③]。90年代“Bit Vally”（比特谷）[④]诞生以来，涩谷逐渐发展成为新兴企业的沃土。涩谷十字路口[⑤]对于外国游客来说也是东京名列前茅的地标；涩谷的万圣节游行同样拥有高端游客吸引力。艺术总监增田塞巴斯蒂安[⑥]设计的Kawaii Monster Cafe（可爱怪兽咖啡厅）浓缩了原宿的“卡哇伊文化”（可爱文化），受到世界的瞩目。

笔者认为，原宿和涩谷应该作为**街头文化的“圣地”**，吸引年轻创作者，提升街区活力。

街头举办的各种活动，以及2000年之后诞生的“合法街头涂鸦”[⑦]（允许街头艺术家在规定墙壁上进行创作），都是涩谷的代表性文化。

2012年，餐饮业公司CAFE Company在表参道的空地上打造了一个集“饮食、学习和工作”为一体的空间——246 COMMON。充满个性的流动餐车，周末举办的各种活动和工作坊，这些要素吸

---

① 原宿：位于东京都涩谷区东部，明治神宫、青山至表参道一带的总称，东京极具代表性的“年轻人之街”。

② 涩谷：特指东京都涩谷区涩谷站附近的地区。东京知名商业区之一。

③ 涩谷系音乐：日本流行音乐类别之一，20世纪90年代大为流行，因发祥于涩谷地区而得名。

④ 比特谷：位于涩谷的互联网创业园区。

⑤ 涩谷十字路口：日本人流量最大的十字路口，每次红绿灯约有3000人通行。

⑥ 增田塞巴斯蒂安：艺术家，原宿“卡哇伊文化”创始人。

⑦ 合法街头涂鸦：即Legal Graffiti。2005年涩谷宫下公园专门聘请艺术家对涂鸦进行创作，将原本杂乱不堪的街头涂鸦改造为颇具代表性的城市一景。

引了许多对时尚敏感的女性、年轻人和外国游客，使这里成为了一个多元化的社区。[①]

Cat Street（猫街）[②] **连接着原宿后街和涩谷，是日本街头文化的象征。我们应该继续开发猫街**，为街头小摊提供集中营业的区域，欢迎流动摊贩和街头音乐家们入驻，打造一个年轻创造者们活跃的平台。这些措施可以提升猫街的魅力，吸引观光者在这里驻足久留。

此外，我们还应关注元山町[③]（道玄坂[④]附近）的情侣酒店一条街。

随着政策的收紧，情侣酒店行业越来越难以维持经营。我们可以尝试将其改造为氛围独特的艺术宾馆，**充分利用情侣酒店独特的外观，通过年轻艺术家的聪明才智，将每个酒店房间都改造成一个艺术品。**

艺术酒店这一全新的尝试，早已在东京之外的地区得到实施。

在老建筑的基础上改造而来的宾馆 BnA HOTEL Koenji 便是一个很好的范例。这家宾馆位于高元寺地区[⑤]。2016 年正式开业时，宾馆中有 2 间供游客住宿的艺术房间及酒吧和画廊。打造这家宾馆更深远的目标，是将艺术宾馆开遍高元寺地区，营造整座城市的艺术氛围。

汐留站附近的东京公园酒店[⑥]也推出了一个名为“酒店艺术家”

---

① 2014 年更名为 GOMMUNE246，2017 年 1 月更名为 COMMUNE 2nd。

② 猫街：涩谷川沿岸的步行街，开设有大量餐厅、咖啡馆、杂货店和品牌服装店。

③ 元山町：位于涩谷区，以情侣酒店而著名。

④ 道玄坂：位于元山町以东、涩谷站以西的居住及商业混杂地带。

⑤ 高元寺：位于东京杉并区。

⑥ 东京公园酒店（Park Hotel Tokyo）：位于东京港区的高层酒店。

（artist in hotel）的项目。该项目计划将酒店 31 层的所有房间全部改造成艺术房间，例如“相扑之间”的墙壁上，描绘着巨大的相扑力士；此外还有“龙之间”“樱之间”“祭典之间”“歌舞伎之间”“城之间”和“妖怪之间”等主题丰富的房间。

原宿•涩谷是街头文化的“圣地”。因此，我们的眼光不应该局限在涩谷站周围的巨型再开发项目之上，而是应该**关注整个地区的开发，鼓励自下而上的城市建设**。

2. 秋叶原——电脑虚拟城市 AKIBA

亚文化的“圣地”秋叶原（AKIBA）[①]，同样可以利用现有的文化景观，进一步提升地区吸引力。

秋叶原从“二战”后的电子零件黑市，逐渐发展成了电器一条街。20 世纪 80 年代主打家庭游戏机，90 年代后期开始贩卖电子计算机，同时动画、手办、Cosplay 等与亚文化相关的店铺也随处可见。

此外，近年来秋叶原作为**数字制造创业街**的知名度也越来越高。

引领这种潮流的机构之一，便是数字好莱坞大学[②]。这所大学培养了许多创业家和创作者，他们在以文化产业为首的各行各业中大显身手。

DMM.make AKIBA 也是潮流的引领者之一。DMM.make AKIBA 是数字制造业基地，由“新世代东京计划”成员之一的小笠原治（ABBALab）于 2014 年成立。这所机构采用共享办公模式，

---

① 秋叶原：俗称 AKIBA。日本最大的电器制品一条街，二次元文化爱好者的圣地。

② 数字好莱坞大学（Digital Hollywood University）：位于东京千代田区的四年制私立大学。全校只有“数字文化”一个专业。

拥有最顶尖的设备以供样品生产和创新实验，从设计、样品生产到售卖等各个环节，为在物联网科技各个领域的创业者提供大力支持。

秋叶原的这些特征，共同塑造了**电脑虚拟城市**这一概念。说起秋叶原，人们往往会联想到数码、未来感和 Cosplay 等虚拟元素。同时，这里还是机械宅、IT 宅和亚文化创造者们聚集的地方。充分利用上述资产和人才，一定可以把秋叶原发展成为更加独一无二的街区。

举个例子，我们也许可以**把整个秋叶原，改造成一座巨大的游戏舞台**。玩家身着 Cosplay 服，装备头戴式或镜片式显示设备，通过 AR（增强现实）技术，在街头展开一场“对抗赛”或者“生存游戏”。

街头的交通工具，则选择充满未来体验的代步车。当然，游戏的制作，游戏器材和交通工具的设计和制造，都要交给秋叶原的创作者和企业。

“秋叶原系时尚”从 Cosplay 中发展而来，有望成为一种独立的时尚形式发扬光大。自称“机甲时尚设计师”的 Kyun_kun[①]，便是秋叶原系时尚的先驱者。

秋叶原作为观光景点，最大的问题在于宾馆太少。

秋叶原虽然吸引了大量游客，然而却因为旅游住宿设施不足导致游客不得不当天往返，使得夜晚的秋叶原失去了客源。

但是，普通的高级宾馆和商务酒店对于秋叶原来说未免太过无趣。既然要建，不如就建一些近未来风格的主题酒店和胶囊旅馆。

---

① Kyun_kun：1994 年出生于东京，女性机甲时尚设计师，以“可以穿的机甲”为主题进行服装设计。

如果能够开发一些独具个性的**亚文化民宿**，在整个房间里都摆满漫画和手办[①]，那么游客一定会更加开心。

如何**有效利用神田川**[②]**的资源**，也是研究秋叶原发展的课题之一。

目前为止，秋叶原已经利用万世桥码头[③]，尝试性地将游船投入运营。如果能够在河床上安装霓虹灯，营造出未来城市的氛围，那么坐船观光一定会变得更加有趣，万世桥、昌平桥[④]周边的步行客也会拥有更好的观光体验。

所谓的“虚拟城市”，便是要将各种虚拟元素融合在街头巷尾。如果秋叶原各行各业的人才和企业能够团结起来，一定可以将秋叶原打造成独具个性的街区，令全世界为之惊叹。

3. 新宿——亚洲第一不夜城

新宿[⑤]这片街区，拥有复杂的历史和多样的面孔。新宿站是全世界客流量最大的地铁站，为了吸引乘客购物，这里聚集了东京最多的百货商店和电器城等商业设施。1970 年代的新宿副中心计划，使得西新宿地区[⑥]高楼林立，形成了现在的城市景观。

另一方面，从新宿站东口出站，向歌舞伎町[⑦]、黄金街[⑧]、新宿

---

① 手办：以动画、游戏中登场的虚拟角色为原型制作的收藏性人物模型。

② 神田川：流经东京市中心地区的一条河流，注入隅田川。

③ 万世桥码头：神田川的码头之一，位于秋叶原以南。

④ 昌平桥：神田川的码头之一，位于万世桥上游。

⑤ 新宿：新宿站周边的繁华区、商业区，同涩谷、池袋并称东京三大副中心。

⑥ 西新宿地区：位于新宿站西侧，东京的副中心之一。

⑦ 歌舞伎町：位于新宿区，集餐饮、娱乐、观光为一体的大型商业街。

⑧ 黄金街：位于新宿区的餐饮一条街。店铺个性鲜明，在文人、艺术家和外国游客中人气颇高。

二丁目[①]、新大久保[②]的方向步行很短的距离，便来到了韩国城等氛围独特的商业街。

1960 年代开始，这片区域就发展成为了剧团、爵士咖啡厅和音乐厅的汇集地。在花园神社内的红色帐篷下表演的地下剧团“状况剧场”[③]，以及日本爵士乐界的年轻黑马渡边贞夫[④]的活动据点“新宿 PIT INN”[⑤]，都是新宿著名的文化设施。现如今，歌舞伎町的表演秀餐厅“机器人餐厅”[⑥]和黄金街，都是外国游客十分喜爱的夜间娱乐场所。

我们应该**利用现有资源，将新宿发展成亚洲第一的不夜城**。

首先要做的是**进一步丰富夜晚的娱乐方式**。

例如，我们可以尝试将新宿大道新宿站东口至伊势丹新宿总店这段区域，作为夜晚的步行街或是夜市开放。露天集市不仅可以吸引当地居民和游客自由购物，还可以吸引在新宿站换乘的乘客出站一游。

我们还可以有效利用新宿地区十分常见的老式多功能大楼，用 47 栋大楼分别展现 47 个都道府县的特色小吃，打造“小吃 47”建筑群。通过日本酒和一道道小菜，让食客轻松品尝到各地特色美食，从而刺激地方城市的旅游消费。

“街头篮球”等街头体育运动，作为夜晚娱乐方式的利用价值

---

① 新宿二丁目：位于新宿区。

② 新大久保：位于新宿区。车站附近有大量韩国店铺，因此被称作韩国城。此外，中国、泰国等亚洲其他国家的店铺也十分繁荣。

③ 状况剧场：日本的剧团之一，培养了许多著名话剧演员。1963 年由唐十郎等人成立，1988 年解散。

④ 渡边贞夫：1933 年出生，日本音乐家、作曲家，爵士乐的代表人物之一。

⑤ 新宿 PIT INN：日本著名爵士乐俱乐部，1965 年成立，为渡边贞夫及美国音乐家埃尔文·琼斯的活动基地。

⑥ 机器人餐厅：2012 年开业，极受外国游客欢迎的表演秀餐厅。

也有待开发。

另一方面，西新宿地区的大厦楼群同样有待利用。我们要做的仅仅是为大楼装上霓虹灯，通过简单的改造，便可以使大楼内部的餐厅、眺望台以及新宿中央公园变身成为观光名胜。此外还可以在电影中加入无人机拍摄的高楼大厦的镜头，这样一定也可以收到令人满意的效果。

顺便一提，**西新宿地区的城市景观十分适合举办赛车比赛**。

我们可以邀请电动汽车（EV）领域的 F1 锦标赛——国际汽联电动方程式锦标赛在新宿举办。该锦标赛由国际汽车联合会于 2014 年秋季成立。2016—2017 年赛季，在全球 9 座城市开赛。

日本拥有高端的电动汽车产业，然而却未能承接赛事，更没有参与赛车的制造，这实在是让人遗憾。F1 赛事代表着先进的技术和充满未来科技体验的设计，提倡对环境友好的理念，这些特征与我们的“Cool Japan 计划”[①] 十分相配。

F1 比赛全部在城区举办，因此电视媒体和 SNS（社交网络）对赛事的报道也可以起到宣传东京城市景观的效果。包括东京都政府在内的西新宿景观，都可以通过这项赛事得到最大限度的宣传。

4. 池袋——以女性为主角的文化与创新之城

大正年间到“二战”结束为止的画家村（池袋蒙帕纳斯）[②]，

① “Cool Japan 计划”：日本经济产业省于 2010 年推出的国家级文化产业战略，目的是向海外介绍日本的美食、设计、动画等文化领域的产品，并培养相关产业的人才。

② 画家村（池袋蒙帕纳斯）：位于池袋地区的艺术家聚集区。1945 年受“二战”空袭影响逐渐衰败。近年来在政府规划下逐渐复兴，成为新一代观光景区。

还有“二战”后的黑市——池袋[①]这片街区充满了历史的遗韵。这里还拥有东京艺术剧场[②]等丰富多彩的文化设施。此外政府还推出了剧场都市计划，预计将在池袋丰岛公会堂和丰岛区前政府大楼旧址上修建 8 个剧场和创新基地。

近年来，池袋“乙女路”[③]（Sunshine60 展望台前）发展成为了女性的‘圣地’”，许多以女性为受众的动画和 Cosplay[④]相关店铺都相继营业。

池袋是继新宿和涩谷之后，东京客流量排名第三的地铁站。御茶水女子大学和日本女子大学，以及东京音乐大学等众多艺术和时尚类的职业学校都建在这里，使得池袋成为了女大学生的集中地。

池袋应该发挥自己的特色，**建设以女性为主角的文化与创新之城，加大对女性创作者和创业家的扶持力度**。

为此，我们应该把重点放在女性专用共享办公空间与创业支持中心的建设上，同时为女性创业者提供共享实验室和共享工作间。此外，我们还可以**将池袋大量的闲置房屋转换为设施优势，花费较低的成本将其改造成女性专用的出租屋和育儿设施**。

我们应该采用不同于其他地区的做法，将池袋改造成适合职业女性和单身母亲工作、生活的地区，以此吸引女性人才来此定居。

池袋地区已经存在巨大的女性消费市场，写字楼的租赁费也相

① 池袋：东京的三大副中心之一。特指东京丰岛区以池袋站为中心的广大区域。

② 东京艺术剧场（Tokyo Metropolitan Theatre）：位于西池袋地区的综合艺术文化设施。

③ 乙女路：池袋站东口附近的街道。“乙女”即“少女”之意。由于道路一侧开设有大量面向女性顾客的二次元文化店铺，因此得名“乙女路”。

④ Cosplay：角色扮演。扮演对象多为动画、漫画、游戏等作品中登场的虚拟角色。

对便宜，因此池袋具备良好的基础环境，可以提供本地商圈作为实验性市场，尝试开发各种新型商业模式。

池袋完全可以摆脱原宿和涩谷的影响，创造出属于自己的女性时装文化。此外，建设以女性艺术家为中心的创作扶持设施，专门制作面向女性的动画和游戏，也是池袋未来发展的可行之路。

东京都知事小池百合子[①]在池袋有着很大的影响力。让我们共同期待池袋的女性们所爆发出的巨大能量。

5. 浅草——从江户到昭和的历史主题公园

浅草[②]是一个不可思议的地方。在这里，你既可以欣赏到犹如影片中那些亦虚亦实的风景，又可以接触当地居民日常的生活。

浅草寺及其周边商店街洋溢着江户情调，集电影、戏剧、歌剧和脱衣舞为一体的六区[③]，也是明治至昭和以来百姓娱乐的“圣地”。平价居酒屋一条街 HOPPY 街[④]依然保留着昭和时期的风情，整条街上都是熙熙攘攘的当地居民和外地游客。1981 年开始举办的“浅草桑巴狂欢节”[⑤]，又为浅草地区增添了些许异国情调。

各种各样的元素混杂在一起，浅草的未来可以发展成为一座“**百姓居住的主题公园**”。

比如日本历史最为悠久的游乐园浅草花邸[⑥]，其存在的本身就

---

① 小池百合子：日本政治家，第 20 届东京都知事。

② 浅草：位于东京台东区东部，特指以浅草寺为中心的地区，以发达的大众娱乐文化而著名。

③ 六区：位于浅草寺西南部，拥有大量电影院和剧院，市民文化十分繁荣。

④ HOPPY 街：位于浅草的著名居酒屋一条街。代表性酒种为口味类似啤酒，但比啤酒廉价的 HOPPY 酒，因此得名“HOPPY 街”。

⑤ 浅草桑巴狂欢节：集赛事和游行为一体的桑巴舞主题盛典。

⑥ 浅草花邸：1949 年开园，是日本最古老的游乐园。

是一个充满魅力和复古情调的旅游景点。邀请演员们在游乐园的舞台上扮演成卑弥呼、忍者，以及 Kyary Pamyu Pamyu[①] 等当代人气明星。不同时代的角色集结在一起，通过定期举办的小型音乐节，上演一场场充满流行与时尚元素且“时空错乱”的表演。

浅草地区的最大问题在于中心地段商店关门较早，导致游客不愿意在浅草过夜。此外，当地居民的地域情结较强，导致外地人难以融入。这些都是阻碍地区进一步发展的因素。

增建宾馆和夜间营业的餐饮场所，可以使夜间消费人群增加，促进浅草地区娱乐产业的复活。我们还应该举办活动，促进当地居民和游客之间的交流，积极接纳和吸收外来思想，以促进地区发展。

一个比较好的方案是开设酒吧和俱乐部以供外国游客夜晚娱乐，或者建设民宿式宾馆，以供当地居民和游客交流沟通。

例如，CAFE Company 旗下的 WIRED HOTEL 浅草店于 2017 年 4 月正式开业。这是一间融合了宾馆、咖啡厅、酒吧和小剧场的综合性宾馆。WIRED HOTEL 的目标是成为当地居民、外地访问者以及外国游客可以一起谈笑风生的交流之家。

6. 竹芝·日出·芝浦·天王洲——由仓库改造而来

横跨竹芝、日出、芝浦、天王洲[②]的仓储街区，完全可以通过改造，摇身一变成为更具魅力的景区。

---

① Kyary Pamyu Pamyu：日本年轻女性歌手。风格可爱、夸张、怪诞，在年轻人中拥有极高人气。

② 竹芝、日出、芝浦、天王洲：位于东京湾沿岸，拥有大量港口、渔场、工厂和仓库。

仓储业巨头寺田仓库[①]已经在天王洲地区开始了各式各样的城市建设项目。例如 TERBADA ART COMPLEX 便是一个充满魅力的综合性文化据点，内部设有滨水餐厅 T.Y.HARBOR BREWERY，以及许多由仓库改造而来的集会空间和艺术展览馆。

此外，**日出、芝浦和品川等沿海地区的码头，也具有巨大的开发潜力**。我们可以将日出码头的仓库街改造成集俱乐部、艺术空间、宾馆和餐厅为一体的综合设施。而日出的另一强项，就是人们可以在这里乘坐水上巴士和东京湾游轮。如果能在这里增建一个游艇停泊港，那么日出就可以晋升**成为东京沿海地区的代表，吸引全球富裕阶层观光消费**。

竹芝地区和芝浦一丁目地区，目前已在国家战略特区的开发计划之中。我们应该采用二区一体的开发政策，进一步利用其沿海价值，提升区域魅力和地区活力。

以仓库改造为核心的沿海地区开发计划在全球范围内并不罕见。纽约曼哈顿的肉库区，澳大利亚悉尼市的宾馆 Ovolo Woolloomooloo（奥华酒店—乌鲁姆鲁），以及伦敦巴特勒码头区，都是我们可以借鉴的典型案例。

7. 筑地——美食＋体育、娱乐

接下来笔者将为大家介绍“新世代东京计划”中针对筑地市场[②]旧址的开发设想。

2017 年 6 月，东京都知事小池百合子公布了针对筑地市场的改造方针：将筑地市场迁至丰洲，其旧址于东京奥运会之后改造成饮

① 寺田仓库：大型仓储业公司，总部位于天王洲地区。

② 筑地市场：位于筑地的大型生鲜食品批发市场，2018 年被政府关闭。

食文化中心和旅游景区。以笔者二人（梅泽高明和楠本修二郎）为核心的团队，则于 2015 年起开始筹划筑地市场的旧址改造方案。2018 年 10 月，筑地市场正式关闭，拆除工作预计将持续至 2020 年 2 月，而在东京奥运会及残奥会举办期间，筑地旧址将暂时作为大型停车场使用。

“筑地”这个名词，拥有着世界范围内的品牌影响力。

筑地市场不仅仅是世界最大的鱼市之一，更代表了日本的食鱼文化。很多外国人只要提起“筑地”，就会联想起日本引以为傲的饮食文化。因此，即便筑地市场搬走，也不能忽视其影响力的价值。

筑地市场外围，是 1930 年建成的外形美观的拱形建筑。我们应该保留代表性的拱形结构和红色屋顶，在筑地市场原址上建设一座美食中心，以亲民的定位，出售以鱼为特色的各类日本美食。我们的目标，是**将“筑地美食中心”打造成东京的新地标和日本最具魅力的美食圣地**。

如果能够开通海运，那么从羽田机场到筑地只需要花费 40 分钟左右的时间。游客在机场着陆之后，可以直接登上前往筑地的客轮，在美食中心享受日本美食。这样的旅游路线，一定会大受欢迎。

笔者的另一个提案，是**将拱形建筑内部改造成以足球运动场为中心的娱乐设施——筑地体育馆**。

我们可以邀请日本职业足球联赛知名球队，将筑地体育馆作为主场。作为多功能体育馆，不仅可以举行足球比赛，还可以举办室外音乐会。

体育赛事和音乐会，是两项吸引力极高的文化活动。在日本，棒球和足球最受人们欢迎。其中棒球运动的各项设施已经相当完善。遍布城市中心的棒球场，使任何人都可以在工作之余随意地看上一场比赛。然而足球则完全不同。首都的足球运动场大多位于市郊，想要观看一场比赛并不容易。

如果能够在东京市中心建设一座体育馆，想必也会吸引外国游客前来观光。正是出于以上考虑，我们才选择了足球这一全球性运动。足球在亚洲也有众多粉丝，可谓颇具发展潜力。

此外，东京市内举办演唱会的场所也供不应求。过去数年内，日本演唱会市场急速扩大（2011—2016 年间，扩大了约 2 倍）①，然而东京市内的演唱会场馆却面临相继停业和改造的现状。东京的演唱会行业就这样错过了扩大市场的良机。如果能在地理位置最为优越的筑地同时开设美食中心和演唱会场，那么无论是粉丝还是歌手，恐怕都难以抵挡这里的诱惑。

体育馆内部可以建成集宾馆、餐厅和健身房为一体的综合性设施。还可以利用比赛场地四周的观众席，将其中两面的顶部席位改造成宾馆的客房和露台。站在客房露台上欣赏体育比赛和音乐会，想必这个创意一定可以吸引国内和亚洲各地的富裕阶层，来一场说走就走的旅行。

以上便是笔者团队所构想的“东京区域个性化”蓝图。

在定位城市功能以及开发城市代表性大型项目的过程中，自上而下的领导力在某种程度上必不可少。然而更重要的是，我们应该**重视每个地区来自民间的、自发的、由下而上的智慧**。

在我们吸引符合区域蓝图的文化产业，推行区域发展项目的过程中，最重要的是激发当地人们的热情和创造力。

原宿后街的猫街吸引了众多时尚爱好者，新宿的黄金街是知识

① 一般社团法人音乐表演促进会“基础调查推移表”。

分子的聚集之地，像这种自发产生的街头文化，才是东京魅力的生力军。

创新教育的现代化和国际化

若想成为世界第一的创意都市，东京必须实现**教育及研究机构的现代化和国际化**。吸引来自烹饪、时尚、媒体、设计等众多领域的海内外优秀人才，培养成才后向全球输送。如此，东京才能拥有创意都市所必须的创造力和影响力。

我们应该**创办职业教育机构和研究机构**（职业大学和职业研究生院）**，用英语开展国际水平的高等教育**。雇用全球一流教员，从理论、专业技术、文化修养和经营管理等方面，对学生实行综合性教育。

在烹饪领域，我们的目标是CIA①（地处纽约的厨师烹饪及宴会接待职业学校）。在时尚领域，我们的目标是帕森斯设计学院（美国纽约）和中央圣马丁艺术与设计学院（伦敦艺术大学的艺术・设计・时尚分部，位于英国伦敦）。

在烹饪领域，日本的服部营养职业学校②和辻厨师职业学校③正在积极从外国招收烹饪人才。

为了培养未来烹饪领域的领导者，我们不仅要磨炼其烹饪技术，更要教之以技术背后的理论，并锻炼学生发现美食背后的商业价值。为此，学校需要教授学生各国饮食文化的常识，加强其对农林水产

---

① 正式名称为美国烹饪学院，1946年成立，为世界第一的烹饪职业学校。随后又成立了职业大学和研究生院。

② 服部营养职业学校：位于东京涩谷区的营养及烹饪职业学校。

③ 辻厨师职业学校：位于大阪市的烹饪职业学校。

业及观光旅游业等相关产业的理解，并传授其经营管理的基础知识。此外，物联网和生物技术等将来有望颠覆饮食行业的技术，也是学生学习理解的重中之重。

说到这里，就不得不提“慢食”这一概念。“慢食”诞生于意大利，是一种与快餐文化截然不同的饮食概念。20世纪80年代末，慢食协会在意大利成立，并于2004年成功得到了意大利当地政府的支持，创办了食品科技大学，为慢食文化提供理论支持。随后，经营范围覆盖意大利全境的综合食材店Eataly在全球取得了成功，进一步提升了意大利料理的品牌价值。

我们应该学习意大利饮食、学术、商业三位一体的经营方式，鼓励日本的高等教育和研究机构同企业经营紧密相连，从而引领餐饮领域的崭新潮流。

为了打造国际化的教育和研究基地，我们应该邀请世界名牌大学在日本开设分校，并促进教授的校际互换和学生的交换留学。我们不仅要实现教学内容的高度专业化，更要提高全球影响力，进一步强化海外人才网络，促进相关产业的国际化发展。

在设计领域，日本同英国于2017年1月开展了一项强有力的国际合作——**英国皇家艺术学院（RCA）和东京大学生产技术研究所（IIS）共同成立了**“RCA-IIS Tokyo Design Lab”。

世界最高设计学府RCA向东京派遣教员和研究人员，而东京大学则提供最新科学技术，同RCA的设计技术互相融合，通过一系列研究项目，将人们对未来的设想一步步变成现实。

这一国际合作的实现，离不开“新世代东京计划”成员田川欣哉（Takram）的努力。而笔者二人（梅泽高明和楠本修二郎）和田川先生共同参与的内阁府Cool Japan战略推进会议（2015年），则为这次国际合作提供了战略构想方面的支持。今后，RCA-IIS Tokyo Design Lab 将作为国际化的前沿设计中心，同日本产业界相互扶持，专注于国际影响力的提高。

东京的目标，是“世界第一的创意都市”。为此，我们必须拥有魅力多样的文化街区，以及来自全球各领域的人才。

桃李不言，下自成蹊。做到了这些，**创新性的人才自然而然就会向充满创意的街区汇聚**。

解读东京的未来——“创意都市”四大要点

- 日本企业应将目光从数值和产品功能转向顾客体验和品牌价值之上，提高企业竞争力。
- 将各个领域的精英企业、专家和教育机关，集中在特定区域，形成“创意集群”。
- 原宿、涩谷、秋叶原、新宿、池袋、浅草——彻底打造城市个性。
- 在高等教育体系中，增设英语授课的职业教育和研究机构，吸引全球创新产业优秀人才。

[关键词之二·科技都市]

体验前沿科技的创新都市

科技都市（Tech City）这个关键词有两层含义。

第一层含义是**可以体验到前沿科技的都市**，第二层含义是**高科技产业集中的都市**。正如本书介绍，提起东京，人们往往会联想到科学技术。而对于一个都市来说，其中**最重要的是电子信息与通信技术**。

21 世纪以前，城市的结构往往是由建筑物和公路、铁路等硬件设施，及其周围的店铺等软件设施组合而成。因此，当我们在描绘城市布局的时候，往往会采用道路标识或观光手册等"模拟"（analog）的方式。

时至今日，谷歌地图等手机应用成为了城市导航的主要工具，Pokemon Go[①] 等 AR（增强现实）游戏将城市本身变成了人们的娱乐平台。

如果我们能够有效利用这些技术，便可以通过更小规模的投资和更快的速度，达到硬件类的基础设施与各式路标、路牌所无法实现的效果，完善城市功能，增强城市魅力。

提起科技都市，我们还有一个更大的目标，第四次工业革命的到来势必会引起诸多的发明竞争，例如 5G、物联网、大数据等，而我们更加长远的目标，就是在这场竞争中取得胜利。我们必须**把**

① Pokemon Go：基于 AR 技术的现象级手游，2016 年上线，在全球范围内掀起了 Pokemon 热潮。

东京这座城市，彻底打造成为“物联网的实验基地和展示大厅”。必须加速相关产业的创新速度，将日本的物联网行业解决方案推广到全世界。

多语种移动导游

实现科技都市的另一个必要条件，是**开发东京多语种导游 APP 和完善城市信息服务**。

方法主要有两个。

第一，与外国游客经常使用的知名 APP 运营商 gan 合作，**为其提供完善的信息支持**。旅游类 APP 猫途鹰（TripAdvisor）或者餐厅点评类 APP Open Table 都是不错的选择。

第二，重新开发并免费发布一个**覆盖东京全城的“城市向导”类多语种导游** APP。如果选择这种方法，则需要同公交导航、美食点评等领域持有庞大数据库资源的服务商进行合作，并且提供英语、中文、韩语、西班牙语等多语种语言支持。

将“人”同 APP 结合，也是面向外国游客，为他们提供多种信息服务的有效方法之一。

外国游客可以自行设定地域或热门话题的标签，在 APP 上发布提问，信息提供者则可以本着自愿的原则，在第一时间回答问题，帮助外国游客进行城市观光和文化鉴赏。人与人的交流比机器更加细腻，我们可以凭借这一点提高城市的待客能力。

东京是一座规模巨大且交通复杂的城市，各种各样的文化融合在一起。因此我们必须推出更加先进的导航功能，增强人与人之间的联系，这样才能更好地展现东京的魅力。

东京——增强现实之都

AR（增强现实）功能，可以帮助我们更有创意地展现城市魅力。

AR 领域的先驱，是位置情报类手游 Ingress。Ingress 由 2015 年脱离谷歌的 Niantic.Inc 公司开发，于 2012 年正式发布。

在 Ingress 这款游戏中，世界各国的地标性建筑都化身成为了“据点”，而玩家们被分成两个队伍，两个队伍的玩家都需要在现实中前往据点，确保据点不被敌方抢占，并争取为自己的队伍赢得高分，可谓是一场“现实中的据点争夺战”。

这款游戏拥有大批热情的粉丝，并在世界各国开展了线下活动。2014 年 Ingress 与便利店巨头罗森合作，将日本罗森的所有店铺都变成了游戏内的据点，由此在日本一举成名。

2016 年的 Pokemon GO 热潮，更是向全世界展现了 AR 技术的巨大潜力。

游客们可以通过游戏，走上街头，探索东京等城市的魅力，每一次新的发现都会带来崭新的乐趣，并极大地带动消费。

许多专家已经尝试估算了 Pokemon GO 带来的经济效益。然而，**比起带动消费，这款游戏更大的贡献在于鼓励人们走上街头，发现新的地点，促进玩家之间的交流，并形成崭新的社群**。

笔者希望陆续诞生的位置情报类游戏，能够在帮助人们感受城市魅力方面，发挥更大的作用。

丹麦建筑家比亚克·英厄尔斯和艺术家集团 SUPERFLEX 在哥本哈根市设计了一座名为“Superkilen”的公园。这座公园设计有 AR 功能，方便游客欣赏城市中的艺术景观。

Superkilen 公园摆放着全球 60 多个国家和民族的特色艺术装置，这些作品反映了附近社区各族裔居民的文化多样性。只要用手机上的 AR 应用将其对准，应用就会为你自动解说作品的由来和民族的历史。通过游戏的方式了解多彩的民族文化，这一优秀的尝试获得了全世界人们的关注。

东京也应积极应用 AR 技术。

例如，我们可以**通过 AR 技术，展现旅游景点自江户时代以来的街景和文化变迁**。我们还可以通过 AR 技术，将专卖店的橱窗变成一场时装秀表演，让专卖店的商品自动为顾客介绍详细信息。再或者我们可以参考 Superkilen 公园的做法，**利用 AR 技术向游客介绍城市中的艺术作品，将东京这座增强现实之都打造成一座博物馆**。AR 技术的未来，可以说前途无量。

统一平台

如果我们能够通过 AR 技术为游客提供城市信息，那么城市的导航系统将得到强化，游客的观光体验也会更上一个台阶。

AR 技术的应用十分广泛。例如，我们可以利用它在各种商业设施和店铺内为顾客提供商品信息，或者在餐厅里进行菜单的补充说明。如果能够将 AR 技术同手机翻译软件结合起来，现实中的商店招牌和菜单就不再需要提供多语言版本。也就是说，AR 技术可以帮助我们**用较低的成本，在城市和店铺中大批量提供信息**。

更为重要的是，如果我们计划通过 AR 技术为游客提供信息服务，**就必须建设一个能够覆盖整个东京，甚至整个日本的应用平台**。

如果每个城市的 APP 都各不相同，那么用户使用起来就会十分不便，最终恐怕难以普及。因此，将所有信息集中在一个平台极为重要。

无论我们选择市面上已经存在的人气 APP 来提供城市信息，还是从零开始开发一个全新的多语种导游应用，都不能违背“一个平台”的原则。2020 年东京奥运会及残奥会是我们完成平台建设的最终时限。

将东京变成物联网的实验基地

作为“物联网的实验基地和展示大厅”，东京在许多领域都颇具发展前途。接下来笔者将简单列举物联网科技的主要应用范围。

个人健康：

- 24 小时生命体征监测
- 可穿戴外骨骼机器

体育和娱乐：

- 智能体育馆

未来型交通和物流：

- 自动驾驶出租车
- 储物柜 × 快递

智能安保系统：

- 高级视频分析
- 安保机器人和安保无人机

市场销售创新：

- 数字广告系统
- 虚拟商店

本书第 2 章将针对以上关键词进行详细说明。

科技都市和共享经济

科技都市是**高科技产业集中的都市**，换言之，即科技促进产业进步的都市。在这个意义上，科技都市的概念同当前备受瞩目的共享经济有着千丝万缕的联系。

物联网是推动共享经济进步的重要因素之一。

例如，手机远程锁①若能够普及，那么租借房屋和汽车时，所有者和使用者不用直接见面就可以完成交接手续。这一技术将直接推动共享房屋和共享汽车的发展。

汽车租赁和共享汽车服务的推广同样势在必行，尤其是 Uber（优步）等海外十分普及的共享汽车服务，如果在日本也能得到顺利推广，那么外国游客赴日旅游将变得更加方便舒适。

提起日本的出租车服务，大多数日本人并不会感到不满。但是对于外国游客来说，日本的出租车服务却有许多不便之处。

在语言不通的情况下，告诉司机目的地是一件十分困难的事情；想要叫出租车，却不会使用出租车公司的日语 APP——对于习惯了 Uber 的外国用户来说，在日本打车确实不太方便。

政府计划 2020 **年吸引访日外国游客** 4000 **万人，今后外国游

① 手机远程锁系统，即通过智能手机输入密码，完成开锁 / 解锁过程。

客的数量只会继续增加。并且奥运会期间，为了观看各项比赛和活动，人们对交通工具的需求量又会出现短缺。为了灵活应对这一状况，我们必须完善共享汽车服务。

虽然Uber已经开始在东京市内推行出租车和轿车的叫车服务，但是这项服务并不面向普通司机和乘客。为了方便外国人在日本出行，也为了缓解高峰期时的用车短缺问题，共享汽车服务必须走出东京等大都市，争取在地方城市得到合法推广。

构建共享单车广域网络

我们必须实现**共享单车覆盖东京全城**。

在纽约、巴黎和伦敦，无须还车的自行车租赁和共享单车服务已经普及。例如**伦敦的共享单车品牌Santander Cycles，以11500辆自行车的规模覆盖了市中心方圆100平方公里的网络**。每隔300～500米就有一个自行车停车站，不仅可以计时租车，还提供包年服务。伦敦的共享单车不仅方便了游客，更为伦敦市民提供了方便快捷的出行方式。

在东京，Docomo[①] 共享单车已经在7个区（千代田区、中央区、港区、新宿区、文京区、江东区、涩谷区）提供服务。东京面积较大，坡道又多，因此Docomo全部使用电动自行车，所有车上均装有自动定位的GPS系统（全球定位导航系统），因此不需要安装过于复杂的车锁。

在项目推广初期，自行车只能在规定的市区内使用，而现在已经实现了跨区使用和停车。希望Docomo能够以构建共享单车广域网络为目标，继续扩大营业范围。

---

① Docomo：NTT DOCOMO公司，日本最大级别的移动通信运营商。

共享办公和共享房屋让城市更具活力

与所面临共享汽车的课题类似，我们必须完善**以 Airbnb 为代表的民宿服务**。

首先，我们必须努力应对急剧变动的市场需求；其次，我们必须将海外人气高的平台引进日本。

“国家战略特区计划”颁布之后，《民宅住宿事业法》（《民宿新法》）于 2017 年 6 月正式颁布。《民宿新法》在全国范围内对民宿行业放宽限制。相信在不久的将来，民宿市场将变得更加健全。

此外，**办公室和工作室的共享化**也有望继续推广。

想要实现科技都市和创意都市，我们必须吸引海内外富有创意和激情的优秀人才留在东京发展。

因此，共享办公室和共享实验室（公用的实验、试验设备），以及共享工作室（公用的制作空间）就变得十分重要。

共享办公的优势，并不仅是降低创业和创作成本。

共享办公还可以促进社群的形成，社群内部信息和技术的共享，将促进生成更多创意。如果我们可以将共享服务向外国人和外国企业大规模开放，并展现其优势，那么外国人在日本工作生活也将变得更加轻松。

共享房屋已经在部分年轻人和外国人中渐渐得到了普及。如果办公场所和居住场所能够同时实现共享化，那么城市活力也将得到很大提升。

亚洲最大的创业园区

为了将东京打造为科技都市，“新世代东京计划”的团队也在进行各种尝试。接下来笔者将针对其中一项进行详细介绍。

我们正在**同美国剑桥创新中心**（Cambridge Innovation Center，CIC）**合作，试图在东京设立CIC TOKYO分部**[①]。

CIC总部位于马萨诸塞州剑桥市，拥有世界上最大的创业孵化基地。CIC在剑桥、波士顿、圣路易斯、迈阿密以及荷兰鹿特丹5个城市设有分部，共1400个创业团队入驻其中（截至2016年末）。

CIC积极招揽创业团队，以此吸引风险资本和创业支持组织，以及律师、会计师等行业专家入驻，同时积极拉拢坚持开放式创新的大企业的事业开发部。同面向个人和中小企业的共享办公空间不同，CIC的每个基地都是当地最大规模的创业孵化基地。

无论是技术顶尖的大学和研究所，还是着眼于技术创新的创业团队和积极探索全新商业模式的大企业，东京都不逊于美国。若想充分发挥其作用，促使东京成为引领亚洲的科技都市，我们必须解决如下两个问题。

第一，各个机构分布零散，联系较弱，尤其是**创业团队和大企业之间的合作不够紧密**。

越是前途光明的创业团队，越不愿意被大企业指手画脚。因此**大企业应该以平等的身份加入创业孵化基地，以此寻找合作的切入点**。

第二，**缺乏同世界的密切联系**。为了培养具有全球竞争力的风险企业，我们必须得到海外创业人才、投资家和风险资本的支持。CIC作为全球性的创业平台，拥有世界性的资源网络，我们坚信，CIC东京分部一定可以成为东京行驶在科技都市之路上的有力引擎。

① CIC TOKYO位于东京，预计于2019年开放，目前尚在准备之中。

解读东京的未来——“科技都市”四大要点

- 都市信息化的实现，离不开免费 Wi-Fi 和充电区域等基础设施的建设。
- 通过 AR（增强现实）促进交流，刺激消费，实现城市的娱乐化。
- 正式引入共享经济模式，促进办公室、汽车、自行车和住宿的共享化。
- 在东京建设大规模创业园区，促进创业团队和大企业的交流。

［关键词之三・健康都市］

以人为本的健康都市

健康都市（Fitness City）这个关键词，指的是东京应该成为一座**环境优美、生活方式健康**的都市。

东京拥有以“和食”为代表的健康精致饮食文化，空气清新，水质甘美，还是世界罕见的长寿之都。

然而，随着老龄化进程的加剧，越来越多的人患上了高血压和糖尿病等“富贵病”。因此，我们要做的并不仅是单纯延长人的寿命，更重要的是**在长寿的前提下，保证人们高品质的健康生活**。我们要做的不仅有病治病，而是通过改善生活方式，彻底预防“富贵病”，实现高品质的健康生活。为此，我们必须对东京这座城市进行改造。

环顾全球发达国家，**走出家门，愉快地锻炼身体**已经成为越来越多城市的追求。

社交网络时代，自行车之城顺应时代潮流

在欧洲存在着许多适合骑行的“**自行车之城**”。例如丹麦哥本哈根，拥有全长354公里的自行车专用车道，一半以上的市民通过骑车上班上学。

即使被称为“汽车国家”的美国，也有许多城市在积极推广健康的生活方式。美国俄勒冈州波特兰市，便在大力推行人性化的城市建设。为了方便步行和骑行出行，波特兰市在市中心和郊外都铺设了自行车道。再加上美味的食物和丰富的文化，这座城市在各大

排行榜中都被评选为“全美最宜居住的都市之一”，吸引了一大批外地人移居至此。

近几年来，移民胜地新西兰也朝着相同的目标发展。

新西兰最大城市奥克兰是一个十分适宜跑步和骑行的城市。城市近郊有着美丽的沙滩和湖泊，市民在离家不远的地方就可以痛快畅游。即便不是热衷铁人三项的硬核体育爱好者，也可以在这座城市里愉快地舒展筋骨，或者在有机餐厅和美味的咖啡馆里品尝美食。

在新西兰，人们通过户外运动和自行车旅行与自然亲密接触。新西兰政府出资在南北岛铺设了全长 2500 公里的 25 条自行车道，为游客们提供了充满魅力的观光体验。

在这个社交网络时代，适宜骑行的都市可谓顺应了时代发展潮流。一个城市一旦被发布到社交网络，就可以凭借其健康的生活方式，吸引全世界的游客和移民。也就是说在社交网络时代，能否成为“网红”① 将决定一个城市竞争力的强弱。

无论是否年轻，身体是否健康，人们都愿意走出家门，心情愉快地锻炼身体——这就是笔者心目中的“健康都市”东京。

接下来，笔者将详细介绍“健康都市”实现过程中，颇具代表性的两个开发方案。

第一是“**东京高线（TOKYO HIGH LINE）计划**”，即**建设人行道和自行车专用车道**；第二是“**东京湾（TOKYO BAY）计划**”，即**东京湾沿岸地区的再开发**，如图 1-5 所示。

① 原文特指在照片分享网站 Instagram 上分享照片。

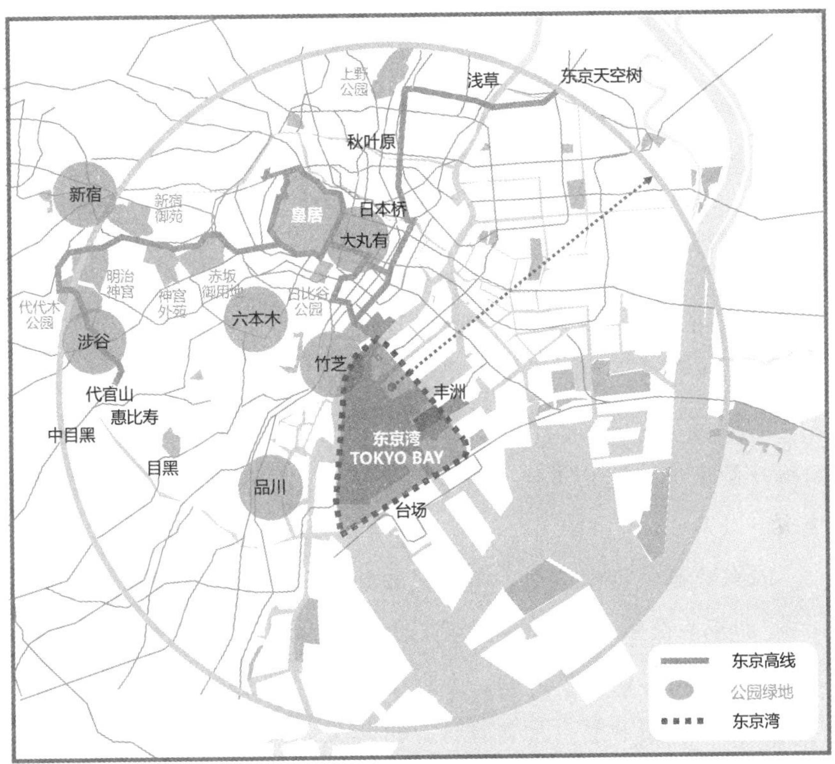

图 1-5　东京高线与东京湾构想

东京高线：骑行和徒步的“圣地”

环顾全球，东京可以称得上是面积较大的城市。因此，东京人更愿意选择电车、公交车和出租车出门。然而，我们依旧希望东京这座城市能够为人们提供一个途径，使人们能够在锻炼身体的同时体验城市魅力。

2020 年后，首都高速公路将重新布局并改迁地下。借此机会，笔者团队提议，**将皇居以西的赤坂离宫、神宫外苑、新宿御苑、明**

治神宫[①] **以及周边绿化带连接起来，建设一座空中公园**，并将这座空中公园命名为**东京高线（西段）**。具体方案是：将首都高速公路4号线迁至地下，保留4号线废弃公路并改造成拥有人行道和自行车道的空中公园。

我们还可以将东京高线同"皇居跑道"[②]（即皇居外围）相连。想必这一充满魅力的徒步和骑行路线，一定会成为东京的新地标。

纽约市全长2.3公里的空中公园"高线公园"，便是在废弃货运立交桥的原址上改造而成。在纽约这座年均游客访问量达760万人次的城市，高线公园作为榜上有名的旅游景点成为曼哈顿下城区的再开发象征。这个事例充分证明了只要方法得当，废弃的基础设施也可以发挥巨大的价值。

除东京高线西段之外，笔者还设想了另外一条徒步和骑行专用路线，即东京高线东北段。**东京高线东北段从皇居出发，经由丸之内、银座，以及日本桥、秋叶原、上野和浅草，最后到达东京天空树**。

浅草、上野和秋叶原等地区，近年来修建了大量面向外国游客的平价宾馆。如果我们可以建设一条方便游客从宾馆直达市中心的自行车道，那么在游客心中，东京的魅力又会进一步提升。

东京的另一魅力，就是充满了风格迥异的街区。

比起乘坐电车或者公交车直达目的地，**骑行和徒步的方式更容易增加serendipity（邂逅）的机会，同样也会促进游客在市内的消费**。

亚洲的城市规划，往往不会考虑是否方便徒步和骑行。尤其

---

① 赤坂离宫、神宫外苑、新宿御苑、明治神宫：均为东京市内的大型公园。

② 皇居跑道，即皇居外围的公路。由于其地理位置优越、长度适中，在锻炼者中拥有极高人气。

是新兴国家，交通堵塞和大气污染已经成为大都市共同面临的严峻问题。

然而，东京即使是市中心依然环境优美，交通顺畅，并且四季分明，不同季节呈现出不同的风景。将徒步和骑行专用的“**绿色网络**”架设在整座城市之间，一定会为东京增添更多乐趣和魅力。

骑行和徒步的收益

建设一座适宜骑行和徒步的城市，将会为我们带来各种各样的收益。

首先，骑行和徒步**有利于身体健康**。根据丹麦哥本哈根市 2008 年的分析，每骑行 1 公里可以带来约合 5.51 丹麦克朗（按照当时汇率约为 113 日元，即 7.19 元人民币）的健康收益。该收益主要表现为降低医疗费用，以及减少因病缺勤带来的税收降低。分析表明，**骑行能为哥本哈根市每年带来 400 亿日元**（约合 25 亿元人民币）**的收益，折算到每位市民身上约为 60000 日元**（约合 3820 元人民币）[①]。

推广骑行和徒步的另一重大效果，就是**减少交通事故的发生**。根据媒体报道，2013—2015 年间，埼玉县在车站周边增设自行车道，并在郊外铺设步行和骑行分流的非机动车道，总长为 50 公里。这一措施使周边地区因交通事故死伤的人数减少了 30%。

此外，骑行和徒步带来的经济效果同样不容小觑。如果我们能够将**东京高线同市内各大公园相连，那么这一绿色景观必定成为东京独具魅力的旅游资源**。

---

① 哥本哈根市 COPENHAGEN CITY OF CYCLISTS。

“岛波海道”是日本单车旅行的著名景点之一。该海道位于广岛县尾道市和爱媛县境内，是一条全长 70 公里，连接濑户内海诸岛的自行车道。美国有线电视新闻网 CNN 评选其为“世界七大最美自行车道”之一，如今越来越多的外国游客选择来到岛波海道观光旅行。

在外国，无论是专业的骑行客还是举家出行的单车爱好者，越来越多的人开始加入骑车旅行的行列之中，为企业提供了巨大的商机。

美国北卡罗来纳州东部的外滩群岛，是一处面向大西洋的旅游景点，由一系列半岛和沙洲组成。1990 年代中期开始，政府陆续投入 8 亿日元（约合 5000 万元人民币）的资金修建了长达 170 公里的自行车专用车道和越野运动场，每年吸引 60 万名游客来到外滩群岛骑行。单车旅行共为该地带来了 65 亿日元（2003 年数据，约合 4.13 亿元人民币）的收益[①]。

以马拉松为代表的体育赛事同样会带来巨大的经济收益。数据表明，**2016 东京马拉松共带来 95 亿日元（约合 6 亿元人民币）的直接消费，若算上间接消费，其影响可以达到 300 亿日元（约合 19 亿元人民币）**。运动员自不必说，157 万名观众更是为这一数字做出了巨大贡献。[②]

骑行和徒步运动不仅有利于身体健康，更是隐藏着巨大的经济潜力。然而，想要进一步挖掘这一潜力，我们还有一个关键问题需要解决——东京市内的公园并不适合户外运动。

东京市内的主要公园都是由东京都政府或市区政府运营，然而公园开放的时间较短，园内餐饮设施不足，导致大多数公园未能得

① 外滩群岛 Pathways to Prosperty。

② 数据源自尚美学园大学江头满正副教授的分析结果。

到有效利用。我们应该拆除公园围墙，延长开放时间，使市民和游客能够更加自由和轻松地使用公园。

在此基础上，我们应该在公园内设置咖啡厅等服务设施。如果能够在园内修建健身俱乐部和淋浴间，那么公园将成为跑步爱好者和自行车爱好者的活动中心，还可以在咖啡厅外设置露天遮阳棚，打造室外瑜伽工作室。

皇居周围分布许多跑步服务站(running station)，除了皇居外围，东京市内还有代代木公园、新宿御苑、日比谷公园、上野公园[①]等适合跑步的景点。

如何有效利用公园资源，将成为健康都市东京必须面对的挑战之一。

东京湾的巨大潜力

世界上的大都市多以再开发的形式来发挥沿岸地区的重要文化和观光价值。

具有代表性的开发案例包括新加坡滨海湾、伦敦巴特勒码头、悉尼歌剧院、纽约肉库区和布鲁克林大桥。**丰富多彩的文化设施、购物中心、宾馆和公园，吸引了原住民和游客的光顾，使得沿岸地区成为足以代表一座城市的繁华地段**。

东京的沿岸地区也有巨大的开发价值。从江户时代起，东京就是一座遍布河川与护城河的水上之都。如今的日本桥川[②]和神田川依然留存当年的余韵。

---

① 代代木公园、新宿御苑、日比谷公园、上野公园均为东京市中心的大型公园。

② 日本桥川：流经东京千代田区及中央区的河流。同神田川共同属于荒川水系。

东京湾的面积之广与海岸线之长，同世界其他大都市相比，可谓十分罕见。东京湾以中央地带的筑地为起点，以东同晴海、丰洲、有明和台场接壤，以西同竹芝、芝浦、品川和天王洲接壤，如图 1-6 所示。

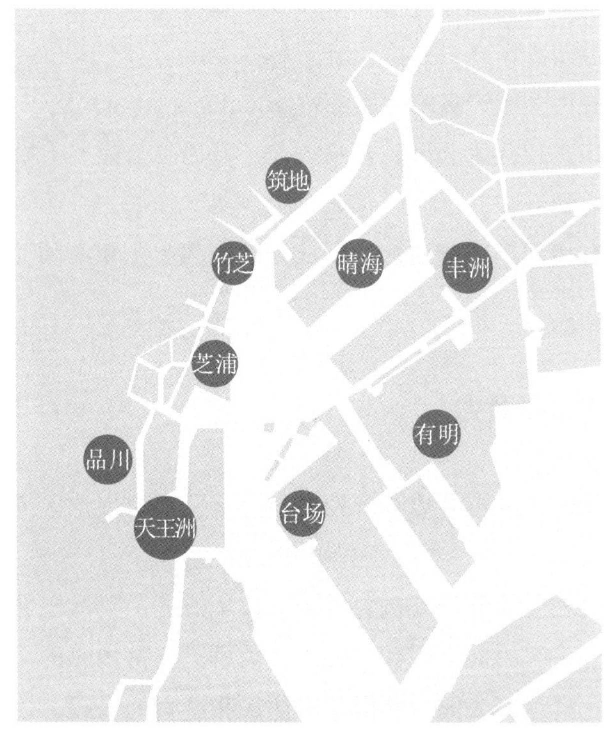

图 1-6　充满潜力的东京湾周边地区

然而，同世界其他大都市相比，东京湾的沿海开发却十分落后。目前东京湾的港口和运河依然停留在以物流为主要功能的阶段。沿海地区不仅十分冷清，甚至就连游艇，也只有走到偏远的梦之岛才能乘坐。

东京湾的现状可谓浪费了大好资源。例如彩虹大桥[①]内侧，由于限高原因导致大型客船无法进入。既然如此，我们不如把大桥内侧开放给行人通行，并重点开发其娱乐功能。

在东京湾**增设水上巴士和水上出租车，提供接送机服务，设置观光游艇**，这些举措将为东京这座城市增添崭新的魅力。东京湾的美丽夜景，也将更多地展现在世人眼前。

如果我们想要将帆船、汽艇和水上摩托等娱乐用船引入东京湾，则必须重建码头，并将其向民间企业开放。东京湾已经拥有包括防灾码头在内的很多码头，因此我们只需增加码头功能，并引入民间企业，就一定可以应对未来不断增长的需求。

沿海地区通过再开发，可以成为东京市健康生活方式的象征。我们可以在每一个重要节点设置咖啡厅和公共文化设施，以提高人流量，并在岸边开辟自行车专用车道。如果能将这条自行车道一直延伸到彩虹大桥，打造出一条国际水平的公路自行车赛道，那就更加完美了。

我们还应该建设包括游艇码头、高级宾馆、餐厅和商业中心在内的奢侈度假区。台场、筑地、日出码头、品川码头[②]等许多地区都可作为开发备选，笔者希望能够借此吸引全世界的富裕阶层在此长期停留。

宽阔的东京湾洋面也蕴藏着巨大的开发价值。

例如，我们可以**建设一个巨大的海上平台，将其作为大型演出会场**。正如字面所示，通过这个平台，我们可以在海上举办音乐会

---

① 彩虹大桥：将芝浦地区和台场地区相连的跨海大桥。拥有重要的交通和观光价值。

② 台场、筑地、日出码头、品川码头：均位于东京湾沿岸，地理位置优越，拥有较高的再开发价值。

和体育赛事。若要再为平台增添内部动力，还可以根据活动的特点和受众的程度，在海上随意移动平台的位置，改变活动场所地点。

另外，还可以在平台上修建带有百米级大型泳池的运动及度假设施。一边仰望彩虹大桥，一边在东京湾上游泳，想必十分畅快得意。周末的晚上，还可以把泳池周边的酒吧变成 DJ 俱乐部，发挥其室外派对会场的多重功能。

土耳其伊斯坦布尔市的海上泳池度假中心 Suada Club 便是一个极好的参考。Suada Club 位于博斯普鲁斯海峡，在一块海中巨岩上建成，拥有一座大型泳池和 6 个餐厅及酒吧。游客可以通过私人游艇或水上出租船前往这里[①]。Suada Club 深受游客和派对爱好者欢迎。

纽约市目前也在筹划一个平台式水上泳池的项目。该项目名为＋ POOL，计划在伊斯特河上建设一个十字形泳池，并将受到污染的海水通过过滤和净化用在泳池之中。[②]

东京湾及周边河流的船舶客运路线目前已经得到了一定程度的开发利用。例如**东京都观光汽船** TOKYO CRUISE[③]，**就将浅草、日出栈桥、台场海滨公园、丰洲和滨离宫等地点连接了起来**。其中，Hotaluna 号（萤月号）和 Himiko 号（卑弥呼号）等松本零士[④]负责设计的游船，尤其受到游客欢迎。

TOKYO WATER TAXI（**东京水上出租**）的发展同样备受

---

① 目前处于停业状态。

② 该项目计划于 2016 年完工，然而截至 2017 年 10 月，尚未筹齐 17 亿美元的目标资金，因此尚处于众筹之中。

③ 东京都观光汽船 TOKYO CRUISE：日本大型海运公司，主要提供东京港及隅田川之间的客运服务。

④ 松本零士：日本著名漫画家，代表作品有《宇宙战舰大和号》《银河铁道 999》等。

期待。2015年，6家航运公司共同推出了这一业务。乘客可以在网上自主选择上下船地点、发船和停船时间，以及航运路线，再由航运公司提供服务。该业务计划于2020年之前发展至60艘客船的规模。

我们还需要进一步**增设客运路线，尤其是始终站为羽田机场的路线**。如果乘客在羽田机场降落之后，可以通过运河或东京湾直接抵达城市中心，那么游客的旅游路线又会多出许多新的选择。如今，国土交通省和东京都政府已将高速客运路线正式投入运营，为游客提供更加便捷的服务。

在东京这座城市，目前为止利用率最低的资源就是东京湾。对于如何发挥东京湾潜能的摸索才刚刚开始。

航运网络的扩充，沿岸设施的修整，以及水上娱乐的开发……我们需要在各个方面投入努力。笔者期待来自各行各业的人员和企业，都能够参与东京湾的开发之中。

解读东京的未来——“健康都市”四大要点

- 美化城市环境，修建城市设施，使人人都愿意“走出家门，愉快地锻炼身体”。
- 建设自行车道完备的无障碍都市，改善居民健康状况，吸引外国游客前来观光。
- 丰富公园功能，使公园成为徒步和骑行爱好者的活动中心。
- 在沿岸地区修建咖啡厅和公共文化设施以增加人流量；建设奢侈度假区，吸引全球富裕阶层前来消费。

[关键词之四・经济特区]

经济特区加速改革进程

创意都市、科技都市和健康都市，为我们展现了东京未来发展方向的三个切入点。

然而进展过程之中，总有各种各样的法律法规挡在我们面前。为了越过规则的障碍，我们必须**充分利用“国家战略特区计划”，以求特定区域内规章制度的松动，抑或是推动全国范围内的法律改革**。

新世代东京团队同时向政府主办的国家战略特别区域咨询会议及会议工作小组，以及规章制度改革推进室反复提交了几项提案（请参照后页）。其中大多数提案都已经获得了法律的支持，并已进入实施阶段，尤其是“针对创新人才放宽签证限制”（提案 1）和“废除针对风俗业的限制”（提案 2）这两个提案，已经由新世代东京团队深入参与到项目的执行过程之中。接下来笔者将针对以上提案进行详细的介绍。

⊙ NEXTOKYO 特区（新世代东京特区）的提案内容

提案 1：针对创新人才放宽工作签证限制。

- 解除或放宽针对创新产业（饮食、美容、观光等）专业人才的工作签证限制。
- 进一步吸收高级设计人才。

提案 2：废除针对休闲娱乐业夜间经营的限制（修改《风俗营业法》）。

- 废除针对休闲娱乐业夜间经营的限制，立法允许酒吧、夜店、livehouse 等休闲娱乐业的夜间经营。

提案 3：增设民宿特区。

- 民宿合法化，允许民宿接收只住一天的旅客。

提案 4：开放市内公共空间。

- 缓和针对露天及临时会场搭建的法律限制。
- 放宽流动餐车的经营范围（修改《食品卫生法》）。
- 简化道路、公园及沿岸地区的使用申请流程，降低申请条件（修改《道路交通法》和《都市公园法》等）。

出处：“新世代东京计划”

【提案1】针对创新人才放宽工作签证限制

若想成为创意都市，东京必须成为世界顶尖的创新产业中心。为了创造全世界优秀人才互相学习的环境，**东京首先必须积极吸收外国人才**。

面对少子化、老龄化和劳动力短缺的现状，日本已经开始大量吸收海外劳动力。针对这一问题，日本国内主要分为两派意见：其中一派认为日本应以“量”来弥补劳动力缺口，为海外劳动力签署以数年为周期的工作签证，或以永住权为前提接受外国移民；另一派则认为日本应以“质”取胜，重点吸收优秀人才，以提高日本的产业竞争力。

笔者认为，一方面，针对“量”的问题，随着时间的推移，越来越多的职业将进入自动化和机械化的时代。一个国家只有在人工智能和机器人领域取得优胜，才能在未来的国际竞争中积累财富。因此，日本应该把劳动力短缺视作机遇，投入全部精力发展自动化和机械化。

另一方面，为了促进“质”的提高，吸收优秀人才变得极其重要。**尤其是支撑起整个创新产业的高级人才和专业人才，更应竭尽全力地纳入麾下**。

如果在政策上不做出缓和或改动，那么部分领域的专业人才将很难进入日本。饮食、美容和观光行业，正是这些领域的突出代表。比起其蕴藏的巨大潜力，至今为止的工作签证可谓是过于严格了。

日本的饮食产业在全球范围内拥有其他产业无法比拟的巨大潜力。不论是在发达国家还是发展中国家，日本料理都十分流行。海外的日本料理店已经达到了 8900 万家的规模。[①] 根据《米其林指

① 引用自农林水产省 2015 年 7 月调查数据。

南》[1]的调查，无论是米其林三星餐厅的数量还是米其林总星数，东京都是全球第一。不仅是日本料理，日本的法国料理和意大利料理也摘得了不少米其林之星。可以说日本饮食文化的水平之高已经获得了全世界的认可。

但是，**外国厨师想要在日本工作，可谓极其困难**。

只有在外国拥有10年以上工作经验，且职业为"外国料理厨师"的大厨，才能获得日本的技能签证。如果外国人想要在日本成为一名日本料理厨师，可能性几乎为零。[2]

因此，即使外国人从日本的厨师学校毕业，也无法进入日本的餐厅工作，更无法经过一段时间的实习，调至外国分店工作。这很大程度限制了餐饮企业人事战略的制定。

东京作为"国际美食之都"，只有积极吸收全世界优秀人才，才能继续发展。无论是日本料理还是外国料理，无论是高级餐厅还是街边小摊，我们都应该为来自全世界的厨师提供一个磨炼技能、充分竞争的环境。因此，我们应该放宽工作签证的授予条件，使来自外国的日本料理大厨也能够在日本一展拳脚，使厨师学校毕业的留学生也能够留在日本，一边工作一边磨炼技艺。

此外，餐厅的大堂经理同样无法得到日本的技能签证。而大堂经理毫无疑问是餐饮服务业的重要一环。为了长久吸引外国游客，我们必须提供一些方便外国游客用餐的餐厅。因此我们应将这一职业向外国人开放，为有志于成为大堂经理的外国人授予技能签证。

此外，美容行业同样对外国人完全关上了大门。

外国人即使从日本的职业学校毕业，也无法获得美发、美甲、

---

① 《米其林指南》：法国米其林公司出版的美食及旅游指南书籍。

② "日本料理海外普及人才育成事业"规定，特别允许外国人以学习日本料理技能为目的，申请为期2年的工作签证。

全身美容等领域的技能签证。然而，同饮食领域一样，日本在美容行业同样拥有世界顶尖的技术。

越来越多的外国人专程到日本参加与美容相关的项目，而且整个亚洲对日式美容沙龙都有着长期而稳定的需求。如果我们能够对美容行业职业学校的毕业生授予工作签证，那么美容相关产业的国际化进程都会得到进一步提高。

为了吸引外国游客访日，我们应积极起用外国专业人才。这些人才包括：**能够站在外国人角度发掘日本的观光资源，并创造经济价值的策划人才，以及在历史、艺术和户外等各个领域负责介绍和接待的导游人才**等。

如果外国人能够进入大旅行社工作，那么得到工作签证并不是一件难事；然而如果想要深入民间创业，则几乎不可能获得在留资格。我们**不应该只认雇主，而是应该放宽条件，根据外国人取得的职业证书以及至今为止的职务经验，再加上大学或职业学校阶段的学习内容，来决定是否为其派发签证**。

新世代东京团队针对创新人才这一主题，多次向负责国家战略特区的内阁府递交提案。担任本书笔者之一的梅泽高明，也作为委员和会议主持人在Cool Japan人才育成委员会上多次针对本议题发表看法。

2017年6月，**《国家战略特别区域法》**[①] **修正案通过，特区的**

---

① 《国家战略特别区域法》：2013年12月日本政府第185回临时国会宣布通过《国家战略特别区域法》。该法为经济特区开辟特权，以此促进地方经济的发展和国家竞争力的提高。

“Cool Japan 外国专业人才就业促进计划”[①] 得以步入正轨（具体方案已于 2017 年确定，如图 1-7 所示）。

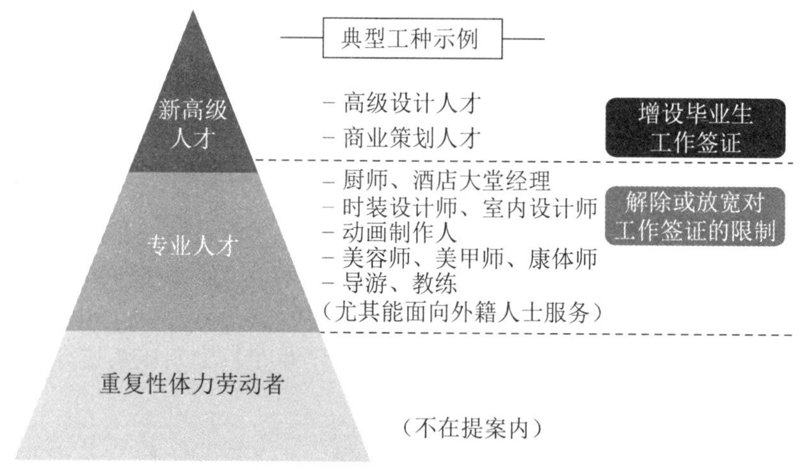

图 1-7　关于放宽工作签证授予条件的提案

今后政府将根据各特区的提案，制定签证授予的具体原则。东京作为国家战略特区之一，应该充分利用这一政策寻求发展。

顺便一提，由于东京、名古屋、大阪和福冈均为战略特区，因此按照城市 GDP（国内生产总值，Gross Domestic Product，GDP）来计算的话，日本经济总量的 60% 都已被列入政策放宽范围之内。率先在特区内被批准的职业，很有可能进一步推广至全国，从而推动新一轮的政策调整。

Cool Japan 战略通过创新产业把握世界市场需求，向全世界推广日本的文化和生活方式。这一战略的成功，离不开外国人才作为中坚力量，在海外市场的开拓过程中付出的努力。

如果东京能够像巴黎和伦敦一样，吸引全世界创新人才来工作，

① “Cool Japan 外国专业人才就业促进计划”：2017 年日本政府对《国家战略特别区域法》第 16 条第 7 项进行修订，放宽了外国专业人才在日本取得工作签证的条件。

那么日本相关产业的竞争力势必得到进一步提高。这也是创新产业领域需要放宽工作签证限制的重要动因之一。

高级设计人才促进创新发展

“新世代东京计划”的另一个提案，就是进一步接收高级设计人才。

所谓高级设计人才，即**拥有高水平的设计能力，在产品制作、服务开发和商业经营等各个领域引领创新的人才**。

所谓“设计”，并非只是外观设计（形状、颜色和花纹等）。商品的功能价值（例如性能和耐久度），以及美观程度和便利程度所影响的顾客心理（例如认为商品帅气拉风，或在使用过程中感到愉悦和喜爱）都是“设计”时需要考虑的方面。因此，一个优秀的设计师需要站在顾客的角度，在保持高水准同时，满足商品的功能价值和顾客的心理需求。

“设计”的应用范围，已经扩展到了网上的 UI 设计（用户界面设计）和现实中的服务设计。站在用户的角度考虑所有同用户体验（UX，即 user experience）相关的细节，便是一个设计师的工作。

在美国，越来越多的高级设计人才已经参与了风险企业的管理和经营。民宿服务网站 Airbnb 和照片共享网站 Pinterest 的创办者中，就有一人是设计师。

目前为止，日本已经吸收了大量来自海外的科学家和工程师等高级人才。然而，高级设计人才却从未进入日本主动接收的范围之内。

幸好，日本的建筑和设计行业在世界上拥有很高的评价，因此有许多来自外国的专家和留学生愿意在日本工作和学习。我们应该大力发挥这一潜在优势，积极吸收创新人才，促进日本经济的革新。

2012 年 5 月，日本正式引入“高级人才积分制出入境管理激励机制”[①]。外国人只要达到政府制定的高级人才标准，就可以享受包括“延长停留期间”等一系列优惠政策。

新世代东京团队的提案，**在“高级人才积分制度”中，加入设计和艺术等创意领域“顶尖院校毕业”和“获奖经历”的加分指标，**于2017年6月被正式纳入政府方针。

本团队的另一项提案，则是为高级设计人才授予“毕业生工作签证”。

设计专业的大学生和研究生毕业之后，如果能够接受企业雇佣，那么取得工作签证并不是一件难事。然而，这些领域的学生大多追求独立，很难接受传统日式企业的长期雇佣。因此，我们应该允许其发挥特长，从事自由职业或自主创业。

本团队希望**通过“毕业生工作签证”制度**，使高级设计人才从日本大学或研究生院毕业后，**即使不接受企业雇佣，也可以在日本进行为期两年的自由职业**。

【提案2】废除针对休闲娱乐业夜间经营的限制

除“沿岸地区”之外，东京还有一个没有得到充分开发的潜在资源，那就是“夜晚”。因此，新世代东京团队才努力推动了**《风俗营业法》**[②]**的修正（即废除针对风俗业的法律限制）**。

夜晚的文化和娱乐方式，很大程度上影响着一座城市的魅力。正如德国柏林一样，不少城市都制定了政策，促进夜总会等娱乐场所的发展。[③]

---

① 高级人才积分制出入境管理激励机制：2012年日本法务省入国管理局制定政策，降低外国高级人才在日本取得工作签证的难度，并出台一系列激励措施鼓励外国高级人才在日本工作和生活。

② 《风俗营业法》全称《风俗营业限制及规范法》。1948年出台，2015年大规模修正。

③ 2016年9月德国政府批准了柏林著名夜总会Berghain的增值税减免。

许多外国游客不论白天还是夜晚，都对东京这座城市充满了热情。因此，他们中很多人希望，即使到了深夜也能够有处可去。

夜晚的俱乐部是文化的“孵化器”。在大型设施（即所谓的“大店”，特指与艺术有关的表演场地）中举办的演出，为了吸引更多的观众，会尽可能选择符合大众审美的表演题材。而小规模设施（即“小店”，特指酒吧等夜间娱乐场所）深夜时段的表演，则凭借其对新兴事物的包容力，成为新一代表演艺术者们的实验平台。夜晚的娱乐方式，很大程度上促进了创意都市的文化革新。

让我们回顾一下《风俗营业法》的修正过程。

在日本，舞厅作为风俗场所的一种，受到了严格的法律限制。1948 年制定《风俗营业法》（限制和规范风俗行业的法律）时，人们认为舞厅就是“买春和卖春的场所”，因此将其同“风俗业”画上等号，通过法律手段进行严格的限制。是否同“舞厅”和“舞蹈”相关，是当时人们判断“风俗业”的标准。因此萨尔萨舞、社交舞和儿童舞都被列入了限制的范围。

在那之后虽然经历了数次法律修正，然而舞厅却依然因为“纵容毒品交易”和“扰民”等理由，没有逃脱法律的限制，深夜营业更是遭到了禁止。

推动法律进行根本性改革的导火索，是**民间发起的签名运动“Let’s DANCE 推进委员会”**。音乐家坂本龙一[①]和大友良英[②]等人发起寄语，号召包括业内人士和热爱音乐及夜总会的普通民众在内的 160000 人进行签名。

---

① 坂本龙一：1952 年出生，日本作曲家、音乐制作人，拥有世界性影响力的日本音乐人之一。

② 大友良英：1959 年出生，日本著名吉他乐手、即兴演奏家、音乐制作人。

“新世代东京计划”的成员斋藤贵弘律师是签名推进委员会的共同代表之一。以斋藤贵弘为代表的数名活动领导人，联合“舞蹈文化推进议员联盟（舞议联）”（小坂宪次会长，秋元司事务局长）向政府提案并获得通过。2015 年《风俗营业法》获得修正，2016 年修正后的法案正式开始实行。

修正法中，“舞厅”这个词汇不再继续出现，取而代之的是根据照明亮度和营业时间对不同店铺进行区分。

如果舞厅能够满足“亮度在 10 勒克斯以上”等一定条件，那么将作为特定娱乐餐饮店，获准在深夜时段经营。包间的面积限制也从“66 平方米以上”放宽至“33 平方米以上”，也就是说**“小店”营业成为了可能**，如图 1-8 所示。

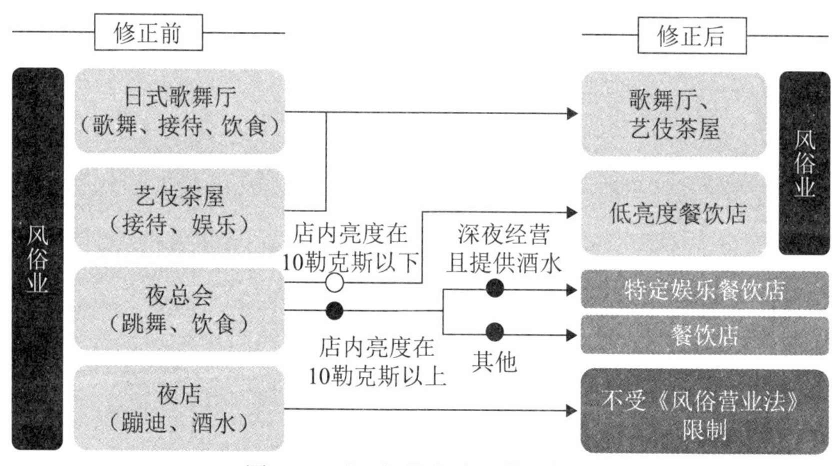

图 1-8 《风俗营业法》修正概要

资料来源：警察厅 . 风俗营业限制及规范法部分修正案概要 .（2015 年 3 月 3 日）

截至 2017 年 5 月底，日本全国共有 261 家特定娱乐餐饮店获得了营业许可，其中东京最多，为 89 家，其次是大阪，为 42 家，福冈县 25 家。

然而还有一个问题，那就是条例仅仅允许特定娱乐餐饮店在繁华路段经营。我们下一步应该推动港湾沿岸的仓储街区等其他适合舞厅与深夜娱乐活动的地区得到法律的认可和保护。

24 小时营业制下的新市场

有数据表明，伦敦的夜间娱乐市场已经达到了 20 亿英镑的规模（约合 2800 亿日元[①]，即 180 亿元人民币）。日本政府计划于 2020 年吸引 4000 万外国游客，**假设每位游客平均在夜生活领域进行 10000 日元（约合 650 元人民币）的消费，那么仅此一项就可以带来 4000 亿日元（约合 260 亿元人民币）的经济收入**。要知道外国游客的平均消费额为 14 万日元（约合 9000 元人民币），在此基础上增加 1 万日元（约合 650 元人民币）并非难事。

政府修改《风俗营业法》，并非只是为了延长夜间娱乐场所的营业时间，更是为了吸引新企业参与市场竞争，从而创造全新的行业态势。

至今为止，风俗业一直处于法律的灰色地带。如果法律允许风俗业深夜经营，那么法制意识较强的上市企业也可以光明正大地参与市场竞争。

为了促进根植于夜晚的文化和经济发展，一般社团法人[②] Food&Entertainment 协会[③]和室内演出会场专门委员会[④]于 2016 年

---

① 按照 1 英镑 =140 日元汇率计算。

② 一般社团法人（general incorporated association）：2006 年日本公益法人制度改革之后全新设立的法人种类，指由两人以上的成员构成的非营利性质的社团法人。

③ Food&Entertainment 协会（Federation of Food and Entertainment，FFE）：2016 年正式成立，成员多为餐饮及娱乐行业的企业及个人代表。该协会通过一系列跨行业的交流及经营活动，促进日本旅游行业的发展和文化产业的繁荣。

④ 室内演出会场专门委员会：2016 年正式成立，成员多为 Live House 经营相关的企业和个人。该协会积极对加盟店铺提供法律之上的援助，以此促进日本音乐、娱乐等文化领域相关行业的发展。

正式成立。本书著者之一的楠本修二郎便担任 FFE 的常务董事，而“新世代东京计划”的成员斋藤贵弘律师则同时担任两个团体的顾问。

FFE 旗下集中了许多来自餐饮服务、娱乐和宾馆行业的企业。所有企业的共同目标，就是开创包括深夜营业在内的崭新行业形态。将餐饮服务同娱乐行业结合，夜晚的娱乐方式将得到不断的开发。

此外，“时间市场（夜间经济）推进议员联盟”（河村建夫担任会长，秋元司担任事务局长）亦于 2017 年春季成立。新世代东京团队中有 4 人（律师斋藤贵弘、Rhizomatiks 代表斋藤经一、*Time Out* 东京代表伏谷博之、梅泽高明）以顾问的形式参与其中。该联盟希望通过政府、官员和民间企业的合作，打破规则的束缚，开辟“时间市场”这一新的市场领域。

【提案3】增设民宿特区

近年来，日本的外国游客数量不断增多，政府也提出 2020 年外国游客达 4000 万人的战略目标。旅游住宿行业市场不断扩大，吸引着越来越多的宾馆投入建设。然而 2020 年赴日游高峰到来之时，宾馆房间恐怕还是供不应求。

为了解决这一问题，我们不仅应该修建宾馆和日式旅馆，更应该充分利用民宿资源（利用私人房屋为游客提供住处）。日本有许多游客量波动极大的季节性旅游景点，例如冬季的滑雪场和祭典期间的地方城市。我们应该**根据市场需求，灵活增加宾馆房间**。

《旅馆业法》针对宾馆和日式旅馆等旅游住宿设施进行了多项限制。因此如果想要开设宾馆，不仅需要营业许可证，更需要满足《旅馆业法实施细则》和各地政府条例所规定的建筑设施标准。例如一家西式宾馆至少需要10间占地面积9m^{2}以上的房间，此外还需要大堂、食堂和后厨。

根据《国家战略特别区域法》（2014年4月实行）规定，在部分特区内，居民可以不受《旅馆业法》限制，将自家房屋或公寓的空闲房间提供给游客居住。只要满足“房间面积大于25平方米且拥有厨房和浴室”等设施标准，就可以作为民宿提供给入住时间超过6晚的旅客。

然而，恐怕很少有外国游客会在东京一座城市停留6晚以上。因此新世代东京团队提议，放宽针对住宿时间的限制，**增设“民宿特区”，允许民宿接收仅入住一天的旅客**。来自各行各业的相关人员都在努力推动更大范围内的法规改革。

2017年6月，《民宅住宿事业法（民宿新法）》正式颁布。**房屋主人可以自行申请，提供空闲房间用于民宿出租，且年出租日数最长可达180日**。180日的标准在国际上也是相当宽松。因此我们可以预见，未来将会有越来越多的居民和企业投入到民宿行业之中。

同时，该新法对民宿中介网站进行了更进一步的规范。例如网站需向政府登记，必须向用户说明出租条件，以及禁止在网站上登载“黑民宿”的出租信息。

今后越来越多的企业将参与到民宿行业之中，旅游住宿的选项将变得更加丰富。相信民宿行业制度的完善将帮助日本通过旅游业振兴国家经济，迈出日本“观光立国”过程中重要的一步。

⊙ 民宅住宿事业法（民宿新法）概要

民宅住宿事业方（民宿房东），可以自行向都道府县政府提出申请，开展民宿服务。

- 将民宅同宾馆和酒店进行区分。
- 无论屋主居住与否，房间都可以作为民宿出租。然而无人居住的房屋需交由民宅住宿管理者代为管理。
- 房屋面积无限制。

年出租日数最长可达 180 日。

- 根据各自治体规定，时间可以延长。

民宅住宿管理方（民宿代理运营者）需向国土交通省上报。

民宅住宿中介方（Airbnb 等）需向观光厅登记。

出处：MINPAKU.Biz《民宿新法（民宅住宿事业法）详说》

【提案4】开放市内公共空间

若想提高城市魅力，必须有效利用公共空间。正如“健康都市”一节所述，“新世代东京计划”团队已经围绕公共空间的利用，向政府递交了“东京沿岸地区开发”和“海上巨型音乐会平台”等一系列提案。此外，为了实现“创意都市”的目标，我们有必要将城市公共空间转化为市民活动的场所，从而增加城市活力。

然而，在道路、公园和水边等公共空间举办活动，往往会受到许多阻碍。接下来我们将以东京丰收节（Tokyo Harvest）为例，分析公共空间利用过程中所面临的具体困难。

东京丰收节在大型商业设施“六本木之丘”[①]举办，是每年一届，为期两日的美食盛事。东京丰收节的主旨是在农渔业从业者和一般民众之间搭建一座桥梁。本书笔者之一楠本修二郎及Oisix ra daichi[②]的董事长高岛宏平为该活动的代表董事。

巴黎国际农业展可以在一夜之间将香榭丽舍大道变成农田和牧场；西班牙布尼奥尔的“番茄节”同样世界知名。东京丰收节的目标，就是要像这两个国际展会一样拥有全球性的影响力。

在公共空间举办大规模活动，就是一场同法律法规之间的艰苦战斗。

首先，摆在我们面前的是《建筑基准法》中针对露天及临时会场搭建的政策规范；其次，我们还需要面对《食品卫生法》中针对

---

① 六本木之丘：位于东京港区六本木地区，集办公、购物、观光、展览、会议等多功能于一体的综合商业设施。高238米，东京市内屈指可数的高层建筑之一。

② Oisix ra daichi：日本食品销售公司，主营有机、无添加食品的运送和贩卖业务。

简易餐饮店经营范围的限制。不仅如此，我们还需要遵循《道路交通法》，取得道路使用许可权，以及按照《都市公园法》能够在公园中合法设置商业设施。

《建筑基准法》由国土交通省制定，《食品卫生法》由厚生劳动省制定，《道路交通法》由警察厅制定。因此，我们需要面对各级的政府部门。此外，法律正文及其附则往往不会针对具体事例进行规范，因此我们还需要面对各部门部长颁布的实施条例、细则，以及监督部门的行政督导和各地政府的政府条例。

我们还需要面对一个现实，那就是监督部门和各地政府的许可权颁布标准往往不够明确。要想举办一场活动，主办方必须了解自己的活动究竟涉及了哪些法律条文，然后逐项进行确认。

在没有大型活动的时候，露天式咖啡厅和露天式餐厅以及市场周边的食品卖场则起到了吸引客流、塑造城市景观以及促进市民交流的作用。巴黎的早市和美国波特兰市的农贸市场，以及西班牙巴塞罗那圣约瑟市场在内的，将露天式咖啡馆与市场结合起来的商业设施，都是当地城市重要的旅游资源。这些将道路、公园和城市融为一体的优秀案例，为游客带来了非常个性化的临场参与感。

因此，我们应建立特区，**放松相关法律限制，合并证件审批机构，明确证件下发标准，从而有效利用公共空间，促进城市繁荣**。

例如，福冈市政府门前的“友谊广场”①，现已作为市民活动场地得到了充分利用。高岛宗一郎市长为了促进城市繁荣，在友谊广场举办城市祭典，开展音乐会和DJ音乐节，并允许流动餐车进入场地营业。这一举措使友谊广场成为天神地区人流量最集中的地区之一。福冈市的这个优秀范例值得在全国范围内积极推广。

---

① 友谊广场：位于福冈市政府办公楼西侧。

新型战略轴“东京 X”

目前为止，本章已经针对城市的生活方式营造、文化建设、人才、产业等方面的法律法规等方面，向大家介绍了诸多聚焦于提升东京软实力的提案。而在本章的最后，笔者希望针对**交通基础设施**这一城市硬件，提出自己的改善意见。

东京的交通网络完善程度在世界范围内都十分罕见。如果再考虑到将来的人口移动趋势，以及远程办公和弹性工作制的普及，我们几乎没有必要对东京市内的交通网络进行根本上的强化。然而，为了促进外国游客赴日旅游，鼓励海外企业对日投资，我们必须强化从海外前往东京的交通路线。也就是说，以机场为起点的路线，以及各条旅游路线仍需要进行一定程度的改进。

在此笔者提议，**建设棋盘式战略性交通主干路网“东京 X”及其辅路网“东京 Butterfly”**。

随着国际航班的增多，羽田机场的重要性也在不断增强。东京 X 的纵轴可以改善羽田机场至市中心的交通状况，这也是交通基础设施完善过程中最重要的一环。

摆在我们面前最可行的选择，是 **JR 东日本提出的羽田机场专线**。

羽田机场专线一共包括三个部分，分别是东山手线（羽田机场—东京货物枢纽站—田町—东京），西山手线（羽田机场—东京货物枢纽站—大井町—大崎—新宿）和临海线（羽田机场—东京货物枢纽站—东京 Teleport—新木场）。工程预计花费 3400 亿日元（约合 220 亿元人民币），目标于 2025 年左右投入运营。

三条线路中**最重要的是东山手线**。这条线路开通之后，从羽田机场可以直达东京市中心，时间也将缩短。同样一段羽田机场到东京站的路程，如果乘坐东京 Monorail 羽田机场线[①]需要用时 28 分钟，乘坐京急机场线[②]需要花费33分钟，而乘坐东山手线预计仅需18分钟。

国土交通省计划建设的**新地铁路线市中心直达线**同样着眼未来。地铁建设在极深的地下，沿途经过押上—新东京—泉岳寺。其中新东京站将建设在东京站以西 200 米处，位于丸之内仲路的地下。

乘坐市中心直达线从新东京站到羽田机场仅需 18 分钟（京滨急行线联运），到成田机场[③]仅用时 36 分钟（京成线联运）。而羽田机场到成田机场大约只需花费 1 个小时。市中心直达线的工程总花费约为4400亿日元（约合290亿元人民币），目标于2025年左右投入运营。

由于羽田机场专线和市中心直达线存在线路重复的问题（东京至羽田机场部分），因此最合理的选择是舍弃其中的一条。究竟舍弃哪条线路，就看决策者更重视成田机场作为东京门户的地位，还是更重视成田机场到羽田机场之间的联运。

东京 X 的横轴，沿途经过有明—新丰洲—晴海—筑地—虎之门—六本木—涩谷，并通过环状 2 号线首尾相连。对于本条线路，投资花费较少的快速公交系统（BRT）或路面电车（LRT）将是一个合理的选择。

“东京 Butterfly”促进游客回流

“东京 Butterfly”同样与东京 X 相连。这是一条模拟东京游客的观光路线，有效利用 BRT 或 LRT 系统进行设计的 8 字形路线。

其中 A 环线沿途经过新丰洲—晴海—筑地—虎之门—六本木—涩

---

① 东京 Monorail 羽田机场线：滨松町站与羽田机场第 2 航站楼站之间的地铁线路。由东京 Monorail 铁路公司运营。

② 京急机场线：京急蒲田站与羽田机场国内航站楼之间的地铁路线。由京滨急行电铁公司运营。

③ 成田机场，全名东京成田国际机场，位于千叶县，首都圈两大机场之一。成田机场旅客吞吐量居日本第二（仅次于羽田机场），货运吞吐量为日本第一。

谷—惠比寿—品川—台场—有明—新丰洲，将东京南部和西部相连。

B环线沿途经过新丰洲—筑地—银座—日本桥—秋叶原—上野—浅草—押上—锦系町—新丰洲，将东京市中心同东部相连。

以上交通路线可以**帮助外国游客轻松了解东京巨大而复杂的构造，促进游客的回流**。尤其是浅草和押上等东京东部地区，有许多面向外国人的平价住宿设施。“东京 Butterfly”的建成，将会为以上地区的外国游客提供极大的方便。

东京X的纵轴，即羽田机场专线和市中心直达线即使马上施工，也要等到2020年之后才能完工。然而其他路线由于使用了BRT和LRT系统，可以在短时间内施工完成。让我们期待这些线路可以早日通过批准，在2020年之前投入运营，如图1-9所示。

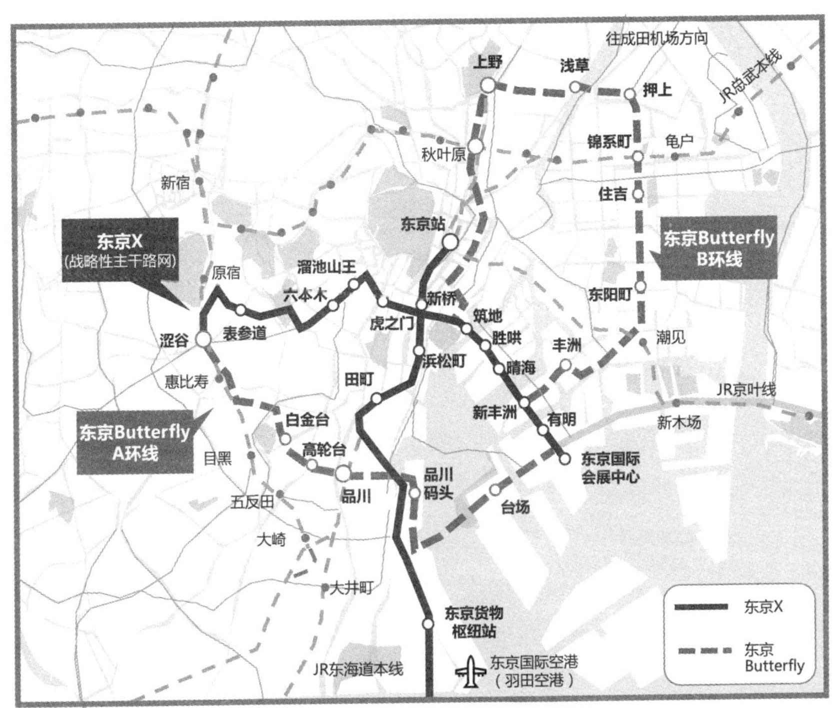

图1-9 东京交通基础设施的构想：东京X与东京Butterfly

解读东京的未来——“经济特区”四大要点

- 吸引全球烹饪、美容和观光等领域的专业人才和高级设计人才。

- 夜晚的文化和娱乐对城市魅力产生极大影响。因此我们应该修订《风俗营业法》以创造新的市场。

- 《民宿新法》促进了企业积极投入民宿行业。让我们期待未来民宿数量进一步增多，类型进一步丰富。

- 放宽政策，允许在道路、公园、水边等公共区域举办活动。

第2章

新世代东京的五大商机

个人健康

体育和娱乐

高级交通和物流系统

智能安保系统

市场销售创新

——本章将通过具体事例，

为大家介绍那些

影响东京未来命运的

新兴产业与新型服务。

继 1964 年之后，东京将再度举办 2020 年奥林匹克运动会，由此也成为唯一举办两次夏季奥运会的亚洲城市。

彼时，凭借短时期内完成的大规模“奥运会工程”建设和巨额资本投入，日本经济实现快速腾飞，晋升为世界第二大经济强国。事实上，因举办世界级运动赛事所带来经济“复苏”的奇迹让世界为之震撼，而东京也“一跃而起”，跻身全球发达城市之列。

此时，日本政府和民众对于新一届奥运赛事有着更多的期待。在笔者看来，“新世代东京计划”的实现与日本各个产业的繁荣与革新紧密相关，巨大商机潜伏在诸多领域，若能借赛事之势并结合创新式的营销之道，推进体育娱乐、医疗健康、交通和物流系统以及人工智能等新型产业和服务发展，作为深度全球化的经济体之一的日本，则将会摆脱长久以来的“通缩”噩梦，复现经济繁荣之光。

知者善谋，不如当时。

[商机之一]

个人健康

【关键词1】24小时生命体征监测

步入老龄化时代，健康问题成为日本全社会关注的焦点。本章的第一个关键词，便是“个人健康”。

在个人健康领域，**24 小时生命体征监测系统**备受瞩目。医生可以通过患者身上穿戴的智能设备，对其呼吸和心率等生命体征进行无间断监测。

美国美敦力公司（Medtronic Inc.）为心脏病患者发明了一款名为 SEEQ MCT 的监测设备。患者只需将无线智能设备紧贴心脏，就可以 24 小时无间断地监测自己的心电图数据。监测结果通过手机发送至监控中心，并由监控中心的专业人员对其波形进行远程分析和监控。一旦发现异常，监控中心可以在第一时间通知医生和患者本人及家属。①

如何**在控制医疗费用的前提下保证市民健康长寿**，这将是东京在老龄化都市发展之路上必须认真思考的问题。

数字医疗充分发挥了互联网、智能手机和穿戴式智能设备的性能优势，吸引了各大企业参与开发和投资。如果此项技术能够继续降低人们医疗及健康监测的成本，并进一步提高操作的便利性，那么未来一定会拥有更加广阔的市场前景。

---

① 美国苹果公司研发的智能穿戴设备 Apple watch 也可以对脉搏进行监测。一旦脉搏超过规定数值，手机 APP 就会触发警报。

数字医疗在诊断和治疗领域的应用

数字医疗应用最广泛的领域，便是**利用电脑或手机 APP 对患者进行在线“诊断”和“治疗”**。

例如美国 Iagnosis 公司研发的 Dermatologist OnCall 在线问诊系统，便可以通过电脑或手机 APP 对皮肤病患者提供帮助。美国所有皮肤科医生都可以在该网站上注册账户，根据患者发布的文字及照片描述对病情进行诊断，必要的时候可以为患者推荐附近的皮肤病医生或者开具电子处方。

除此之外，对于**“富贵病”的监测**也是数字医疗的重要应用领域之一。

中国香港 Innovative Precision Instruments 公司为糖尿病患者提供了一项服务。患者家属及医生可以通过一根笔状监测器[①]，对患者的血糖值和胰岛素注射量进行监控，所有监控数据都将发送给患者家属及其专属医生。一旦病情出现恶化的趋势，系统就会自动触发警报。可以说，这项技术已经越来越接近我们理想的“完美医疗”。

通过血糖值监测的方法对糖尿病进行防治，将极大减少患者的日常医疗开支。

日本的糖尿病患者及糖尿病高发人群已经超过了 2000 万人，每 6 个日本人中就有一个人深受糖尿病的困扰。根据国际糖尿病联盟最新数据显示，2017 年全球 20~79 岁糖尿病患者多达 4.25 亿人。不仅是发达国家，在中国和印度等发展中国家，糖尿病正在成为影响人们健康生活的社会问题。综上所述，糖尿病的诊疗项目在国内外都拥有庞大的潜在市场。

---

① 商品名称为 Clipsulin，由 VigiPen 改名而来。

虽说美国在数字医疗领域处于全球领先的位置，不过日本也有几项发明值得一提。FiNC **公司的“减肥家教”**便是其中之一。“减肥家教”专注于肥胖“预防”。用户在注册之前，需先进行基因检测。注册完毕后，则需通过 APP 每日上传自己的饮食信息，APP 将根据用户提供的信息，为每位用户提供独家定制的减肥方案。

为用户提供综合性服务

数字医疗还有更大的发展空间。目前市面上常见的数字医疗服务大多基于基因检测、减肥瘦身或血糖值监控等中的某一项技术，针对日常生活中的某一特定需求提供服务，如图 2-1 所示。

如果我们可以把多项技术结合起来，将数字医疗覆盖日常生活的各个领域，那么一定可以为患者提供更加精确便捷的治疗方案。

让我们以“减肥家教”为例。APP 在为用户制定减肥方案过程中，可以在基因检测的基础上对用户的生活习惯进行彻底分析。此外，还可以为用户推荐适合的餐厅和食谱。只有将多种技术和服务结合起来，APP 才能向着更加完善的方向发展。

一些数字医疗服务已经开始同健康保险协会合作。随着今后政策进一步放宽，医疗机构也会逐渐参与到数字医疗的开发过程中，届时患者的医疗费用将得到真正的缩减。

2019 年，科尔尼全球商业政策委员会发布最新报告——《未来五年趋势》，着力探讨未来将对全球商业和政府的运行带来显著影响的五大中期趋势，而其中与个人健康密切关联的“孤独流行病”的全球蔓延引发强烈关注。伴随着社会关系弱化、现代工作场所标准变化、社交媒体过度使用等，这种具备“传染性质”病症的发生率预计将持续增加，最终会导致劳动生产力下降，经济增长放缓以及社会总体健康水平和幸福感下降。

阶段	案例	内容
预防	Wellness FX	判断患病风险
	Omada Health	改善生活习惯
	减肥家教（FiNC）	在线瘦身指导
诊断	Dermatologisst On Call（lagnosis）	皮肤病的诊断
	CellScope	儿童耳科疾病的诊断
	Neurotrack	认知障碍的早期诊断
治疗	Zipnosis	通过网络或视频通话进行远程治疗
	Vida Health	为患者匹配合适的医生或专家
监测	Clipsulin（Innovative Precision Instruments）	糖尿病的监测
	Propeller Health	哮喘及慢性阻塞性肺炎的监测
	Ginger.io	为抑郁症及心境障碍患者提供援助

辅助治疗的数据库系统

Cancer IQ……通过电子健康记录（EHR）系统辅助癌症治疗

Yosko……借助EHR系统提高诊疗效率

图 2-1　数字医疗应用领域及其案例

资料来源：科尔尼管理咨询公司

研究表明，应对这一挑战，需要各领域的共同努力并提出创新解决方案，而以“数字化”的方式促进人际交往、建立更多的人际关系的共享生活和工作空间则能够做到“对症下药”。如今，

WeLive 和 WeWork 这两类社交 APP 的应运而生，又如，手机邻里社交软件 Nextdoor 可以在线上帮助用户认识自己的邻居，促进社区共建、帮助人与人之间产生情感互动，目前研发团队已经筹集投资 2.85 亿美元，正在加速发展；而商务社交软件 Shapr 则可以帮助专业人士“每周认识一位新朋友”，由此扩大社交范围，拓宽人脉资源并解决商务需求，受到用户认可。

根据英国市场调查公司 TechNavio 的预测结果，全球数字医疗领域的市场规模，将由 2015 年 6 月的 30000 亿日元（约合 1950 亿元人民币）扩大到 2019 年的 121000 亿日元（约合 7800 亿人民币），如图 2-2 所示。东京（日本全国）如果可以在数字医疗领域推出新型服务，那么完全有可能借此机会向全球市场进军。

【关键词2】可穿戴外骨骼机器人/生物力学

机器人在医疗领域同样拥有广阔的发展前景（见图 2-2）。

说到机器人，大家恐怕都会想起由本田技研工业开发，全球首个直立步行机器人 ASIMO 和软银集团开发的交流型机器人 Pepper。不过在医疗领域，我们不得不提**筑波大学教授创立的 CYBERDYNE 公司**。该公司研发的外骨骼机器人“HAL® 医疗用下肢型”是全球首个医疗机器人，致力于帮助下肢残障人士恢复腿部功能。该机器人在欧盟和日本都成功取得了医疗器械认证，并被列入了保险承保范围。

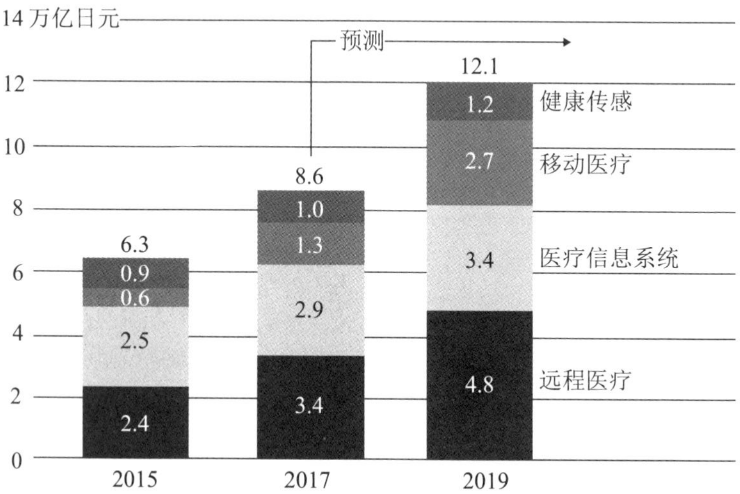

注：按照 1 美元 =100 日元的汇率进行换算。

资料来源：Technavio. *Global Digital Health Market*. 2015-2019.

图 2-2 全球数字医疗市场规模变化

如果医疗机器人能够成为东京街头的一道风景线，那么不仅护工短缺的问题可以得到解决，而且日本作为“机器人大国”的形象也能够在世界上得到更为广泛的宣传。

此外，面向运动员的假肢技术也在迅速发展。Xiborg 是一家生物力学领域的创业公司，**由“新世代东京计划”的成员之一、原田径运动员为末大创办**。该公司专门开发运动员使用的竞技假肢，同时培养优秀的假肢残疾运动员。该公司希望，假肢运动员能够在 2020 年残奥会的短跑比赛中，打破健康运动员创下的奥运会纪录。

除了外骨骼机器人，CYBERDYNE 公司还研发了一种拥有自主判断能力的运输机器人，目前已在羽田机场投入使用。如果这一运输机器人可以得到更大范围的应用，那么无论是帮助老年人搬运大件行李，还是引导外国游客顺利出行，都可以派上相当大的用场。

医疗、物流、交通、观光、体育……机器人可以在各个领域大放光彩。

然而，《道路交通法》等法律法规却并没有涉及机器人。因此，为了让机器人在城市中更好地发挥作用，我们必须要对相关法律条款进行必要的修订。

个人健康领域的四大要点

- 随着都市人口进入老龄化，商业模式的创新势在必行。东京应把握机遇，成为世界焦点。
- 预防、诊断、治疗、监测，各个领域的数字医疗技术正在不断发展。
- 数字医疗在糖尿病等“富贵病”领域的应用，将极大缩减百姓的日常医疗开支。
- 在医疗、物流和交通领域，想要发展机器人产业，相关法律必须先行。

[商机之二]

体育和娱乐

2020年是奥林匹克之年。体育行业将为我们展现更大的娱乐价值。

日本的体育相关产业藏着巨大的商机。

根据日本政策投资银行的对各产业领域的市场规模调查显示，**与体育相关的建筑行业、零售行业、体育赛事、媒体行业以及其他周边产业的生产总值已经达到了55000亿日元（约合3500亿元人民币）。**[①]

55000亿日元看上去规模巨大，但是只要分析一下这个数字的构成，就会发现建筑行业（高尔夫球场、滑雪场等）占21000亿日元（约合1300亿元人民币），零售业（体育用品店、批发店等）占17000亿日元（约合1100亿元人民币），体育观光业占7000亿日元（约合450亿元人民币）……同消费者直接相关的产业占据了体育行业生产总值的很大比例。

而与体育相关的媒体行业生产总值（电视、报纸、杂志等）只有5700亿日元（约合370亿元人民币），棒球、足球、相扑等体育赛事仅仅创造了2800亿日元（约合180亿元人民币）的价值。[②]

---

① 生产总值：企业或行业创造的增加值总额，同市场价值所表现的“市场规模”不同。此处的55000亿日元为2012年数据。

② 数字来源日本政策投资银行《2020年奥运会影响下国内体育行业的发展潜力及企业主体的体育支援》。

体育也是娱乐产业

同日本形成鲜明对比的是美国。按照 2012 年最终消费价值计算，美国体育行业规模巨大，其中入场费、赞助费及商品销售额合计为 42000 亿日元（约合 2700 亿元人民币），而仅凭电视版权费一项就达到了 12000 亿日元(约合 780 亿元人民币)，[①] 如图 2-3 所示。

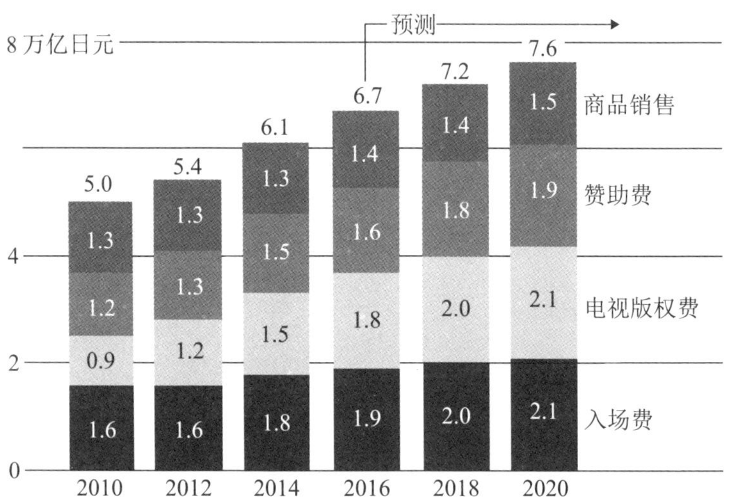

注：按照 1 美元 =100 日元的汇率进行换算。

资料来源：PwC. *Sports Outlook* 2016.

图 2-3　美国体育市场规模变化

NFL（美国职业橄榄球大联盟）、MLB（美国职业棒球大联盟）和 NBA（美国职业篮球赛）等职业联赛充分发挥了体育作为“娱乐产业”的作用，美国的体育产业市场规模逐年扩大。

---

① 赞助商费是指，体育馆内的广告费、运动员服装的商标费以及其他企业对赛事进行赞助的花费。商品贩卖的收入是指，利用参赛队伍及运动员的知名度，向观众贩卖相关产品的收入。

伦敦奥运会及残奥会之后，英国的体育产业规模也在进一步扩大。

根据日本政府发布的《日本复兴战略 2016》，**2020 年日本体育产业规模将实现翻倍，即达到 100000 亿日元（约合 6500 亿元人民币），2025 年实现翻 3 倍，即达到 150000 亿日元（约合 9700 亿元人民币）**。为了实现这一目标，我们必须加大露天及室内体育场馆的投资力度。

【关键词1】智能体育馆

智能体育馆，即**信息通信技术应用下的体育馆**，促进了美国体育产业的发展。

旧金山职业橄榄球队淘金者队的主场李维斯体育场，开辟了美国智能体育馆的先河。

观众可以通过该体育馆的专用 APP 购买门票、预定停车位、免排队点餐、购买商品，甚至还可以查询卫生间的使用状况。比赛过程中，观众可以连接体育馆 Wi-Fi，收看专门为场内观众提供的赛事回放。

2017 年，耐克（NIKE）在菲律宾首都马尼拉创建了无限体育场（Unlimited Stadium），为体育爱好者带来了世界上第一个 LED 跑道。从空中俯瞰，8 字形赛道全场犹如一只巨大的跑鞋，而且像极了“无限符号”，其灵感就来源于耐克 LunarEpic 系列跑鞋。

在耐克看来，“运动员最大的竞争对手就是自己”。参与者穿着装有传感器的耐克跑鞋，传感器与内侧跑道炫酷的LED屏幕连接，通过射频识别技术追踪跑步者的速率和相关信息，而每个人的虚拟影像都会投射在“墙壁”之上与“自己”竞争。热爱运动的人们在这里践行着“挑战自我，超越极限”的体育精神。

而日本也在进行类似的尝试。

例如，职业足球队大宫松鼠足球俱乐部[①]的主场大宫 NACK5 体育馆便是一个应用了日本电报电话公司最新科技的智能体育馆。只要连接场内 Wi-Fi，便可以收看独家视频，观众可以通过专属 APP 查询体育馆周边店铺信息并领取优惠券。VIP 席位观众还可以在体育场内享受外卖服务。

日本经济产业省和体育厅共同发布的《体育未来开拓会议[②]报告书》指出，**“为了提高体育赛事的观看体验，我们必须完善体育馆的饮食、商品销售及住宿功能”**。

相对于体育馆的建设来说网络可能是基础设施，而拥有一个可以覆盖体育场的 Wi-Fi 网络的确非常重要。近年来，越来越多的人习惯在社交网站上发布视频，因此网络环境是否稳定，将对观众的满意度产生极大影响。此外，为了满足观众收看赛事回放的需求，体育馆**必须架设高密度公共 Wi-Fi，以此满足数万人同时登录**。

增加观众互动环节

观众的参与程度对于体育赛事而言十分重要。

例如，电动汽车领域的 F1 锦标赛“国际汽联电动方程式锦标

---

① 大宫松鼠足球俱乐部：日本埼玉县足球俱乐部。日本职业足球联赛加盟俱乐部之一。

② 体育未来开拓会议：日本体育厅和经济产业省于 2011 年起共同举办的体育行业振兴会议。

赛”，就为现场及电视机前的观众准备了互动环节。

比赛开始前，观众可以通过官方网站或推特给喜欢的赛车手投票。得票最多的三名赛车手可以在比赛中获得一次持续五秒钟的突然加速机会。由于投票的结果影响着比赛结果，因此粉丝们也完全不敢懈怠。

其他体育赛事也完全可以借鉴这一做法。例如格斗类的体育比赛中，票数最高的选手可以获得额外进攻机会（但需要对比赛规则进行修改）。

纵观美国体育行业的发展，我们发现**改善观众的现场观看体验可以引发一系列良性反应：不仅门票收入得到提高，更有助于培养粉丝忠诚度，从而提高转播的版权收入**。

【关键词2】多机位赛事直播

多机位赛事直播技术可以改善观众的观看体验。下面以足球比赛为例，分析该项技术在未来赛事中的具体应用。

比赛开始前的等待时间，观众可以打开专用的手机 APP，从会场内设置的多个摄像机中选择一个最喜欢的角度。这样观众就可以获得“第二双眼睛”，同时从两个不同的角度欣赏比赛。

主看台的中央摄像机、球门处的摄像机、俯瞰全场的鸟瞰摄像机、距离地面 10 米处近距离追踪选手的蜘蛛摄像机（移动式空中摄像机）、裁判随身佩带的超小型摄像机……观众只需在手机上轻轻一点，就可以在自己喜欢的视角之间随意切换。

运动员进球时，观众的手机屏幕上将显示出“选手进球！是否观看比赛回放？”的语言提示。当然，比赛回放同样支持视角切换，观众可以从多个角度欣赏比赛的精彩瞬间。

不仅在体育场内，哪怕在家庭或者办公室，只要有一块触屏设备或者智能电视，观众就可以自己选择视角进行“多机位观赛”。

【关键词3】VR和3D立体影像

娱乐领域的**裸眼 3D 立体影像技术**已经非常发达。

2014 年美国“公告牌音乐奖”颁奖典礼上，已故音乐家迈克尔•杰克逊的立体影像音乐会受到了人们的关注。在日本，初音未来[①]和 Perfume[②] 的演出，以及艺术团队 teamLab[③] 的作品上都可看见立体影像技术的身影。（严格来说，立体影像技术并不等同于“全息投影”，故在此处将二者区分。）

那么，立体影像技术能否在体育领域得到应用呢？

为了申办 2022 年足球世界杯，日本提出了全场 3D 影像的设想。该设想旨在通过 3D 立体影像技术，为全世界的观众提供虚拟观赛体验。

全场 3D 影像的具体方案如下：首先，比赛场馆四周的 200 台高精度摄像机对比赛过程进行实时拍摄；其次，将拍摄画面转换成 3D 模式，传输给世界各国的体育场；最后，世界各国的体育场将接收到的 3D 视频数据投影至体育馆中心的巨型屏幕，对比赛过程进行直播。“全场 3D 影像”使得全世界的体育粉丝无须走出国门，就可以观看世界杯比赛。虽然遗憾的是，2022 年足球世界杯的举办权最终被卡塔尔获得，但这个绝佳的设想获得了粉丝们的强烈支持。

---

① 初音未来：基于语音合成技术的虚拟歌手。

② Perfume：日本女性歌手组合，曲风为流行电音。

③ teamLab：位于东京千代田区的数字内容制作公司。

VR（虚拟现实）技术在体育娱乐业同样备受关注。

2016年开始，美国就通过VR技术对每周的NBA赛事进行实况转播。负责这一转播的是美国VR视频公司NextVR。除了体育比赛之外，该公司的业务范围还涉及政治家及明星的演讲等各个领域。

美国NBA赛事的VR转播共用到8台摄像机。这8台摄像机位于球场的各个角落，摄像机拍下的画面交由现场导演实时选取，并将最佳的角度呈现给观众。除NBA赛事转播之外，NextVR公司还与美国媒体行业巨头21世纪福克斯旗下的体育电视台FOX SPORTS进行过合作，此外还负责过德国甲级联赛的VR转播。

体育赛事的VR转播为观众带来了身临其境般的观赛体验，大大提高了体育比赛的娱乐效果。笔者相信这一技术未来一定会得到更大范围的应用。

成长显著的电竞市场

如果我们可以利用3D立体影像技术将游戏世界与现实世界同步，从而实现电竞选手与体育运动员的同台对决，那么结果一定令人非常期待。

比如，我们可以发明一种与传统游戏相区别的“真实电子竞技”，让电竞选手向现实中的一流运动员发起挑战。在真实电子竞技中，电竞选手可以通过立体影像技术创造一个自己在虚拟世界的“分身”，同现实中的奥运会或残奥会选手对决。相信在不久的将来，这一设想即将成为现实。

全球的电子竞技市场都在迅速发展。根据美国游戏市场调查公司SuperData Research的预测结果，**2016—2019年，电子竞技的观众数量将由2.1亿人激增至3.3亿人，而电子竞技的市场规模**

也将从 900 亿日元增长到 1400 亿日元。[①]

日本在 2022 年足球世界杯申办过程中的另一个重要提案，就是“自由视角视频生成系统”。

和全场 3D 影像技术相同，这一系统也需要在体育场四周设置摄像机拍摄画面。不同的是，该系统通过图像处理技术，实现了观众视角的自由移动，从而为观众带来震撼的观赛体验。犹如置身于运动场一般，观众可以伴随着参赛选手的呼吸和心跳，在咫尺之间体验赛事盛况。

该系统由日本职业足球联赛和佳能集团[②]共同开发，并在 2016 年 J 联赛 YBC 鲁邦杯的决赛现场得到了实战应用。屏幕越大越能体现出自由视角视频的震撼，相信这一技术未来在电影院和运动酒吧中将得到更加广泛的应用。

无论是多机位赛事直播还是自由视角视频，这些高科技的推广都离不开包括 Wi-Fi 网络在内的体育馆基础设施建设。

体育馆不仅可以举办比赛，也可以举办音乐会等其他活动。一座高水平的体育馆带来的多重价值，远比我们想象得多。面对愈发激烈的行业竞争，体育馆只有开动脑筋、提高服务质量，才能在优胜劣汰的市场环境中获得发展。

---

① 按照 1 美元 =100 日元的汇率进行换算。

② 佳能集团（Canon Inc.）：日本影像制品生产公司。

体育和娱乐领域的四大要点

- **挖掘体育的娱乐价值，促进体育行业的发展。**
- **智能体育馆的信息通信技术提升了现场观众体验。**
- **无论是体育场还是自家客厅，多机位赛事直播都为体育观赛提供了更多可能性。**
- **全球电子竞技市场的迅速发展。我们应将游戏同现实中的体育比赛融合，开发新型娱乐模式。**

[商机之三]

高级交通和物流系统

【关键词1】自动驾驶出租车

打开手机，选择起点和终点，一辆无人驾驶出租车便会按照系统推荐的最短路径将你送达目的地——“自动驾驶出租车”不仅展现出了手机约车服务的美好未来，而且可以缓解日本出租车驾驶员短缺的问题，甚至能够降低交通事故的发生概率。

在老龄化严重、人口密度过低的地区，火车和电车等铁路交通工具纷纷停运。笔者认为，**自动驾驶出租车可以取代铁路，成为当地的主要交通工具**。此外，日托型养老院以及超市和购物中心附近，也可以安排更多的自动驾驶出租车为老年人提供服务。

自动驾驶出租车可以降低人工成本、车辆成本、燃料费等出租车运营开支。有数据表明，保守估计，自动驾驶出租车每行驶 1 公里的成本只有普通出租车的 1/3 或 1/4。如果在缩减成本上多下功夫，这个数字甚至可以降低到 1/10。① 要知道无人出租车不需要给司机支付工资，这相当于减少了出租车运营成本的 70%，而且无人驾驶系统永远不会疲劳，可以 24 小时持续驾驶。

此外，如果设定目的地、支付打车费用等一系列操作都可以通过手机完成，那么外国游客和听力障碍者的交流沟通问题也可以得到解决。

2013 年日本国内出租车市场规模已经达到了 17000 亿日元（合

① 综合 ZMP、美国得克萨斯大学、KPMG 和 Barclays 的预测数据分析得出。

人民币 1090 亿元）。[①] 如果自动驾驶出租车可以取代一部分传统出租车市场，通过无人驾驶大幅度缩减成本，那么日本的出租车市场规模有望发生**千亿日元规模**的巨变。

安全行驶的必要条件

自动驾驶出租车虽然前景美好，然而在普及过程中依然有几个问题需要解决。

首先，自动驾驶出租车成本的大幅度缩减，建立在彻底无人化的基础之上。按照 SAE International（国际自动机工程师学会）[②] 对“自动驾驶”的定义，只有“完全自动化”（第 5 级）或“高度自动化”（第 4 级）的汽车，才能被称为自动驾驶汽车。至少在某些特定的驾驶模式下（例如郊外或高速公路），必须实现百分之百的系统自动操作。

其次，在技术层面，第 4 级以上的自动驾驶还面临着诸多挑战。在法律层面，目前的交通法规仅仅规定了“人类驾驶”的情况，因此无法处理第 3 级以上自动驾驶的问题。此外，自动驾驶交通事故的责任认定方法及保险理赔细则同样有待细化。

许多知名汽车生产企业都计划于 2020 年代初期实现第 3 级别的自动驾驶。目前的主流观点认为，第 4 级以上的自动驾驶需要等到 2030 年之后才能真正普及。例如矢野经济研究所认为（如图 2-4 所示），**第 2 级别的自动驾驶汽车市场将于 2020 年代初期形成，而第 3 级别以上的自动驾驶汽车市场则将于 2020 年代后期形成规模**。[③]

---

① 数据来源：日本出租车联合会。

② 汽车、飞机等交通运输产业的技术人员组成的世界性团体。

③ 矢野经济研究所 . 自动驾驶系统的可能性与未来展望 2016.

只有**大量积累行驶数据，优化“直行、拐弯、停车”的人工智能，才能保障自动驾驶汽车的行驶安全**。

在机动车专用道路上，自动驾驶相对来说比较容易，然而到了车水马龙的城市道路，难度就会提高一个等级。在复杂的路况下，车辆不仅要遵循交通信号灯的引导，更要回避突然出现的自行车和行人。视野较差的时候，甚至难以分辨公路上的引导线。因此，为了保障所有路况下的安全驾驶，我们必须完善自动驾驶导航库内的地图和道路信息，提高感应器识别空间及障碍物的精确程度，并提高人工智能系统的判断能力。

越来越多的企业和机构已经投身于自动驾驶技术的开发与自动驾驶出租车服务的推广和应用。相信几年之内，该行业一定会产生翻天覆地的变化，如图 2-4、图 2-5 所示。

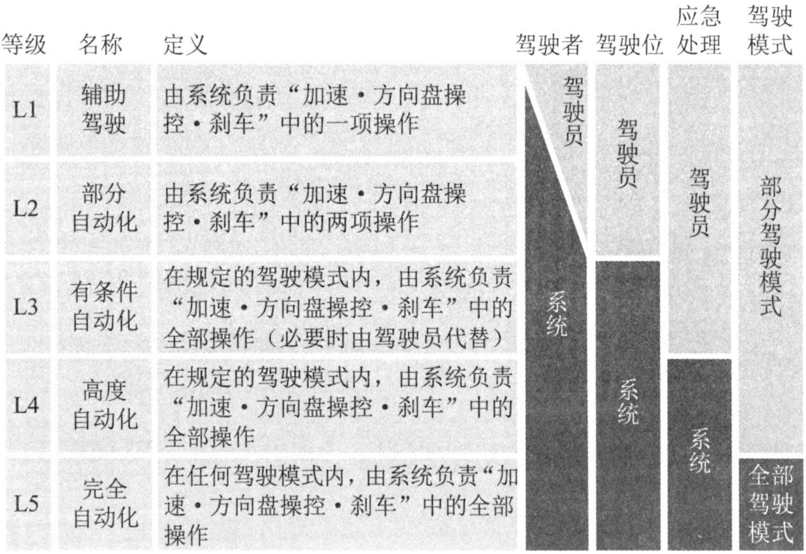

等级	名称	定义	驾驶者	驾驶位	应急处理	驾驶模式
L1	辅助驾驶	由系统负责“加速・方向盘操控・刹车”中的一项操作	驾驶员	驾驶员	驾驶员	部分驾驶模式
L2	部分自动化	由系统负责“加速・方向盘操控・刹车”中的两项操作				
L3	有条件自动化	在规定的驾驶模式内，由系统负责“加速・方向盘操控・刹车”中的全部操作（必要时由驾驶员代替）	系统	系统		
L4	高度自动化	在规定的驾驶模式内，由系统负责“加速・方向盘操控・刹车”中的全部操作			系统	
L5	完全自动化	在任何驾驶模式内，由系统负责“加速・方向盘操控・刹车”中的全部操作				全部驾驶模式

图 2-4　各个级别（L1~L5）的自动驾驶

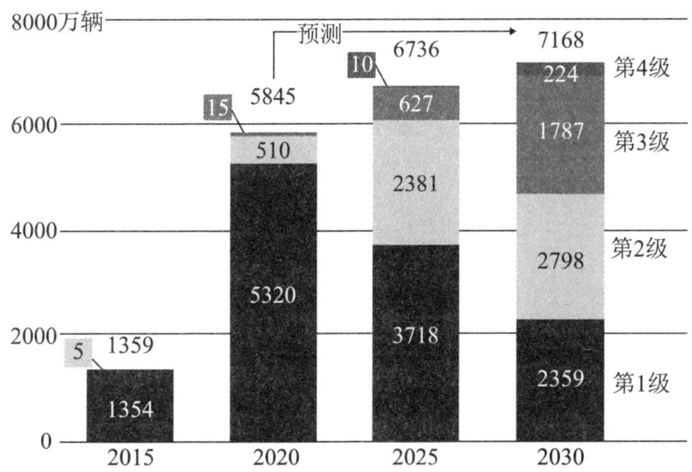

图 2-5　汽车高级驾驶辅助系统（ADAS）全球市场规模的变化

资料来源：矢野经济研究所 . 自动驾驶系统的可行性与未来展望 . 2016.

在日本，Robot Taxi 走在自动驾驶出租车的开发前列。Robot Taxi 由知名社交游戏开发公司 DeNA 和机器人科技创业公司 ZMP 联合成立，在国家经济特区内针对完全自动驾驶出租车的实际应用进行战略性实验。2017 年 1 月，DeNA 终止了同 ZMP 的业务合作，今后将利用日产旗下的自动驾驶汽车推出全新业务。日产公司开发的高速公路驾驶辅助系统（第 2 级）ProPILOT 目前已经投入市场。

全球范围内日益升级的主导权之争

海外的竞争更加激烈。

Alphabet（Google 母公司）旗下的 Waymo 公司[①] 于 2017

① Waymo 的前身是一个自动驾驶汽车开发团队。该团队于 2012 年开始进行公路自动驾驶实验，通过行驶距离的累积来充实实验数据。目前该公司已经积攒了 3000 万公里的实验数据。

年春季在美国亚利桑那州菲尼克斯市推出了史上最大规模的无人驾驶实验项目。Waymo 公司调用了菲亚特 - 克莱斯勒汽车公司生产的 500 辆小型面包车，进行了自动驾驶出租车的上路实验（有安全技术人员陪同，属于第 3 级）。Waymo 还与美国知名汽车共享公司 Lyft 合作，大力开发无人驾驶共享汽车的市场。

共享汽车行业的领头羊、美国 Uber Technologies 公司也与沃尔沃汽车合作，在美国宾夕法尼亚州匹兹堡市和亚利桑那州坦佩市开展了自动驾驶汽车的上路实验。

电动汽车生产商美国特斯拉公司旗下的自动驾驶（第 2 级）汽车已于 2014 年起正式投入市场。该公司计划于未来推出完全独立的无人驾驶汽车共享服务特斯拉网络（Tesla Network）。在该网络下，所有特斯拉汽车都拥有了双重身份：平时作为普通的私家车为车主服务，闲置时则可以作为共享汽车为用户赚取额外收入。

诸多知名汽车制造商都在自动驾驶领域进行大胆的尝试。

美国通用汽车公司（GM）于 2016 年向 Lyft 公司投资 5 亿美元，并以 5.8 亿美元的价格收购了美国自动驾驶领域的创业公司 Cruise Automation。美国福特汽车公司于 2017 年 2 月向美国人工智能机器人领域的创业公司 Argo AI 投资 10 亿美元（约合 1000 亿日元，70 亿元人民币）。此外，通用和福特两家公司都在致力于公路自动驾驶技术的上路测试。

丰田汽车于 2016 年在美国成立了人工智能研究开发机构丰田研究所（TOYOTA Research Institute）。美国国防高级研究计划局项目经理吉尔 • 普拉特（Gill A. Pratt）担任丰田研究所的 CEO。丰田公司预计在 5 年之内投资 10 亿日元（约合 0.6 亿元人民币）用于研究所的项目开发。

自动驾驶的普及，将引发汽车产业的架构变动和关联企业的优胜劣汰。

在我们身边，德国博世公司和德国大陆集团等知名汽车零件生产商都已经通过 ADAS（高级驾驶辅助系统）提升了自己在汽车制造业的影响力。

例如，德国大陆集团已经开始将可以感知周围状况的传感类零件（例如毫米波雷达、摄像机和激光雷达等），以及防止侧滑用的电子刹车组件等重要系统零件向日本、美国和欧洲的汽车制造商垄断输出。待自动驾驶汽车生产标准稳定下来之后，ADAS 系统势必会成为自动驾驶汽车的标配，而参与行业标准制定的零件生产商则会越来越多地掌握行业主动权。

美国半导体行业知名企业 NVIDIA，同样在自动驾驶图像识别领域取得了飞跃进展。该公司生产的车载人工智能系统，可以通过深度（deep learning）识别画面，目前已向多家汽车公司进行销售。NVIDIA 的竞争对手是以生产图像识别半导体而出名的以色列公司 Mobileye。该公司是全球自动刹车 ADAS 系统的领军企业，目前被美国因特尔公司以 153 亿美元的巨资收购。

在自动驾驶行业，导航公司同样拥有重要的话语权。目前全球车载导航行业正处于三强争霸的局面，荷兰的 HERE 和 TomTom 两家网络地图服务公司以及美国谷歌，几乎占据了车载导航领域全部市场份额。HERE 原本是诺基亚的子公司，后来被德国奥迪、德国 BMW 和德国戴姆勒三家公司于 2015 年合并收购。这一举措也进一步说明，越来越多的公司已经认识到自动驾驶时代车载导航的重要性。

从根本上改变汽车消费市场

完全自动化的驾驶技术普及之后，**无人出租车、汽车租赁以及以 Uber 为代表的汽车共享市场有望进行整合**。**届时**，汽车将不再是私人物品，而将成为**“社会共有财产”**。

当然，考虑到那些追求驾驶快感的爱车一族，以及希望拥有个人空间的富裕阶层和高管阶层的需求，私家车并不会彻底消失。然而，在以城市地区为中心的广大区域，大多数的消费者还是会选择不购买私家车，而是在需要的时候使用无人出租车或租车服务。

届时，**全社会的汽车利用率将得到显著提高，而汽车保有量和出售量将会减少**。英国巴克莱银行预测，随着共享汽车的普及，每辆汽车的行驶距离将会增长至目前的 2 ～ 4 倍，而汽车出售量将减少 40%。[①] 当汽车逐渐成为一件人人皆有的廉价商品，汽车生产商将失去话语权，而汽车租赁公司和汽车共享公司将主导整个行业。

【关键词2】无须还车的汽车租赁服务

虽说无人驾驶出租车的普及还需要一些时间，但是如何实现汽车租赁的就近还车，已经成为各大企业必须考虑的问题。

“现在的年轻人都不买车了”——当年只是一句感叹，而多年之后日本终于迎来了汽车租赁的时代。就算不买车，也可以在需要用车的时候根据心情选择喜欢的车型，根据用车的时长选择租赁的时段。汽车租赁以其方便的服务得到了人们的好评。**截至 2017 年 3 月底，日本已经建设了 12900 个汽车租赁站点，可租赁车辆达**

---

① 数据来源：Barclays. Disruptive Mobility A SCENARIO FOR 2040.

到24500辆（同比2016年增长了24%），注册会员达到108万人（同比2016年增长了28%）。综上所述，日本的汽车租赁市场正处于迅速发展阶段。

目前日本的汽车租赁市场处于一家独大的状态。主营计时收费停车场服务的Park24公司[①]提供的汽车租赁服务Times Car占据了日本汽车租赁市场约70%的市场份额。[②]而Times Car服务于2016年度收益186亿日元（约合12亿元人民币），由此可以推断**日本汽车租赁的市场规模大约为260亿日元（约合17亿元人民币）。**

根据美国市场调查公司Navigant Research的调查结果，**2015年全球汽车租赁市场规模约为1100亿日元（约合71亿元人民币），2024年有望达到6500亿日元（约合422亿元人民币）。**[③]

在外国，说到汽车租赁就不得不提德国戴姆勒集团推出的car2go服务。截至2015年年底，car2go已经凭借14500辆可租赁汽车和至少120万名用户，在以欧洲为中心的9个国家28座城市开展业务。该服务的优势在于：采用以分钟为单位的计时收费系统；乘客可以通过手机APP搜索并预约车辆；使用完毕之后可以随时下车，车辆无须返还。

除了一部分实验站点，日本的汽车租赁公司大多数都要求乘客在用车结束之后把车归还至租赁位置。

无论是旅游用车还是商务用车，“无须还车”的汽车租赁服务都拥有相当大的吸引力。尤其对于外国游客来说，在日本旅游时经

---

① Park24：日本最大的停车场运营管理公司。

② 根据J-Tips“汽车租赁比较360”报告书《汽车租赁市场动向（5家主要公司·2017年4—6月）》计算得出。

③ 按照1美元=100日元的汇率进行换算。

常会遇到入境和出境机场不一致，或是需要换乘电车和汽车的情况，因此让外国游客将车归还原处并不现实。

在日本之所以租车之后必须返还，最大的原因是日本没有足够的资金去修建专用停车场。日本与欧洲不同，不能在马路边上随意停车，因此城市里可以停车的地点非常有限。根据法律规定，共享汽车的停车场必须具备一定的规模，不能只有一个停车位。

为了方便人们的生活、推动汽车租赁产业的发展，政府有必要放缓针对停车空间的各项限制。例如闲置土地和未被使用的个人停车位完全可以作为公共停车场使用。汽车租赁行业需要发展，离不开政府的支持。

【关键词3】储物柜×快递

物流行业也在发生各种各样的变革。

其中**服务型机器人（service robot）在物流领域的应用最值得大家期待**。目前部分仓库和机场已经开始使用机器人搬运行李和货物。在美国，科学家甚至已经开发出了在宾馆提供客房服务的专用机器人。美国机器人创业公司 Savioke 开发的 Relay 机器人，已经在加利福尼亚州的多个宾馆承担起了客房工作，并于 2017 年 10 月在日本品川王子酒店①开始了服务。

要想让机器人承担快递员的工作，我们还必须解决大楼的安保问题和机器人爬楼梯难等一系列技术难题。不过如果只是在建筑内部派发文件和信件的话，在不久的将来完全有可能实现。

我们还可以将现有的服务整合，形成崭新的服务。

---

① 日本品川王子酒店：位于东京港区的城市酒店，拥有 3679 间客房，日本规模最大的酒店之一。

例如，**为普通储物柜增设快递服务功能**，这样可以帮助用户减轻提取和搬运物品的负担。

用户将行李寄存在储物柜之后，只需要打开手机APP，选择“目的地”和“送货时间”，就可以委托快递公司将储物柜里的物品在指定时间送达目的地。白天用户可以将工作用的大件行李寄存在储物柜，下班之后直接空手参加派对。晚上回家时，储物柜里的物品已经被安全送货到家——当然，这只是一个简单的例子，类似的使用场合还有许多。

储物柜 × 快递的服务对游客来说同样十分方便。在东京的地铁站，我们经常能够见到拖着很多行李的外国游客。之所以会出现这种情况，是因为在初到日本和离开日本的这两天，外国游客无处存放行李。当储物柜 × 快递服务普及之后，游客上午抵达日本的机场，就可以将大件行李寄存在机场的储物柜内，轻装上阵去筑地吃上一顿美味的午饭，然后再去银座[①]或秋叶原观光至傍晚……等到一天的行程结束之后，再不紧不慢地前往旅馆办理入住手续。摆脱了行李的束缚，游客的观光体验一定会大大提升。

目前一部分的便利店和车站已经开始为市民提供储物柜来收取网上购物的快递。但是笔者认为，储物柜的用途并不仅限于“收取”，更应该扩展到“储存”＋“运送”的领域。根据矢野经济研究所的调查数据，2015年日本全国快递市场已经达到了21000亿日元的规模。[②]储物柜的功能扩展将为快递产业提供更加广阔的发展空间。

---

① 银座：位于东京中央区的著名商业区。

② 矢野经济研究所．针对17个物流业种进行的调查结果（2017）．

高级交通和物流系统领域的四大要点

■ 自动驾驶出租车有望在老龄化地区和人口密度过低的地区率先得到普及。

■ 随着自动驾驶技术的发展，汽车行业的产业结构有望发生根本性变化。传统汽车生产巨头将同共享汽车公司、ADAS系统生产公司、自动驾驶技术研发公司一起，共同争夺市场主导权。

■ 完全自动化驾驶的普及，将导致出租车、汽车租赁、共享汽车的市场整合。汽车即将成为社会共有财产。

■ 储物柜正在引发物流产业的创新革命。

［商机之四］

智 能 安 防

【关键词1】高级视频分析

一个国家只有社会治安稳定，才能吸引外国游客。

当今世界，全球任何一座都市都面临着恐怖袭击的威胁。日本政府计划在2015—2020年间实现外国游客人数翻倍的目标。2020年东京奥运会及残奥会召开之时，全世界的目光都将聚集在东京这座城市。

东京之所以能够取得奥运会的举办权，其重要因素也是因为东京拥有良好的治安环境，而这进一步说明了安保问题的重要性。

高级安保技术市场不断扩大

目前全球主流的安保技术分为两种：第一种是事前防范，即通过监控摄像头和防贼警报器在后台对出入人员进行监控；第二种是事后补救，即事件发生之后，调取监控摄像头的拍摄画面来查找可疑人员。无论哪种方法都需要保安等工作人员的参与，依靠人类自己的感官以及观察力和判断力。

然而**在不久的将来，高级视频分析技术**（video content analysis，VCA）**和机器人将成为安保行业的支柱**。

安保的三个阶段，分别是捕捉和识别、分析和情况判断以及行动。而智能安保技术的引进，正在从根本上颠覆这一流程。

VCA 技术在捕捉和识别与分析和情况判断领域的应用中，最为知名的是 NEC 开发的人脸识别引擎“NeoFace”。目前该引擎已经在阿根廷蒂格雷市和印度苏拉特市的城市监控系统内得到了应用。

该监控系统的原理是：将网络摄像机拍摄下的画面同数据库内的嫌疑人名单进行实时比对，一旦发现可疑人员就会自动报警。而蒂格雷市的监控系统还可以在指定区域内自动监测可疑人员、危险物品以及非法停泊的车辆。除此之外，外国的机场入境检查以及音乐会等各类娱乐赛事活动的安检入口处，都可以见到 NeoFace 人脸识别引擎的身影。

不久之后，**高级安保技术将在交通工具、各类公共及商业设施和办公楼内得到全球范围的广泛应用，甚至有望在高级公寓内得到普及**。

根据美国市场调查公司国土安全调查集团（Homeland Security Research）的调查数据，2012 年以 VCA 为代表的**智能安保系统，全球市场规模已经达到了 14000 亿日元（约合 910 亿元人民币），而 2020 年有望扩大至 39000 亿日元（约合 2500 亿元人民币）**。[①]

【关键词2】安保机器人和安保无人机

识别和分析的下一步便是“行动”。而在这一领域，机器人拥有十分广阔的应用前景。

监视、跟踪和报警——这些威胁到警察生命安全的工作，完全

① 数据来源：Homeland Security Research. Intelligent Video Surveillance, VCA& Video Analytics: Technologies & Global Markets. 按照 1 美元 =100 日元的汇率进行换算。

可以由机器人代替。而同人类相比，机器人的工作质量和效率明显更高。

美国机器人公司 Knightscope 开发的安保机器人 K5，已经在加利福尼亚州的购物中心和办公楼内开始了工作。

该机器人的外形同电影《星球大战》中的 R2-D2[①] 十分相似，并装备有激光扫描仪、摄像机、红外线感应器和麦克风等设备。

K5 的职责是在指定区域进行移动监视。无须后台操控，K5 便可以自行对比数据库内的罪犯信息从而发现可疑人员，还可以识别可疑车辆的车牌信息，并且能够在第一时间进行火灾预警。K5 一旦发现可疑人员或者发现火灾，就会立即通报保安和警察。

K5 机器人完全能够胜任巡逻、发现可疑人员、联系总部寻求支援等初级警员的工作。Knightscope 公司还计划将 K5 机器人和警用无人机联合，打造新型综合警卫系统。[②]

阿联酋迪拜酋长国于 2017 年 5 月“雇用”了全球首个 RoboCop（机器人警察），这一消息引起了全球的广泛关注。该机器人警察采用了西班牙 PAL Robotics 公司研发的 REEM 系统，高 170 厘米，重量 100 公斤，将在巡逻、引路、处理违法停车等各个领域发挥作用。

用动画的思维打造“机器人保卫下的城市”

综合警卫保障公司（ALSOK）[③] 于 2015 年开始售卖自动行走式

---

① R2-D2：美国电影《星球大战》系列中登场的机器人，造型可爱，憨态可掬。

② 2017 年 7 月，某 K5 机器人在美国华盛顿购物中心内执行警卫工作时，不小心跌入了购物中心的喷泉。一时间“机器人投水自尽”成为了热门话题。

③ 综合警卫保障公司（ALSOK）：日本大型警卫安保服务公司。

安保机器人 Reborg-X。

该机器人可以识别指定区域内的入侵者，还可以对可疑人员或同行业竞争对手进行身份验证，并将其位置和图像信息传输至警卫人员的移动设备或后台的操作中心。ALSOK 公司还通过机器人定制服务为顾客提供“搜寻迷路的儿童”及“多语言交流”等扩展服务。目前该机器人已经在东京塔和多个科技馆内提供服务。

通过 K5 机器人的事例我们可以明白，**充满童心的设计与高科技相结合，可以产生十分惊人的效果**。普通的机器人外形冰冷生硬，很容易给城市中的人们带来压迫感，然而外形可爱的机器人就可以很快融入人们的生活。

日本的动画和机器人文化在世界拥有很大的影响力。政府如果能够同民间资本积极合作，就有希望**将东京这座城市变成安保机器人的展示平台**。

平时为游客提供多语言向导服务，紧急情况下可以负责人员疏导……综合性安保机器人可以为外国游客和城市居民提供更加便利和安全的服务。相信安保机器人有望作为新一代城市基础设施得到推广。

监察用无人机市场在 4 年内扩大了超过 3 倍

安保无人机也得到了社会的广泛关注。

拥有自主判断能力的小型飞行监视机器人西科姆无人机目前已在防盗系统中得到了应用，这一举措开创了民用无人机防盗系统的先例。该防盗系统可以帮助人们尽早发现潜入办公楼和工厂内的可疑人员或车辆。

地面上的传感器一旦检测到可疑人员或车辆，就会通知无人机对目标进行接近和跟踪，并拍摄下目标人物的相貌或目标车辆的车牌号码，通过无线传输发送给后方指挥中心。由于无人机装备有LED灯，因此在夜间也能够拍摄高清晰的画面。

西科姆公司[①]还计划为该防盗系统提供可供选择的巡逻监视服务。无人机可以按照事先设定的路线进行定期巡逻，根据拍摄下的画面自动排查设施内的异常状况、入侵者的踪迹以及可疑物品，一旦发现异常就会通知警卫中心。

民用安保机器人和安保无人机目前还处于萌芽阶段，因此市场需求较小，然而未来却有大规模增长的可能性。

美国互联网市场调查公司高德纳的调查数据表明，2016年全球商用及私人无人机市场规模为4500亿日元（约合290亿元人民币），而2020年有望达到11000亿日元（约合710亿元人民币）。[②]其中监察用无人机占据了商用无人机三成左右的市场份额，拥有十分不错的发展前景，如图2-6所示。能源探查及基础设备监察领域将会产生巨大的无人机需求。

此外，根据英国市场调查公司TechNavio的预测结果，**2013年全球监察和安保型无人机市场规模为100亿日元，2020年有望达到320亿日元。**[③]综上所述，监察和安保型无人机的市场规模正在以年均超过30%的速度急速增长。

---

① 西科姆公司：日本最大的警卫安保服务公司。除日本之外，在全球21个国家展开业务。

② Gartner. Gartner Says Almost 3 Million Personal and Commercial Drones Will Be Shipped in 2017. 按照1美元=100日元的汇率进行换算。

③ Technavio. Global Commercial Drone-Enabled Services Market. 按照1美元=100日元的汇率进行换算。

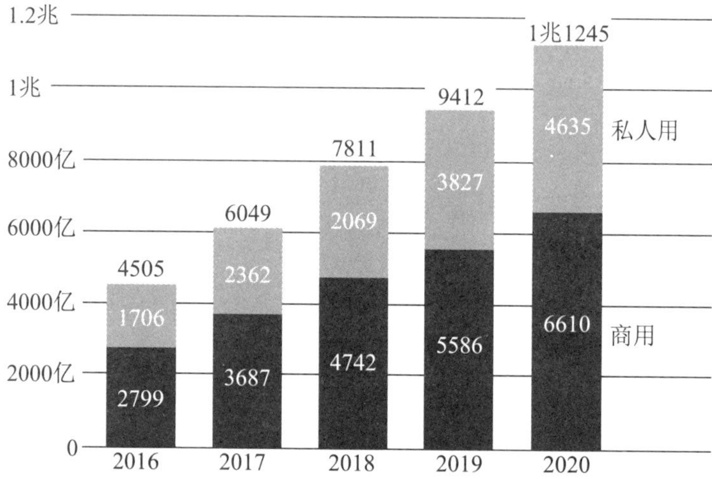

图 2-6　商用及私人无人机全球市场规模变化推测

资料来源：Gartner. Forecast Personal and Commercial Drones. *Worldwide*，2016.

注：按照 1 美元 =100 日元的汇率进行换算。

安保机器人和安保无人机的四大要点

■ 2012年全球智能安保市场规模为14000万亿日元，预计2020年扩大至39000亿日元。

■ 高级视频分析技术（VCA）将在交通工具、各类公共及商业设施和办公楼、居民住宅内得到广泛应用。

■ 安保无人机和机器人可以提高安保工作的效率。

■ 用动画的思维打造“机器人保卫下的东京”，利用2020年的机会向全世界展示。

[商机之五]

数字营销创新

【关键词1】数字广告牌

为了迎接2020年的到来，东京的市场营销模式也加快了发展的步伐。无论商场大楼还是街头巷尾，越来越多闻所未闻的商品、服务和信息正在改变人们的生活。

例如，**数字广告牌**这一新型市场营销模式，就可以根据地点和时间为顾客匹配最合适的广告及信息。

数字广告牌主要有四大用途。

第一个用途便是**广告**。代表性的产品包括电车内的显示屏和大楼外墙上的大型LED屏幕。企业若想在屏幕上宣传产品，必须交纳一定的广告费用。

第二个用途是**促销**。代表性的产品为购物中心内滚动播放促销信息和店铺介绍的电子屏幕。

第三个用途是**提供信息**。主要的用途为：政府或交通机关在公共区域内向市民和游客提供地图、时刻表和地域信息。目前政府已经在推广服务型电子屏幕，为居民提供紧急灾害信息。

至于最后一个用途则是**“娱乐”**。虽说是娱乐，但并非是在人流密集的场所随机提供信息，而是在美术馆和体育馆内结合观众喜好，有目的地展示内容。2016年9月举办的日本男子篮球联赛开幕战上就出现了LED赛场。168枚边长50厘米的正方形LED屏幕，将整个赛场变成了巨大的显示屏。在选手进球得分和颁奖典礼的时候，还可以烘托现场氛围。

电子屏幕的用途不仅是“展示”

伴随着科技的发展，数字广告牌的功能将会进一步扩展。

首先，**高清显示屏**会得到普及。

4K 显示屏在 2013 年登场之后，与传统 2K 显示屏之间的价格差距正在不断缩小。未来几年内，4K 屏幕会得到大范围的普及，而 8K 屏幕目前也已经在商业领域得到应用。同样大小的屏幕，分辨率越高所容纳的信息越多，因此高清显示屏十分适合用于展现车站的候车信息。此外，高清显示屏还可以为用户带来更加优质的视觉体验，因此十分适合用于展示艺术作品和观看体育赛事。

目前，已经有人开发出了能够发出香味的数字广告牌。2014 年，英国和荷兰合资创办的联合利华集团，在推出 Surf 洗衣粉的新产品时，就利用了能够发出香味的广告牌在全英国进行产品推广。通过 GPS 定位信息进行室外营销的英国 Kinetic 公司是该广告牌的生产者。

在日本，理光公司开发的香味广告牌亦于 2017 年春季在展览会上尝试对外展出。该广告牌内置芳香剂内胆，可以根据数字广告牌上显示的图像和视频信息，利用小型吹风设备释放香气。而内置的香气种类有一百种左右，能够根据广告主的要求和广告的内容自行定制香味模型。

此外，在内置传感器的帮助下，数字广告牌还可以**为个人提供专属服务**。

为了迎接 2020 年的到来，日本政府正在大力推广**多语言服务**

显示屏。只要用手机或外国游客专用的IC卡片一扫，显示屏就会自动切换为用户熟悉的语言模式。

一些数字广告牌还可以自动识别用户特征，从而提高双向信息定位的准确性。

德国啤酒品牌ASTRA在2015年推出的街头促销活动便是一个很好的例子。只要女性从数字广告牌前路过，屏幕上的酒吧招待就会发出“要不要和我一起喝杯ASTRA？”的邀请。然而如果有男性对广告牌产生了好奇，广告牌就会做出“本店不欢迎男人！”的反应。此外，如果识别到年龄较大的女性，还会说“本店为16岁以上的客人准备了啤酒”。该数字广告牌可以通过摄像头拍摄下的画面判断路人的性别和年龄，然后从事先准备好的70组对话中选择同用户最匹配的一组在屏幕上播放。

技术的发展让人目不暇接，以至于忽视了其他重要的东西。ASTRA啤酒的案例告诉我们，**在广告和促销中**，利用新型科技手段吸引顾客的注意极为重要，也就是说，**一个好的创意正在发挥越来越大的作用**。

然而如果运用错了方法，数字广告牌的个人专属服务也会引起人们的厌烦。因为许多人并不希望自己的喜好暴露在大庭广众之下。为了解决这个问题，将来一部分个人专属信息可能会通过手机的途径向顾客发送。

美国市场调查公司Markets and Markets的调查数据表明，**2015年全球数字广告牌的市场规模（包括硬件、软件和关联服务）约为17000亿日元，而2022年有望达到27000亿日元**。[1]

---

① Markets and Markets. Digital Signage Market worth 27.34 Billion USD by 2022. 按照1美元=100日元的汇率进行换算。

根据矢野经济研究所的调查数据，2015 年数字广告牌的日本国内市场约为 1281 亿日元（合人民币 82 亿元），2020 年有望达到 3362 亿日元（合人民币 215 亿元）。其中，广告市场的变化尤为明显，2020 年有望达到 2002 亿日元（合人民币 128 亿元），如图 2-7 所示。

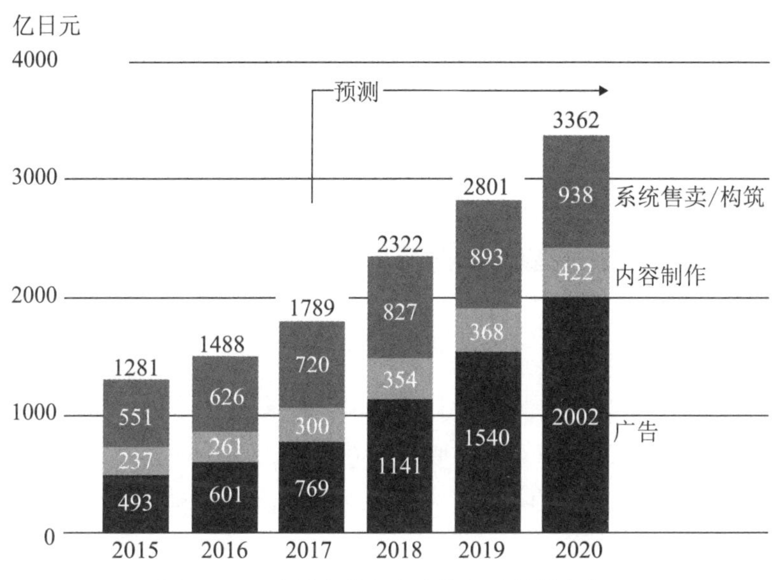

图 2-7 日本国内数字广告牌市场规模变化

资料来源：矢野经济研究所 . 数字广告牌市场的现状及展望 2017.

【关键词2】虚拟商店

越来越多的商家正在尝试将数字广告牌应用到人们的购物过程之中。

几年前，韩国首尔地铁站掀起了一股**“虚拟数字广告牌商店”**潮流。该虚拟商店是英国特易购集团（TESCO）旗下的综合性超市 Home Plus 在韩国推出的新型服务。

地铁站台门与门之间的空间被替换成了数字广告牌，并显示出各类饮料和食品的画面，看上去仿佛超市的货架一般。乘客只需用专用 APP 扫描商品的二维码，就可以购买商品，并在指定的时间将商品快递至家中或者办公室。虽说是虚拟商店，但与现实中的购物体验并没有太大区别。乘客可以有效利用在车站等地铁的几分钟时间，享受购物的快乐。首尔地铁站的虚拟商店凭借其便利的服务得到了用户的好评，并已将业务扩展到了全国 22 个地区。很快 Home Plus 成为了韩国最大的在线零售商。①

从根本上改变顾客的购物行为

日本是全球便利店最为普及的国家，因此，主营食品和饮料的虚拟商店在日本可能并不会有很大的发展机会。不过，由于虚拟商店不需要实体店铺，也不需要进行仓库管理，唯一的要求就是在屏幕上显示商品信息，因此，企业完全可以把虚拟商店当作产品的试销平台。

在时尚领域，面对在线零售业近年来愈发猛烈的攻势，各个品牌的线下实体店也在采取各种各样的应对措施。

迅销公司②旗下的时尚品牌 GU 于 2017 年 9 月在横滨市③开设了旗舰店。该旗舰店商品上悬挂的电子标签，拥有许多普通标签所不具备的新型功能。

店内的“时尚导航购物车”上配置有电子屏幕，只要把商品上的电子标签在屏幕前一扫，屏幕上就会显示出商品的具体信息以及

---

① 随后特易购集团从韩国撤退，虚拟商店服务也被迫中止。

② 迅销公司：日本大型零售控股公司，旗下拥有优衣库等知名品牌。

③ 横滨市：神奈川县县政府所在地，东京都市圈的重要城市之一。

售卖地点和网上商店的库存，模特的搭配范例，甚至还有购买者的售后评价。迅销公司希望通过这些举措实现现实和虚拟的融合。

试衣间的高科技化也在稳步推行。AA 美国服饰的线下连锁店便是一个非常好的例子。顾客在试衣的时候，如果发现衣服尺码不合适，便可以用试衣间内的镜子兼触摸屏查询库存，只要找到了合适的尺码，就可以让店员将合身的衣服送到试衣间。除此之外，用镜子为顾客提供推荐搭配选择也不失为一个良策。

将线下系统与网络商店结合，为顾客提供最合适的推荐方案——可以说，这就是全渠道零售[①]未来的进化方向之一。

在市中心的品牌旗舰店内挑选商品，确定尺码后在屏幕上下单，回到家后商品就已经快递至家里——不久之后，服装的主流购买方式说不定会发生这样的改变。

【关键词3】购物自动化与众包

实体店铺纷纷被网店取代，线下的商铺演变成了商品的展示柜台。与此同时，顾客的购买步骤也发生了改变。人们总是认为，高科技手段才是引起市场销售变革的主要原因。然而对市场营销影响最大的，是**自动化和众包**[②]**所带来的顾客购买行为的变化**。

说到购物自动化，就不得不提美国的电商巨头亚马逊。

“亚马逊定期购”可以每隔一段时间，自动按照打折价格将商品快递到顾客家里。“Amazon Dash”可以通过一个按钮，让顾客轻松购买各种常见的日用品。目前该服务已于 2015 年在美国推出，

---

① 全渠道零售 (Omni-Channel retailing)：采取实体渠道、电子商务渠道和移动电子商务渠道整合的方式销售商品，以此提高购物的便利性和顾客的忠实度。

② 众包：通过网络向非特定的大规模人群派发工作。

并于第二年登陆至日本。

接下来**智能冰箱**将为购物自动化领域带来变革。韩国电器生产巨头 LG 电子于 2017 年推出的 Smart InstaView 有望成为智能冰箱领域的先驱。

Smart InstaView 拥有十分卓越的性能。外侧门上装有大型触摸屏幕，内部则装有摄像头和语音识别助手 Alexa。

该冰箱还拥有许多丰富多彩的功能：用户无需打开冰箱门，就可以通过冰箱外侧的屏幕确认内部的信息；哪怕出门在外，也可以通过手机 APP 进行查询。用户还可以对照屏幕上的食谱检查冰箱库存，通过亚马逊商城购买缺少的食材。恐怕不久之后，连库存检查都无须用户亲自操作，冰箱可以在茶和可乐快喝完的时候自动通过亚马逊下单，用户要做的只是等待商品送货上门。

除了自动化之外，“众包代购服务”同样有望在全球都市得到推广。

首先尝试众包代购服务的是美国企业 Instacart。目前该企业正在同全美各大城市的大型食品超市合作，以此扩大经营范围。用户在手机上下单之后，**由众包形式 Shopper 前往商店代购，由 Driver 负责快递至用户家中**。

美国共享汽车巨头优步科技旗下的外卖服务 UberEATS 同样采用了专用 APP ＋合作店铺＋众包快递员的经营模式。2016 年，UberEATS 正式在东京市中心开展服务。

21 世纪初期，日本的网购行业艰难起步；2010 年左右，各大网购商城终于站稳脚跟并逐步扩大规模；截至 2015 年，日本的网购市场已经扩张至1300亿日元的规模。[①]现如今，越来越多的日本女性需要同时照顾家庭和处理工作，无法在外出购物上花费太多时间；而老龄化进程的加剧，也导致越来越多行动不便的老人无法出门购物，于是，快递和代买服务将凭借其省时省力的优势，在人们的生活中发挥更大的作用。

① 数据来源：矢野经济研究所《2016年版食品在线销售市场——食品网络零售业的扩大》。

市场销售创新的四大要点

- 高清屏幕的普及和服务软件的升级，展现出数字广告牌在市场销售领域的多样发展前景。

- 全球数字广告牌市场持续扩大。双向信息定位型数字广告牌未来可期。

- 全渠道零售战略和“电子试衣间”等新兴科技，不仅方便了消费者，更提高了库存管理效率。

- 购物自动化及众包代购服务的市场规模将继续扩大。

第3章

专家们共同讲述：新世代东京的成功条件

我们应该如何提高东京的魅力，
发展日本的产业和文化？
“新世代东京计划”的 10 名一线专家，
将从美食、设计、建筑、媒体等 10 个不同角度，
描述各自的行业战略，
畅想东京的美好未来。

小笠原治

ABBALab 董事长

1971 年生于京都。SAKURA Internet 网络服务公司联合创始人之一（现任特别研究员），先后在多家互联网公司担任要职。2011 年成立 nomad，以“Open × Share × Join”为理念进行种子投资和共享区域的运营等创业扶持项目。2013 年开始，专注培养硬件领域的创业公司。2015 年成立 ABBALab IoE 基金，为创业公司的样品开发提供资金。2014 年秋季，在东京秋叶原成立 DMM.make AKIBA 并担任项目主任。2017 年起，担任京都造型艺术大学特聘教授。

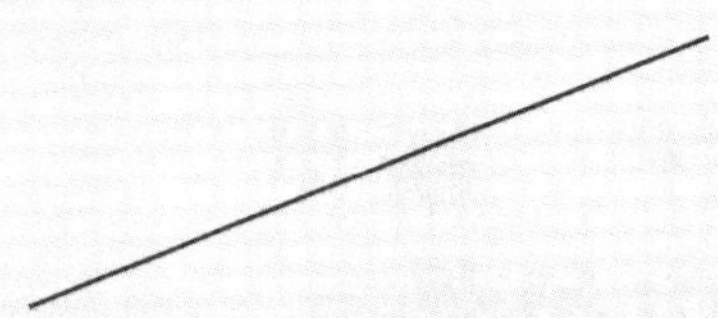

IoT（物联网）日本制造业最后的机会

2014 年，东京，秋叶原。DMM.make AKIBA 的成立，吸引了全世界的目光。

从 3D 打印机到电子基板，从车床到缝纫机……这座设备齐全的新型制造业基地，向每一位对制造业充满热情的人敞开大门。不仅普通人可以在这里一展身手，硬件开发领域的创业者们更是可以在这里得到各种帮助。这里的共享办公室和会议大厅，吸引了全世界的企业高管参观学习。

这样一座制造业基地，究竟蕴含了创办者怎样的发展理念？让我们通过本篇采访来共同寻找答案。

（采访者 / 梅泽高明　采访时间 /2016 年 2 月 15 日）

梅泽高明 今天我们来到了位于东京秋叶原的DMM.make AKIBA。这座制造业基地于2014年正式成立，是小笠原治先生创业孵化计划的一部分。创业者们可以自由使用这里价值5亿日元（约合0.3亿元人民币）的设备，将创意更快地转化为商业价值。

小笠原治 我们的口号是：不要为“做不到”找借口。制造业门槛很高，仅是制作样品，就需要充足的设备和宽敞的工作空间，因此我才决定对制造业的创业者们提供帮助。只要他们制作样品的预算在1000万日元之内，由我本人担任董事长的ABBALab公司便可以为其提供资金支持，而另一家叫作Cerevo的公司，则会在技术层面为其提供帮助。

梅泽高明 据我了解，ABBALab是由两位创业投资家，也就是您和孙泰藏[①]先生共同成立，专门在样品制作阶段为创业者们提供资金支持。

小笠原治 是的。ABBALab公司是一所物联网[②]领域的创业孵化机构。短短1年内，就投资了10家公司。其中最具代表性的是cxiii、nnf（no new folk studio）和SYMAX三家公司。exiii公司的代表产品是3D打印的肌电假肢手，nnf公司代表产品是通过九轴传感器记录穿戴者行为模式的“发光鞋”，而SYMAX公司则专注于开发能够监测用户健康状态的厕所。

截至2016年2月，我们投资的10家公司中，有3家顺利进入了新的融资阶段，其中2家的产品已经进入了批量化生产阶段。

---

① 孙泰藏：1972年出生，日本创业家、实业家、投资家。

② 物联网（Internet of things，IoT）。传统互联网只能连接电脑等信息通信设备，而物联网技术则可以实现各种物品的互联互通。

在和年轻创业者们接触的过程中，我切实地感受到，他们每个人都有自己想要创造的东西，虽说制造业的孵化机构在外国并不罕见，然而在日本，我们还是第一家。

“开放”“共享”“参与”

梅泽高明　日本明明是制造业大国，却没有专门的制造业孵化机构，原因都有哪些？

小笠原治　主要原因是，我们太过推崇“日本制造”，不放心将制造业交给经验尚浅的创业机构。无论规模大小，“企业和工厂”一直是我国制造业的主力军；而势单力薄的个人即使拥有再好的创意，也难以参与到行业之中。事实上，我们应该为个人提供机会，在制造业领域帮助他们大显身手。

制造业的核心关键词是“开放”“共享”和“参与”。具体来讲，就是为所有人提供“开放”的机会，在群体中“共享”知识和方法，以及创造一个鼓励人们主动“参与”的环境。

在美国，硬件制造领域的创业投资金额 4 年间翻了 40 倍，其中大多数制造业创业公司都集中在波士顿。iRobot 作为波士顿代表性的制造业公司，为这座城市培养了一大批优秀人才。现如今，这些人人才纷纷从 iRobot 公司离职，凭借个人对制造业和互联网领域的深刻理解，拿到融资并成立创业公司。当然，麻省理工学院（MIT）的存在同样也是波士顿所拥有的巨大优势。

梅泽高明　为什么会将 DMM.make AKIBA 设立在秋叶原？

小笠原治　因为只有秋叶原，才可以实现在步行 10 分钟的路程之内，能够采购到各种零件。而且从秋叶原去东京大学和筑波大学都很方便，与此同时，来自全世界的游客来到这里，到处都充满了活力。

除此之外，“二战”之后，秋叶原一直都是新文化发源地，这也是我选择秋叶原的原因之一。

梅泽高明　东京适合发展制造业吗？

小笠原治　目前的东京十分适合制造业发展，而且未来一定可以为其提供更好的环境。东京就像是一个热闹的“集市”。在这里宣布“我想打败谷歌”影响力远比在小城市里要大得多，作为一个关西人，这是我的切身体会。

在地方城市，你不能突然做出一些大张旗鼓的举动；而在东京这个熙熙攘攘的城市，无论你做出多么疯狂的举动，都不用在乎别人的眼光。若想要真正投身制造业，“脸皮厚”是非常重要的条件之一。此外，创业者在开始一项新事业的时候，也总是需要观众的鼓励，今天鼓励你的观众，明天也有可能成为志同道合的商业合作伙伴。

梅泽高明　为什么“未来的东京可以为制造业提供更好的发展环境”呢？

小笠原治　在传统的商业模式下，企业的最终目标是“把产品销售出去”。然而不久之后，企业只有“通过商品为顾客提供服务”才能赚到财富。大概 10 年后，街头巷尾的人们都会议论：“当年的企业竟然靠卖东西赚钱，这简直太落后了。”

商品和服务在东京合二为一

梅泽高明　能为我们介绍一个商品服务化的具体案例吗？

小笠原治　比如，这辆利用 3D 打印技术生产的物联网公路自行车 ORBITREC。车上的测量和通信装置可以测量自行车的速度、加速度和地面的凹凸程度。ORBITREC 收集到的数据全部通过网络汇集，在后台进行统一分析。将数据附以价值并反馈给用户，是

ORBITREC 的盈利模式。一般来说，这种自行车一辆就能卖 100 万日元（约合 6.5 万元人民币），若顾客一边发送骑行数据一边接受服务，就可以以每月 10000 日元（约合 650 元人民币）的价格骑到这辆自行车。

梅泽高明 也就是说，企业可以把用户提供的路面信息在云端共享，从而绘制骑行者专用的地图？假如这不是一辆自行车而是一辆轮椅，甚至可以绘制残障人士专用的地图。

小笠原治 是的。不仅如此，如果数据显示很多人骑行到某个地方时都会刹车，那么这个地方很有可能发生交通事故。如果针对此处进行事故预警，就可以大大减少事故的危害。

再比如，企业可以根据红绿灯的时间以及气候、温度等环境变化，为骑行者提供出行建议；还可以根据路面施工的时段，提醒骑行者选择合适的路线出行。每个人的骑行记录都将为公众做出贡献，大家都可以成为“移动感应器”，企业只需花费较低的成本，就可以得到“感应器”收集的数据。

刚才我们提到的发光鞋“Orphe”也是一个很好的例子。Orphe 可以记录穿戴者的移动数据，并将数据与他人共享。将来人们不仅可以买鞋，还可以买下自己喜欢的舞蹈家的舞步，然后将舞步安装到自己的鞋子里。下一步，我们还计划开发可以测量体重的鞋子，可以在用户跑步的时候为其汇报体重数据。如果一个正在减肥的人看到自己的体重下降了 100 克，那么跑起步来一定更有动力。相信对于那些真正爱惜自己身体的人来说，1 个月花费 1 千日元（约合 65 元人民币）并不是什么问题。

这两个例子代表了未来制造业的发展方向——商品的服务化。虽然购物使人快乐，并且满足了人天生的占有欲，但是越来越多的消费者已经意识到，像手机之类平均 24 个月就会更新换代的商品，购买并不等于真正“占有”。

梅泽高明　是否可以这样认为，“商品的服务化”其实已经开始了？

小笠原治　是的。其实东京就是“商品服务化”的实验基地。这座城市拥有许多“生产商品的人”和“提供服务的人”。“生产商品的人”虽然有能力开发出充满创意的产品，然而却缺乏商业头脑。“提供服务的人”虽然不懂技术却懂得网络，敢于尝试任何新兴领域，能够在万事万物中发现商业价值。东京可以将这两类人匹配在一起，将商品与服务合二为一。

物联网即“万事互联”

梅泽高明　日本的传统制造业基础雄厚，而 DMM.make AKIBA 将传统制造业同互联网服务结合在了一起。听说经常有大型企业的负责人到此拜访调研？

小笠原治　是的。比如中国台湾富士康科技集团的副会长，来我们公司访问的时候，碰巧遇到了一个曾经在索尼公司工作的老朋友，两个人聊得十分开心。我们趁机提起了合作项目，他当即答应为我们小批量制造一些产品。除此之外，德国工商协会的负责人，以及卢森堡首相兼通信和媒体大臣格扎维埃·贝泰尔也都来过这里。美国英特尔集团的首席问题官刚进门就喜欢上了我们公司，二话不说就向我们借了一间办公室，还把我们公司的录像在英特尔公司内部播放。每当我想起创业者可以同这些政商界名流共处一室，在轻松的氛围中讨论问题，我就会感到十分激动。

在日本国内，经济产业省给予了我们高度评价。制造产业局局长多次光顾我们公司，总务省也将“异能 (Inno)vation”① 的活动会

① 异能 (Inno)vation：日本政府推出的创业支援项目。

场选在了这里。

梅泽高明　看来国家已经意识到，物联网将在未来经济发展中起到重要作用。

小笠原治　我认为，物联网是日本在未来国际竞争中脱颖而出的唯一机会。

梅泽高明　您曾经提及“物联网就是‘万事互联’”？

小笠原治　是的。需要特别注意万“事”互联同万“物”互联的区别。万物互联仅仅强调硬件设备的联网；而万事互联则要求企业分析用户的操作和行为、生理指标和外部环境的变化，并挖掘数据的潜在价值。在“万事互联”的商业模式背景下，企业只有将数据卖给用户，才能获得利润。

物联网商业模式下，企业需要分析并收集用户数据，选择最恰当的通信手段，使用最合适的传感器等硬件设备，进行深度的数据分析，选定最精确的目标群体，提供最优质的服务。日本完全可以在这一系列的过程中，发掘自己最擅长的领域。

美国人擅长分析和解释数据，而日本人的专长则是选定目标群体、提供精准服务。热情体贴的日式服务之所以一直未能向海外推广，是因为日式服务是由“人”提供的，而“人”无法批量复制。然而，人工智能和物联网的普及却能使企业摆脱这一限制，日式服务终于可以向海外推广。我们可以开发一套基于物联网的游客服务系统，借助2020年的契机推广至全球。

物联网是日本最后的希望

梅泽高明　也就是说，日本可以推出一个适用性较广的服务平台打入世界市场？

小笠原治 是的。让我们以出租车公司为例。假如出租车公司能够在2020年之前解决外国游客出行中的语言问题，并将问题的解决方案整合起来，就可以将这一套服务方案向世界推广。而整合服务最好的方法就是物联网。在互联网领域，日本已经完败，而物联网正是日本最后的希望。

梅泽高明 现在社会上对物联网的普遍认识还停留在“商品智能化”的阶段，您却提出了远远领先于时代的构想。

小笠原治 物联网的目标应该是商品的“日常化”。也就是说，物联网可以使人们生活中使用的产品和关联的服务变得更加贴近生活。现在人类的生活处处被“屏幕”等硬件束缚，人类的世界已经越来越离不开屏幕、键盘、鼠标和触摸屏。目前人类发明的技术中，只有语音识别系统可以帮助用户摆脱硬件的束缚。考虑到未来用户界面（UI）会逐渐消失，所以当今的语音识别系统依然存在很大发展空间。

梅泽高明：“用户界面会逐渐消失”意味着什么？

小笠原治：假设我穿着宴会西服坐进一辆支持自动驾驶的汽车，它可以根据我的行为模式和时间表对目的地进行推测。无须我主动操作，汽车便会向我提问：“请问您接下来是否前往某某宴会场？”这便是用户界面消失后的人机沟通方式。

现阶段的语音识别系统，要求用户必须清晰说出自己的目的地。在大庭广众之下对导航说话，实在有些难为情。然而如果只是回答“是”或“不是”，就没什么可丢人的了。如果企业可以为用户消除每一个产品在使用过程中的阻碍，那么用户的行为、动作以及情绪变化也会更加真实，满意度也将得到提升。“让顾客满意”原本就是日本人最擅长的领域，所以我认为在物联网领域的竞争中，日本完全有胜出的实力。

越是大企业，越需要同创业公司合作

梅泽高明　您曾经在著作《制造业者进化论》（NHK 出版）中提出，企业应该把更多精力从商品制造转移到商品销售上来，原因是？

小笠原治　目前日本的大型制造企业在基础研究和技术开发领域暂时领先，零件供应商也在全球范围内拥有较为稳定的客源。虽然发展中国家的企业正在崛起，但是日本只要维持目前的销售网络，就可以在全球竞争中保持领先。然而，日本的大型制造企业也存在众多问题，最突出的就是“在新产品的开发和试销上，反应过于迟缓”。

大型制造企业之所以不擅长推陈出新，是因为其代表产品大多已经“廉价商品化”——也就是度过了技术初级阶段，成为人手一份的廉价商品。因此大企业的经营战略大多是维持目前的市场份额。这些世界知名的日本企业凭借出色的创意才走到行业顶尖位置，但是，再具创意的产品，也会在普及过程中沦落为同质化的大众商品。为了维持产品的市场份额和企业的稳定经营，大企业的管理层变得冗余。想要启动一个新项目必须突破层层难关。设计领域的工作，设计家说了不算；管理层的岗位，都被技术人员占领。大型制造企业的经营战略变得越来越保守，患上了所谓的“大企业病”。

按照现状来看，日本的大企业根本无法参与物联网行业的竞争。大企业应该认识到自己的不足，把年轻人的事情交给年轻人去做。创业公司的动力和热情是大企业所无法比拟的，因此我才在各处倡议，大企业应该同创业公司合作。

创新就是现有技术的全新组合

梅泽高明　大企业可以通过与创业公司合作，追赶上时代的潮流吗？

小笠原治　我刚才介绍过的物联网公路自行车，就是由3位年轻工程师在短短半年时间内研发出来的。这群年轻人为自行车设计了一套有趣的系统：如果用户不小心从车上摔了下来，该系统就会自动发送一条推特，让该用户社交账号上的所有关注者都能在第一时间获知这一糗事。也只有年轻人才能想出如此有趣的点子。之所以半年就可以完成，是因为年轻人拥有很强的行动力；而且钛金属材料的3D打印技术和九轴传感器都是现成的东西，他们的任务只是将其充满创意地组合在一起。所谓的创新，其实就是现有技术的全新组合。随着技术的使用门槛降低，类似的案例只会越来越多。

对现有技术进行组合的时候，一定要充分发挥互联网的功能。互联网可以为企业的产品提供强大的运算能力及各项服务。

我也是SAKURA Internet网络服务公司的创始人之一，公司使用高性能GPU（图形处理器）提高服务器的运算能力，并以时间或任务量为单位，为客户提供云计算服务。这个案例说明，企业可以利用云服务提高自身产品的竞争力。

梅泽高明　制造业的生产方式已经发生了变化，销售方式又有什么改变？

小笠原治　促进销售方式的变革，是日本大企业必须思考的问题。目前多数大企业选择在自己的分店内试销产品，然而这种试销方式动辄就要投入几千万甚至上亿日元的资金。面对这些高昂的试销成本，企业往往不敢冒险，从而导致创新能力一步步衰退。

其实试销阶段完全没有必要投入这么多的资金。

例如，企业只需要把一名员工派遣到荷兰，就可以通过亚马逊商城向欧洲二十余国销售商品。在试销阶段，企业只需生产十几个样品，如果市场表现良好再扩大生产规模。企业完全没有必要浪费数亿日元进行试销，更无须强迫员工提前退休以缩减开支。大企业只需同创业公司合作，便可以解决资金问题。

梅泽高明　有没有大企业和创业公司成功合作的案例？

小笠原治　采访之初提到的SYMAX公司便是一个代表性案例。

SYMAX公司研发的智能厕所可以通过排泄物分析用户的尿酸值和尿糖值。该厕所的开发者是一位20多岁的年轻女性，而研发资金则全部来自双日综合商社①。双日综合商社将该厕所提供给员工使用，从而验证该厕所的使用是否可以减轻员工的医疗保险负担。如果这一厕所能够普及，那么不仅是糖尿病可以得到有效预防，人们的医疗支出也会大大降低。

东京这座城市，可以用最快的速度挖掘出新产品的商业价值。创业者在这里既容易筹集资金，又不用为自己异想天开的想法而感到格格不入。大企业的总部也多数集中在这里，充满了无限的可能。

高等学府应积极投身商业领域

梅泽高明　东京应该怎样做，才能为制造业提供更好的发展环境呢？

小笠原治　首先，样品的批量生产不能缺少场地。为了解决这个问题，我们可以在秋叶原建设一座支持1000个样品同时生产的工厂；其次，我们必须开辟一片专供试销的区域，毕竟"生产"必须以"销售"为前提；再次，大学的研究中心也需认真思考，如何才能将科研成果投入商业运营。

以无线供电技术为世人知晓的东京大学川原圭博②副教授，他当年曾在Netage公司打工，看到身边的同龄人成立了互联网公司，于是自己也想通过科研一边造福社会，一边赚取科研经费。筑波大

---

① 双日综合商社：日本最大规模的综合商社之一，世界500强企业。

② 川原圭博：东京大学情报理工学专业副教授。

学的落合阳一[1]助理教授也接受了创投公司的投资，既经商又不耽误科研。我希望越来越多的研究者可以将自己的科研成果投入商业运营，不要因为学术界的封闭和保守而错失先进技术的应用时机。

梅泽高明　是否可以这样表述，创业扶持会变得越来越重要？

小笠原治　是的。如果年轻的创业者得不到扶持，那么全社会的就业机会都会减少。我已经针对微型企业家（micro entrepreneur）的培养向东京政府递交了提案。根据预测，几年之后，企业生产样品所花费的时间和成本会缩减至2000年之前的1/10。这使按需生产成为了可能，即使订单量较小，也可以为企业带来利润。2025年之前，将会有1000亿种工业制品在网络上流通，而其中一半都是来自年轻创业团队的创新产品。

2025年左右，预防医学将会取得更加重大突破，对症疗法成为医学领域的崭新课题。与此同时，虚拟货币、无人机、交通、物流和农业等领域的变革也会加剧。自动驾驶的普及使交通事故减少，日本人的平均寿命有望突破100岁，日本完全有可能在再生医学领域引领全球。

物联网的下一个时代是智联网

梅泽高明　日本是否应该在智联网（人类智慧的互联和提高，Internet of Ability，IoA）上投入更大精力？

小笠原治　人们都说物联网时代结束之后，将是智联网时代。所谓的智联网，就是将传感器安装到人体内，从而及时监测人体各项数据的变化。因为智联网科技涉及许多敏感数据，因此政府必须尽快

① 落合阳一：筑波大学助理教授，媒体艺术工作者，创业家，Pixie Dust Technologies公司及jiseCHI公司创始人。

出台相关政策，对企业的经营资质进行审查和管理。

智联网最有趣的应用领域应该在于“准静电场”。准静电场就是我们俗话所说的“第六感”。这个词最早进入人们视野，还是因为科学家对一个自然现象产生了好奇：为什么鲨鱼能感应到身下3米处的比目鱼呢？不仅是鲨鱼，人类也有类似的敏锐感觉，假设房间里有一个心情不好的人，哪怕不用跟他接触，也能够隐隐约约察觉出来。听上去似乎没有科学依据，而的确有科学家在认真研究这个领域。如果人类能够在准静电场领域取得突破，那么科学家有望凭借科学手段检测人类微妙的情绪变化，那些无法用语言表达的感觉即将获得数据的支持。

梅泽高明　物联网等未来科技将为东京带来哪些改变呢？

小笠原治　科技发展可以从各个角度改变人们的生活。比如，我们可以在东京的路面下安装传感器，这样急救中心就可以定位每一个晕倒的行人，及时派遣无人机赶来救援。毕竟东京作为老龄化城市，医疗领域的发展才是我们的首要课题。

同时我们也必须注意，科技发展不能破坏生活的乐趣。自动驾驶普及之后，交通将不复拥挤。因此我们可以在车流量较少的时段内，解除规定路段的时速限制，在公路上享受尽情飞驰的感觉——这便是科技发展为人们生活带来的全新乐趣。此外，自动驾驶的普及将导致停车位需求量减少，闲置出来的空间完全可以改建成运动场，从而丰富市民的休闲生活。

提升用户满意度

梅泽高明　想要改变整座城市的环境，仅仅依靠科技是否足够？

小笠原治　并不足够，所以我们必须推出全新的商业模式。历史上，拖拉机的发明引发了一场农业革命，也多亏了“分期付款”这一全新销售模式的发明，使每位农民都能买得起拖拉机。虽然目前为止，发明一件产品最重要的还是在技术上取得突破，但是总有一天，企业在推出新产品的时候，必须思考怎样才能为民造福、怎样的推广模式才能被用户接受。

现在大家都在倡导自行车专用车道的建设，需要关注的是，建设自行车道的最终目的还是为了市民生活的便利。在这个问题上，荷兰就处理得很好。荷兰利用道路发电技术，将自行车行驶时产生的电力提供给当地居民，从而缩减居民的用电开支。事实上，“让用户满意”永远是最重要的。只要有一家企业率先通过“提升用户的满意度”获得了成功，那么这一商业模式就会在全东京得到推广。

采访手记

电子制造业的传道士——小笠原治，拥有设计师、创业者和投资家的三重身份。他成立的 DMM.make AKIBA 不仅设备优越，还拥有先进的共享工作区，其用心良苦设计理念，令制造业的专业人士也自愧不如。目前为止，DMM.make AKIBA 已经成为东京最具代表性的创新基地之一。

工程师、创造者、大型企业和走在时代前列的高级用户……人们在这里进行一次又一次的头脑风暴，每一件发明都成为推动城市进步和经济发展的重要引擎。笔者希望小笠原治先生的创新基地能够走出秋叶原，在整个东京生根发芽。

中国视角

在“大众创业，万众创新”战略的推动下，中国各地近年来涌现出众多颇具影响力的创客空间，例如北京的“创新工场”、深圳的“柴火空间”，等等。但如果与 DMM 相比较，中国的创客空间大多聚焦于软硬件的提升——诸如购买先进数控加工中心、3D 打印机设备、营造良好办公环境和提供细致且人性化的企业服务。

DMM 的创新之处则更多在于“创意场”的营造，从选址于秋叶原地区这一细节就可见其苦心。秋叶原是东京老牌的电器商业街和动漫圣地，近年来则聚焦于数码科技产业的发展。除了科技资源之外，更关注活力氛围、年轻社群和创意思维的导入。正如访谈中提到的 ORBITREC 物联网公路自行车项目，比技术开发更为重要的环节应是年轻人想象力的延展与现实转化。

如若盘点过去 20 年间全球知名的产品与服务创新，鲜有不是来自于年轻人的创造发明。无独有偶，在美国以纽约“硅巷”为代表的所谓“东岸模式”正成为能与西海岸硅谷等地媲美的全球科技创新高地，同尖端技术及纽约丰富的设计和创意资源进行嫁接，促使科技回归城市。

未来，期待能够在中国的大城市中，看到更多专注营造“创意场”的孵化空间不断涌现。

为末大

原田径运动员

1978 年生于广岛县，是首位在世界级短跑比赛中摘得奖牌的日本人，曾三次参加奥运会，日本男子 400 米跨栏纪录保持者（截至 2017 年 9 月）。担任体育公司“侍”的董事长和一般社团法人“Athlete Society”代表理事。代表作有《奔跑的哲学》（扶桑社）和《放弃的力量》（PRESIDENT 出版社）等。

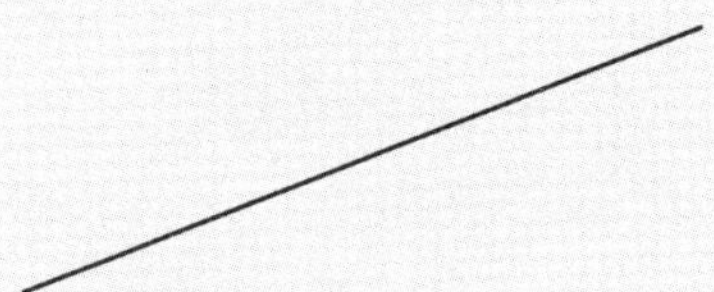

残奥会引领下的未来
东京的未来影响力
在于“残障人士的康复旅行”

2016 年的里约残奥会上，4 位残疾运动员打破了男子 1500 米项目的正常人纪录，在全世界范围内引起了轰动。

进入 21 世纪以来，残奥会的地位愈发重要。人们不仅开始关注残奥会选手的优秀表现，也开始留意选手使用的辅助设备。

本节的嘉宾为末大就是一名退役的田径运动员，他曾经在世界田径锦标赛上两次摘得铜牌，连续参加 2000 年悉尼奥运会、2004 年雅典奥运会和 2008 年北京奥运会，并在退役后成立了假肢研发公司“Xiborg”。那么，在这位原田径运动员看来，为了迎接 2020 年东京残奥会，东京应该做出哪些改变呢?

（采访者 / 梅泽高明　采访时间 /2015 年 11 月 20 日）

梅泽高明　作为一名顶级运动员，您曾经在多项赛事中表现优异；而退役之后，也通过各种渠道积极参与社会工作。其中最值得关注的，恐怕就是您同索尼计算机科学研究所的远藤谦[①]先生共同成立的假肢研发公司“Xiborg”。在你看来，2020年东京残奥会的意义是什么呢？

为末大　我认为东京残奥会的意义在于多个方面。其中我个人十分期待“残奥会运动员能够击败奥运会运动员”。目前我们研发的运动员假肢，已经为残障人士打破奥运会纪录提供了设备支持。

我曾经在卡塔尔的多哈市观看过一次残疾运动员的比赛。在那次比赛中，有几个场景让我瞠目结舌，例如，一位大腿处截肢的选手，拖着一根棒状的假肢在奔跑过程中逐渐提速，400米的距离，仅用时48秒结束比赛。

我坚信，如果继续磨炼技巧，他的成绩一定可以继续提升，甚至有望达到健康运动员的水平。2016年的里约奥运会上，男子1500米长跑的奥运会纪录就被4位残疾运动员（视力障碍者）打破。

“健康”与“残障”之间，并没有明确的区别

为末大　虽然假肢科技取得了一定的进展，但如何为残奥会运动员提供平等自由的社会环境，依然是我们必须要着力解决的问题。从微观角度来看，奥运村建设必须考虑到残奥会运动员的生活；从宏观角度来说，无障碍建设是提高社会包容度的捷径。如果残障人士都能生活得方便，那么老年人等其他弱势群体同样也可以从中受益。

---

① 远藤谦：日本机器人及假肢领域的学者、工程师。

建设无障碍都市最重要的是改变市民的价值观。随着为国争光的残障人士逐渐成为公众榜样，人们将会反思“究竟什么才是健康，什么才是残疾”。

梅泽高明　您会如何回答这个问题呢？

为末大　我觉得健康与残障之间的区别已经日渐模糊。如果一个残障人士在街头正常行走，只要我们看不见他裤腿下面的假肢，就永远意识不到他是一个残疾人。

随着假肢的性能优化，假肢使用者的行为方式将同正常人无限接近。物品可以弥补人体的缺陷，改善人体的功能，长此以往，假肢会像眼镜或者隐形镜片一样逐渐被大众接受。

梅泽高明　人们是否在不经意间已经接受“假肢”了？

为末大　是的。等到假肢技术足够先进的时候，“健康”和“残障”的定义就会发生变化。我们的社会总是习惯先设定一个标准，然后将那些不满足，或是超出标准的人定义为特殊群体。在我看来，标准本身的概念会被重新定义。今后“残障”这个词汇只会出现在国家补贴计划里，而在普通人的生活中，“健康”与“残障”的区别将逐渐模糊。

半人半机器人

梅泽高明　随着多元社会的发展，一部分人会坚持“身体发肤，受之父母”，而另一部分人则会将身体的一部分替换为假肢。或许会像动画《攻壳机动队》[①] 中描绘的一样，人类的全身上下都会被钢铁覆盖？

---

① 《攻壳机动队》：日本动画电影，1995 年上映，讲述科技高度发达、人造器官普及的未来世界发生的一系列故事。

为末大　我觉得这样的社会还蛮有意思的。事实上，“机器人化”的苗头已经出现了。比如，我们总是用手机的备忘录记录、整理和查看信息，其实这就是“记忆的外部储存”，也就是“机器人化”的表现之一。进一步深究，“自己”的界限究竟在哪里？这的确是值得深入探讨的一个问题。

梅泽高明　的确如此。据我们所知，美国麻省理工学院媒体研究室的休·赫尔教授就把自己的一部分身体改造成了高科技仿生设备。当今时代，假肢和仿生技术正在快速发展。

通过残奥会展望未来

为末大　作为一个肉体上的纯正人类，我认为残奥会代表了“人体的进化方向”。与奥运会不同，残奥会的魅力在于向人们展现未来。

残奥会上的科技完全可以为普通残障人士服务。例如，科学家正在为轮椅橄榄球赛设计一种翻倒后可以自动扶正的球型轮椅，而这种轮椅在现实生活中同样十分实用。此外，科学家还在为三分投篮设计一种可以跳起来的轮椅，今后普通残疾人在生活中遇到台阶的时候，就可以凭借轮椅轻松跨过。

梅泽高明　残奥会促进城市的无障碍建设，是从2012年伦敦残奥会之后才开始的吗？

为末大　是的。虽然残奥会之后，伦敦的城市面貌并没有发生太大变化，然而不少伦敦本地人告诉我，价值观的改变才是残奥会的最大贡献。如今，大多数伦敦人都对残障人士十分关心，新开发的建筑也大多采用无障碍设计。市民意识的巨大改变，在现实中推动了整个城市建设的发展。

梅泽高明　无障碍都市不仅方便了残障人士，更能改善了每一位市民的生活。不过目前为止，东京的无障碍进程趋于落后。在您看来，首先应为残疾运动员做什么？

为末大　我们能做的事情很多。比如，经常有残障人士向我抱怨："坐轮椅时根本挤不上满员电车。"毕竟电车满员之后，根本没有空间安放轮椅。所以我觉得，城市应该为市民提供更多的出行方案，让电车不再满员。

还有，我们可以改造城市公路，让更多人选择自行车出行，平坦宽敞的路面是"体育都市"和"无障碍都市"的共同追求。虽然我们不可能在短时间内改造整个东京，但是率先在江东区[①]等小范围内试点也是一个不错的选择。例如为奥运会新规划建设的新丰洲 Brillia 跑步体育场（Brillia Running Stadium），它不单是普通的室内运动馆，同时也是致力于提倡无障碍友善空间，可用于残障人士活动康健需要，更获得了2019年日本建筑学会大奖，如图3-1所示。

图 3-1　面向残障人士的新丰洲 Brillia 跑步体育场

① 江东区：东京23区之一。位于东京东部，南临东京湾。东京23区内人口总量排行第8。

残疾运动员的“灵敏感官”也可以为无障碍都市服务

梅泽高明　我听说您创办了一家名为“侍”的公司，并一直通过各项体育活动提高企业的品牌形象。“侍”是否已经参与到城市建设相关的项目之中？

为末大　一般来说，企业与运动员之间都是赞助与被赞助的关系。企业为运动员提供资金，而运动员穿上印有企业标志的队服，为企业做宣传。近期，很多企业选择让运动员直接为自己的业务内容作广告。比如“某知名游泳队在训练中采用了本企业研发的理论”——这种广告的宣传效果，远比在T恤上印一个LOGO要好得多。至于城市建设相关的项目，我们曾经在东京的丸之内[①]地区举行过一场“街头田径比赛”，当时三菱地产公司[②]给予了我们大力支持，还有之前在浅草寺[③]举办的体操活动，评价也相当不错。

梅泽高明　如果2020年东京奥运会和残奥会也可以在街头举办就好了。与其投入巨资修建新国立竞技场[④]，不如在皇居门前举办开幕式，在行幸大道[⑤]上举办田径比赛……说不定日本还可以开创“街头奥运”的先河。

为末大　我觉得完全可行。目前为止，运动员几乎没有机会参与城市的建设，而值得注意的是，运动员其实能够在城市建设中发挥无可替代的作用。

---

① 丸之内：东京千代田区的地名，著名商业区。

② 三菱地产公司：日本两大房地产公司之一，总部位于丸之内地区。

③ 浅草寺：位于台东区浅草地区的佛寺，东京最具代表性的历史建筑，名胜景区之一。

④ 新国立竞技场：2020年东京奥运会主会场，2016年开始施工，预计于2019年12月完工。

⑤ 行幸大道：皇居前和田仓门路口至东京站中央出站口之间的道路，为日本天皇行幸（外出）时的专用道路。

一般来说，在建设城市时我们需要听取大多数人的意见，满足大多数人的需求。然而运动员的判断其实比“大多数人”更加准确，他们可以凭借自己多年来锻炼的敏锐感官，通过亲身体验来判断和评价一座城市的功能。

梅泽高明　能否这样总结，运动员的身体就是一部极其灵敏的感应器，是评价城市建设是否完善的重要标准?

为末大　尤其是残疾人运动员。那些轮椅竞速运动员和盲人足球运动员，能够感知地面或赛场的轻微倾斜，我们普通人永远无法想象残障人士的身体里究竟隐藏着多么灵敏的感应器。如果邀请他们亲自体验城市里的每一处道路和设施，一定可以为城市建设提供许多宝贵意见，从而方便残疾人的日常生活。

“体育人才 2.0”改变世界

梅泽高明　听闻您还在从事体育教育行业，有哪些独特的体会呢?

为末大　从全球影响力的角度来看，“体育的教育职能”很有可能成为日本独一无二的强项。日本的儿童从小就通过“体育兴趣班”来提高专注力和耐力。放眼全球，很少有国家像日本一样为体育赋予教育的含义，展望未来，应试教育或许将会在亚洲消失，而体育完全有可能成为新兴的教育方式。

我的另一个身份还是不丹奥林匹克委员会的体育亲善大使。在和不丹国家领导人的会谈中，对方多次提出想要引进日本学校的“社团”制度，从而促进不丹儿童的全面发展。

梅泽高明　这让我想起曾经有一段时期，日本企业特别喜欢聘用参加过体育社团的学生。

为末大　当年企业之所以喜欢体育社团的学生，是因为他们吃苦耐劳，而现在企业更重视学生的人文素养。大家喜欢日本橄榄球队的前教练埃迪·琼斯①，是因为他的领导风格中流露出强大的人格魅力。当今世界对人才的要求已经不仅是“毅力”和“热情”，体育人才只有升级到“2.0 版本”，才能得到全球范围的广泛认同。

体育促进交流

梅泽高明　对于一座城市而言，体育可以发挥怎样的作用？

为末大　在个人层面上，肯定是促进市民身体健康；在城市层面，则是促进市民的相互交流。不仅仅是参赛选手，各种各样的人都能够在体育中有所收获。即便仅仅是为运动员准备矿泉水的过程中，市民也可以结识更多的朋友，促进邻里关系的和睦。

在欧洲，经常可以看到老爷爷带着一群小朋友，清晨就在小镇的运动场上踢足球。很多运动场旁边有小酒吧，大人们白天在酒吧里悠闲地喝酒，天快黑了就到运动场上踢几场球。体育成为人际交流的核心工具，这是体育在一座城市中能够发挥的最大作用。

然而同欧洲相比，日本的田径场和足球场等体育场馆都太大、太少、太远。

梅泽高明　日本的棒球场大多建在城市中心，以亲民化战略吸引观众，然而足球场确实离城市太远。这么多年来，日本足球联赛之所以能够一直举办，完全依靠小部分狂热粉丝的支持。然而，又有多少观众能够狂热到“无论远近，一年至少看 15 场球赛”呢？如果一种运动不够亲民，就永远不可能受到大众的广泛欢迎。作为日本足球联赛的顾问之一，我也针对这一问题多次发表了意见。

---

① 埃迪·琼斯（Eddie Jones）：澳大利亚人，日本橄榄球队前教练，曾带领日本队在世界橄榄球锦标赛上击败夺冠热门南非队。

开放学校操场

为末大　我觉得学校操场也有很大的利用空间。日本的学校都配备了游泳池和体育馆，而且大多数学校距离居民区都很近，建议学校在周末将体育馆、游泳池和操场面向所有市民开放，为市民提供近在咫尺的锻炼场所，吸引更多人走出家门，锻炼身体。如果能在学校周边开设几家咖啡馆，那就更完美了。

梅泽高明　有一个类似的创意，叫作 R.project[①]？

为末大　R.project 将废弃的学校改建为运动员的住宿设施。对于运动员来说，出门就能见到操场和泳池还是十分吸引人的。而且一般情况下，学校的淋浴设施也比较完善，要知道浴室喷头的水压大小还是十分重要的。（笑）

虽然我个人一直很看好这一方案，但是实际运营之后才发现，竟然还有许多外国游客也喜欢这里。住宿者中有一半左右都是外国背包客，如同青年旅馆一样受到欢迎。如果能够进一步加强外国游客和当地居民的交流，相信这个别出心裁的项目有望得到进一步的落实和发展。

通过骑行“深入”日本

梅泽高明　在您看来，体育行业能否带动旅游消费？

为末大　我认为乡村地区拥有十分宝贵的体育旅游资源，滑雪运动尤其能够带动旅游消费。除此之外，日本的九州地区[②]，其地形同意大利十分相似，应该十分适合发展自行车运动。

---

① R.project：日本酒店住宿运营管理公司。

② 九州：日本九州地区，又称九州岛，是日本第三大岛。

梅泽高明　日本的山区公路设施确实十分完善，骑行爱好者可以一边骑车一边欣赏自然风光。例如，富士山骑行路线就有很大的发展潜力。

为末大　自行车运动是富人的运动，应该多开发一些可供自行车停放的旅馆。目前，大多数外国游客来到日本之后，只在城市中购物，旅游业带来的经济效果依然停留在较为浅显的层面。因此我们应该推出更多“Deep Japan”的旅游项目，吸引外国游客深入了解日本。

等到2020年，一定会有许多外国人以奥运会为契机了解并喜欢上东京。东京的优点是充满了新鲜和刺激，然而距离东京两三个小时车程的乡村，同样拥有独一无二的自然风光，不妨趁此机会，将观光热潮引至日本的全境。

日本的残疾人康复旅行

梅泽高明　通过2020年东京奥运会，您最希望向海外友人展现日本的哪些方面？

为末大　希望在2020年向外国游客展现日本的假肢技术，并借此机会发展残疾人康复旅游业。目前来看，人们之所以佩戴假肢，大多不是因为事故，而是因为患病，换言之，其实患者完全可以根据假肢的种类改变截肢的范围。

人们在佩戴假肢之后，会有半年左右的适应期，而这段时间将决定佩戴者一生的行走方式。我们可以同残障运动员合作，推广日本基于机器人科技研发的假肢技术和最新理论，为外国的假肢佩戴者提供适应期内的疗养旅行。我希望这一方案能够通过奥运会和残奥会得到推广。

可以利用羽田机场或成田机场始发的水路观光资源，邀请顶级运动员在海边的疗养设施居住。疗养设施面朝大海，风景优美，内部还有设施完备的运动场馆。如果这一疗养设施能够在2020年得到大力宣传，日本疗养旅游业的国际认知度将会大大提升。“人体机器化”这一说法虽然接受起来难度较大，但是东京依然需要努力，力争成为这个领域最具影响力的国际都市。

日本的社会福利优越、科技水平发达，也只有日本才能同时发挥这两项优势，成为残疾人康复旅游业的世界强国。

采 访 手 记

为末大先生不仅是一位优秀的体育运动员，更是一位关注社会的进步思想家。一直以来，他强调“残奥会的意义”，认为面向残障运动员开发的技术，同样可以提高普通人的身体素质，推动全人类的发展。

2016年新丰洲Brillia体育场开业，为末大先生担任馆长一职。目前该体育场在举办常规赛事的同时，还提供残疾人运动员的强化训练。残奥会是一场展望未来的盛典”为末大先生的见解，让我们对2020年的东京更加期待。

中 国 视 角

举办奥林匹克运动会能给一座城市带来什么，留下什么？除了场馆、基建、知名度之外，或许“温情”也是很重要的一项。

正如为末大先生所提到的，对于残障人士而言，除了超越爱心的表达以及无障碍设施的建设之外，如何帮助其真正参与城市发展建设，则需要更具智慧的模式创新。借助筹备赛事之机，若能邀请残障运动员加入城市设计与改善行动，的确是意义非凡的一次尝试。

科尔尼公司在其 2019 年的《全球城市指数报告》中，专门提到了“以市民为中心”的发展模式创新：“城市崛起不能只谈及增长，而要真正推动市民幸福感的提升，包容增长与共同治理是应有之义。”

人文视角的另一个方面，是关注赛会为城市带来的人文体育氛围的提升，不妨尝试从开放政府、企业事业单位以及学校的运动设施着手。哥本哈根在建的 CopenHill 发电厂，这一探索或许能带给我们更多启示——这里不仅仅是一个清洁的垃圾焚烧发电厂，更创造性地将顶部设计建造成为滑雪道和攀岩场，如图 3-2 所示。

图 3-2　哥本哈根 CopenHill 发电厂

楠本修二郎

CAFE Company董事长

1964 年生于福冈县，早稻田大学政治经济学专业毕业后，在 Recuit Cosmos 公司和大前研一事务所工作，之后担任平成维新会①事务局长；2001 年创办 CAFE Company 并担任董事长，以“促进交流”为理念管理旗下约 100 家店铺，并多次参与商业设施的规划和建设；2010 年就任 Cool Japan 政府委员，同时担任一般社团法人东食会、一般社团法人 NEXT WISDOM FOUNDATION、一般社团法人 Food&Entertainment 协会 3 家机构的代表董事及“东京收获节”执行委员长。

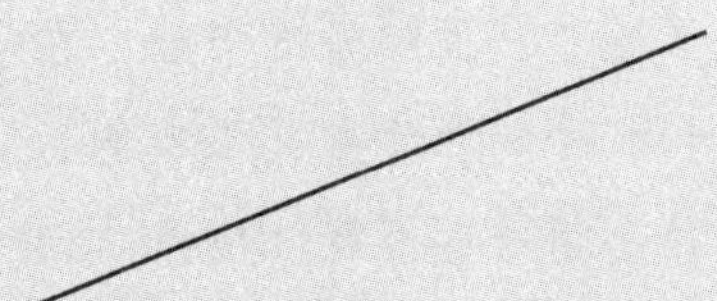

在多元文化交融的“沼泽”中寻找邂逅

他是CAFE Company的董事长楠本修二郎，旗下拥有包括WIRED CAFE在内的100家餐厅。他参与过东京原宿猫街的早期开发，目前正在通过日本食材博览会Tokyo Harvest，向全世界展现日本的饮食文化。

楠本修二郎先生说，涩谷和原宿地区仿佛是一片“充满了吸引力的沼泽，在这里文化和人才不断交融，从而诞生新的邂逅”。近年来，JR涩谷站前的十字路口成为了外国游客心目中最热门的旅游景点之一。于是我们向楠本修二郎先生提问，究竟怎样做才能让涩谷拥有更加光明的未来?

（采访者 / 梅泽高明 采访时间 /2015 年 10 月 1 日）

① 平成维新会：1992 年成立的市民集团，大前研一任会长，会员多为都市工薪阶级的无党派人士，以“居住者主权之国”为目标，对倡导新自由主义政策的国会议员进行推荐和支持。

梅泽高明　提到楠本修二郎，就离不开两个关键词："美食"和"涩谷"。在美食领域，楠本修二郎先生开办了 WIRED CAFE 等多家餐厅，从中发现餐厅在城市规划和市民交流过程中所发挥的作用。而说到"涩谷"，我们今天则专程来到了涩谷十字路口，参观 QFRONT 大厦 6 ~ 7 楼楠本修二郎先生经营的咖啡书店——WIRED TOKYO1999[①]。

楠本修二郎　托您的福，今天来了这么多贵客。

梅泽高明　必须强调一下，这里不仅是一个咖啡店，还是一个书店。顾客可以一边品茶吃饭，一边阅读占据了整整一面墙壁的书籍。在 WIRED TOKYO 1999 开业之前，涩谷十字路口附近虽有不少休息场所，但是受到这一代文化的影响，往往显得有些浮躁和嘈杂。而 WIRED TOKYO 1999 则为人们提供了一个舒适的环境。我看到这里似乎有许多外国顾客?

楠本修二郎　是的。我们费了很大心思吸引外国游客的光顾，这家店里会说英语的外国店员比一般店铺多，而且店面的装修也拥有国际化的风格。

说实话，"书店 & 咖啡店"的经营模式有许多弊端。例如，我就见过有的顾客把书拿上餐桌，结果在吃意大利面的时候溅上了番茄汁，但我依然选择这种经营模式，即在涩谷为大家提供一个"邂逅"的场所。我希望来到这里的顾客可以被偶然翻开的一本画册激发灵感，或在与同桌人的交流中促成商业合作。其间，负责书店部分运

---

① WIRED TOKYO 1999：由 CAFE COMPANY 公司成立的咖啡书店。位于涩谷站十字路口前。

营的 CCC（Culture Convenience Club）公司[①]同样也给予了我很大的支持。

来到涩谷，仿佛来到了儿时憧憬的美国

梅泽高明　想要提高东京的影响力，就必须明确东京各个地区的魅力和定位，十分有必要重新审视一下涩谷这片区域的价值。楠本修二郎先生您自从 20 世纪 90 年代参与了猫街（Cat Street）的开发之后，就一直在涩谷和原宿这一代活动。为什么将自己的事业重心放在涩谷？

楠本修二郎　我来到东京之后，就一直在接受涩谷文化的洗礼。其实我从血脉上来说，是一个来自博多[②]乡下的追星族。当我离开福冈老家来到东京早稻田大学读书之后，白天基本在涩谷一带活动，晚上就去六本木[③]。我上大学的 20 世纪 80 年代初，正是日本时尚界的第一个黄金年代。石津谦介先生和山口小夜子小姐等时尚界的代表人物[④]经常会出现在涩谷、原宿和六本木。

当时原宿中心公寓[⑤]的一层有一个名为“Leon”的咖啡馆。时尚界的领军人物都喜欢聚集在这家咖啡馆，一边吃炒饭或者炒面，一边讨论时尚界的话题。不知为何，每次看到他们交流的样子，我都特别感动，或许这里特别像我儿时憧憬的美国。

---

① Culture Convenience Club：日本大型文化出版控股公司。代表性业务包括音乐唱片租赁公司 TSUTATA 和茑屋书店等。

② 博多：福冈县福冈市七个行政区之一。

③ 六本木：位于东京港区的高级办公区及商业区。

④ 石津谦介：服装设计师，引领了20世纪60年代常春藤联盟造型（Ivy league look）的潮流。山口小夜子：时装模特，在巴黎时装周等世界性舞台上十分活跃。

⑤ 原宿中心公寓：东京表参道地区的公寓。20 世纪 60—70 年代年轻人文化的象征，1998 年被拆除。

在快乐的大学时光中，我发现一个地方只有做到了独一无二，才能够同世界一决胜负。Banana Power、Mr. James、第三仓库……世界一流的艺术家们总是喜欢聚集在这些充满个性的店铺。

猫街[①]的开发是在1996年。当时根本没有所谓猫街的称呼，有的只是涩谷川对面的一条小河，后来政府允许在那里修建道路，沿河开发了不少建筑。因为猫街附近的老宅都是背对着河流，我们特意把新建的店铺面向河流修建。猫街的开发宗旨是“土地的多功能利用”，于是我们又为它增加了连接涩谷和原宿的交通职能。

文化沉积在“涩谷之底”

梅泽高明　1999年，WIRED CAFE一号店在猫街开业。

楠本修二郎　其实我一直叫它“黑白棋之角”，因为就像黑白棋一样，小小的一家店铺也可能影响一整条街的特性。经营店铺我并非为了赚钱，而是为了通过实践，探究“以人为本的城市建设”和“小规模空间设计”的方式。

人们普遍认为涩谷是一座“雄心勃勃、充满朝气的创意之城”，而各种各样的文化都沉积在名为涩谷的山谷之底。至于我为什么会选择涩谷，是因为这里对我有养育之恩，在涩谷创业，是我一直以来的梦想。我觉得涩谷是一座“创业之城”，虽然这里的顾客都是年轻人，手里没有多少资金，但是换一个角度思考，年轻人的聚集也使涩谷诞生了以“JK文化”（高中女生文化）为代表的非主流文化和时尚潮流。

梅泽高明　为什么越来越多的年轻人选择来到涩谷这个“谷底”？

楠本修二郎　年轻人聚集的地方，更容易开启创业潮流。我最喜欢

① 猫街：涩谷川沿岸的步行街，开设有大量餐厅、咖啡馆、杂货店和品牌服装店。

的原宿时尚文化，它诞生于20世纪80年代初期，也是在创业公司的努力下才在日本生根发芽。那时，时尚精品店代表企业Beams的董事长设乐洋不远万里，将T恤文化从美国西海岸带到日本。由此印证了时尚是一种超越了时空界限的文化，能够在人群中迅速传播。

梅泽高明　在人们的印象里，涩谷从来不是主流文化的代表，反而有点像是个叛逆少年，总是在琢磨一些新鲜事物。

楠本修二郎　我觉得这跟涩谷的地理环境有很大的关系。涩谷的地形起伏很大，而且没有棋盘一样方方正正的布局，到处都是暗道和小巷。涩谷的交通复杂到当地人都会迷路，也正因如此，人们才能在不经意间发现意外的惊喜。

涩谷同周边地区的反差十分鲜明，与此类似的城市还有洛杉矶，人们能够远远望到西好莱坞的富人区。想要成为富人的欲望，激发了这座城市人们的雄心壮志。而对于涩谷来说，不远之处光鲜亮丽、井井有条的表参道[①]，则与涩谷形成了强烈的对比。

此外，充满起伏的地形也导致涩谷内部充满了对比。地势低洼、容易积水的地区虽然容易吸引居民和商户，但是某种意义上也不够整洁。正是这样的“谷底”，才能够孕育上流阶层所没有的文化、接连不断地产生创新。我觉得涩谷就像是一片生物多样性十分丰富的沼泽。

梅泽高明　在您看来，咖啡馆就像是一个生物多样性的富饶沼泽。您对咖啡馆有什么期待？

楠本修二郎　我希望它能够孕育出许多新生事物。就拿WIRED TOKYO 1999来说，虽然它并不是为年轻人开设的咖啡馆，但我依然希望年轻人能够带着他们的创造力和疯狂的念头光顾这里；希

---

① 表参道：东京代表性的时装店聚集地，许多知名品牌旗舰店都开设在这里。与涩谷不同的是，表参道消费水平较高。

望有一定经济基础和社会地位的成年人在看到晚辈充满活力的样子后，能够被他们拼搏的精神和疯狂的创意所吸引，从而想要给他们支持。

梅泽高明　涩谷为年轻人和大公司之间的合作提供了很好的平台。涩谷的公园大道[①]修建得干净整洁，然而旁边的神山町和元山町[②]却有一种恰到好处的狂野气息。神山町和元山町是否就是孕育涩谷创新文化的“谷底”？

楠本修二郎　说到“近山经济论”[③]大家都十分熟悉，而“近海经济论”同样也是一个十分有趣的论点。还记得我小时候濑户内海发生了赤潮，鱼类几乎灭绝，迫不得已之下，人们通过养殖牡蛎，才拯救了死气沉沉的濑户内海。为了养殖牡蛎，人们将海藻和破贝壳这些曾经被当作垃圾的东西放回大海，为牡蛎，更为条石鲷等各种鱼类提供了养料。“近山经济论”和“近海经济论”都说明，一个地区的长远发展离不开充满生命力的、可持续的经济发展模式。对于涩谷来说，为“山顶”与“谷底”的人们提供交流合作的机会，便是实现可持续发展的途径之一。

多样人群在涩谷会集

梅泽高明　您对未来涩谷的开发有什么规划呢？

楠本修二郎　我想进一步提升涩谷的吸引力和号召力，在实践的过程中研究“城市的多样性发展”。

---

① 公园大道：连接涩谷和代代木公园的公路。

② 神山町、元山町：涩谷区内的地名，均为居住生活区，其中元山町的情侣酒店较为著名。

③ “近山经济论”指的是一种地域循环型经济模式。“近山”，即人们世代生活的、与百姓生活密切相关的山林。反之，“远山”则为远离人们生活的深山老林。

在涩谷的开发问题上，人们主要有两大争论的焦点：一是究竟应该把涩谷发展成年轻人的都市，还是成年人的都市；二是究竟应该重点发展涩谷的商业还是文化。其实我认为这些选项之间并不矛盾，因为多样性是创意的源泉，而创新正是涩谷的潜力。涩谷没必要模仿丸之内等东京其他地区，而是应该强调自己的个性。

梅泽高明　目前已经有几个规模较大的创业公司在涩谷设立了总部，其主要理由是什么？

楠本修二郎　DeNA① 和 Cyberagent② 等公司的竞争力不在互联网，而是在创意。在这个意义上，它们比较接近硅谷型的企业。

除此之外，最近涩谷还出现了不少致力于解决社会问题的创业项目。例如，我在表参道创办的“246 COMMON”③ 和“自由大学”④，其目的都是为了加强大企业与个人创作者之间的合作。也只有涩谷才能容许我进行这样的尝试。

梅泽高明　仿佛整座城市都变成了开放的实验室？

楠本修二郎　正是如此。在这个意义上，涩谷站前的十字路口就是这片地区的缩影。

仅仅 30 秒的时间，涩谷的十字路口就被来自各个方向的汹涌人潮所淹没。如此庞大的人群，怎么能没有一个相互交流的场所呢？出于这样的考虑，我成立了 WIRED TOKYO 1999 咖啡馆。

---

① DeNA：总部位于涩谷的日本互联网公司，1999 年成立，主要业务为手游的开发，同时负责电商网站及社交网站的运营。

② Cyberagent：总部位于涩谷的日本互联网公司，1998 年成立，主要提供网络广告代理服务。

③ 2014 年改装成“COMMUNE246”，目前的名称是“COMMUNE 2nd”。

④ 2009 年以“大方而学，自由而生”为主题创办，为成年人提供各种丰富多彩的课程。

秋天去日本享受美食

梅泽高明　您认为，咖啡馆在城市中发挥着怎样的作用呢？

楠本修二郎　我很喜欢“第三空间”这个说法，不过我认为它并无法涵盖咖啡馆的全部含义。无论是第一空间“家”还是第二空间“单位”，它们都是从个人生活的角度强调空间的意义，因此无法涵盖咖啡馆所包含的社交属性。经营一家咖啡馆，最重要的是以人为本，也就是为所有光顾咖啡馆的客人带来愉快的消费体验。

梅泽高明　餐饮在城市中的职能又是什么呢？

楠本修二郎　我不是食品领域的专家，只是在同专家合作交流的过程中，逐渐扩展了自己的知识面。

如果让我来谈餐厅经营的心得，最想强调的就是，餐厅和顾客之间应该拥有更加紧密的联系。事实上，从踏进门的那一刻起，顾客就应该受到最热情的接待。因此，餐厅的职责并非只是为顾客提供美味的食物，更要为顾客提供优质的服务。

梅泽高明　除了经营餐厅之外，您还通过 2013 年举办的“东京丰收节”（Tokyo Harvest）向全球展现了日本美食？

楠本修二郎　这个活动是同 Oisix 公司[①]共同承办的。选择秋天这个象征着收获的季节，满怀“谁知盘中餐，粒粒皆辛苦”的感恩之心，向全世界介绍日本的美味食材。

东京的魅力之一就是拥有“全世界最美味的食品”。毫无疑问，东京的美食是世界第一，但我们却未能充分发挥这一优势。所谓的食品，并不是用来跟世界竞争的，而是用来向世界推广的。日本美食吸引了一批热情的粉丝，想要提高日本饮食文化的高度，首先要

---

① Oisix：日本食品销售公司，主营有机、无添加食品的运送和贩卖业务。

为海外友人提供了解日本美食的途径。

日本每年都会举办各种美食活动，但几乎没有一场活动是为外国游客举办的。因此，我才开展了“东京丰收节”这项美食活动，目的是像德国的慕尼黑啤酒节、西班牙的番茄节和巴黎国际农业展一样，让外国游客通过亲身体验，了解日本的饮食文化。我们希望越来越多的外国游客在“东京丰收节”的吸引下，选择在秋天这个丰收的季节光临日本，品尝美食。

东京是全日本美食的集结地

梅泽高明　“春吃芽，夏吃瓜，秋吃果，冬吃根”。丰富多彩的美食，代表了日本多姿多彩的四季气候变化。

楠本修二郎　若想让外国游客了解日本的四季美食，就必须让东京成为日本饮食文化的展示窗口。

巴黎的国际农业展向全世界游客介绍法国各地的丰富美食。同样的道理，外国游客在东京品尝到日本各地的美食之后，就会对日本的其他地区产生兴趣。我认为，自产自销的经营模式终究有限，日本的饮食行业若想发展，就必须打破时间与国界的限制，在全球范围内吸引一批日本美食的忠实粉丝。

梅泽高明　“全日本美食的展示窗口”。这还真是一个不错的想法。2015年11月7日和8日举办的“东京丰收节”，除以往的六本木之丘之外，又选择了全东京最美丽的街道——皇居前的行幸大道作为举办场地。

楠本修二郎　行幸大道是属于每位日本人的财富，足以同巴黎的香榭丽舍大道媲美，是东京最为自豪的街道景观。每次看到东京街头的美丽风景，我都切实地感受到，必须持续开发这些美景的价值。

梅泽高明　确实，东京还有很多美丽的风景尚未得到充分利用。

楠本修二郎　在举办活动的时候也应该注意，刺激消费只是次要目的，最重要的是通过活动促进人与人之间的共感和共鸣。举办活动只是方法而不是目的，在一座城市的建设过程中，方法其实并没有那么重要，而为城市规划一幅合理而充满魅力的蓝图，才是我们的工作重心。

梅泽高明　“东京丰收节”作为一场集体活动，可以促进人与人之间的交流。正是有了您这样“跨学科”的人才，城市才能够得到更快发展。

楠本修二郎　东京的魅力不仅在于美食，更在于文化的多样性以及独特的文化表现力。历史上，日本曾多次吸收外来文化，并在此基础上加以改造，最终发展为独具特色的日本文化。与其说这是日本人独有的能力，倒不如说由于日本在地理上处于亚洲的最东部，所以才能有幸得到各国文化的熏陶。就像涩谷的十字路口一样，日本是各国文化传播之路的最后一站，同样也是各国文化的交汇之地。因此，我的“涩谷论”既适用于东京，更适用于整个日本。

采访手记

在促进市民交流与文化创新的路上，楠本修二郎先生已经奋斗了多年。而涩谷这座城市，正是CAFE Company的创办之地，也是楠本修二郎先生梦想开始的地方。

“不断沉积的文化”与“丰富的多样性”——楠本修二郎先生对涩谷的完美总结，体现出他对这片区域敏锐的理解和炽热的感情。楠本修二郎先生提出的“对比”论点，适用于任何一座城市建设。如果说东京的大型再开发项目是所谓“山头”，那么如何保留“谷底”这一文化诞生的土壤，是所有城市建设者必须认真思考的问题。

中国视角

楠本修二郎先生推动的“猫街”“东京丰收节”和WIRED TOKYO咖啡店等项目，早已成为日本旅游的网红经典之一，甚至在抖音上都能看到许多打卡视频。

这也反映了当下重新构建“第三空间”的重要性。区别于家庭和职场这两个人们熟悉的空间，“第三空间”（由美国社会学家雷·奥尔登堡提出）成为城市人舒适惬意的休闲和娱乐场所。涩谷的“猫街”集结着年轻人最爱的潮流元素，在这条连接涩谷与原宿的街道上，拥有特色鲜明的时尚品牌店铺和精品咖啡厅，被喻为不可错过的东京网红打卡胜地；而在中国，“第三空间”概念则与新生代消费者体验式需求和移动互联网技术赋能相结合，拥有更多的想象空间。

另一方面，恰如楠本修二郎先生提到的“谷底和山顶”概念，作为年轻人的聚集场所，类似于涩谷的“猫街”的地区，承载着引领创意潮流和激发创业精神的历史使命，伴随着源源不断新生力量的涌入，为大城市建立一个孕育创新文化的“谷底”之处。

“第三空间”是城市实现长期成功的重要保障。城市发展的关键是人，尤其是当下并不富裕却野心勃勃的年轻人，他们需要“第三空间”的支持。但若城市一味执行“疏解”政策，“一刀切”地关闭街边的咖啡馆、书店和青年旅馆，则可能会将那些带有着拼搏念头和创新精神的新生力量拒之门外，阻碍着城市的可持续且多元化发展的步伐。

斋藤精一

Rhizomatiks董事长

1975 年生于神奈川县。美国哥伦比亚大学建筑专业毕业。2000 年开始在纽约从事建筑设计工作，随后进入广告行业，成为一名创意总监。2003 年作为建筑设计师参加“越后妻有三年展”①，随后回国工作。2006 年成立 Rhizomatiks 公司并担任董事长，负责并策划了 Paris Collection、米兰国际展览会及许多大规模音乐活动。2016 年成立调研（Research）、设计（Design）与建筑（Architecture）三个部门，更加关注城市和社会领域的工作。

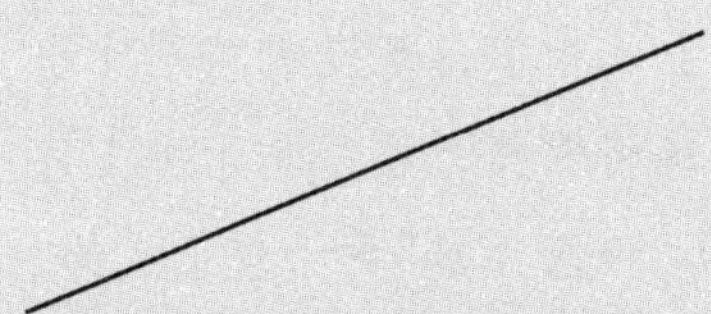

媒体艺术的未来
应回归城市设计的原点

Rhizomatiks是一家专注于创作的公司。这家公司采用最先进的媒体艺术科技，对明星们的演出等各类活动进行包装、宣传和策划。出色的解决方案让Rhizomatiks的订单源源不断。2016年，Rhizomatiks公司成立建筑部门，并参与了多项城市改造项目。

值此2020年东京奥运会即将到来之际，我们采访了Rhizomatiks董事长斋藤精一，询问他心目中“东京的未来”。没想到采访的结果却让人大吃一惊……

（采访者 / 梅泽高明　采访时间 /2016 年 12 月 21 日）

---

① 越后妻有三年展：世界最大规模的国际艺术展之一，2000 年起每 3 年举办一届。举办地为新潟县越后妻有地区。

梅泽高明　您在建筑领域的知识十分丰富，同时又具备艺术和广告领域的实践经验。您担任董事长的Rhizomatiks，凭借最先进的媒体艺术科技在海内外得到了高度评价。您似乎经常从“如何进行城市设计”的角度来思考问题。

斋藤精一　确实，最近我们公司接到了越来越多广告设计之外的工作。2020年东京奥运会和残奥会来临之际，所有商家都想从中分得一杯羹。许多企业为了加快项目进度，找到我们公司出谋划策。然而在同企业代表商讨之后，我发现大部分企业面临的问题其实十分相似。

梅泽高明　好的，就让我们以这个话题作为切入点。这些企业面临着什么样的问题？

斋藤精一　东京所有企业的开发项目都十分相似，既没有特别突出的，也没有明显不足的，所有项目都是将将及格，在平均水平上停滞不前。归根结底，这是日本人“不求无功，但求无过”的心理造成的。如果这样下去，等到2020年，恐怕东京到处都是一模一样的多功能大楼。

梅泽高明　您是指那些集办公、住宿和商业设施为一体，还有饮食区域，兼顾文化功能的大楼吗？

斋藤精一　是的。除此之外，为了减少建筑的容积率，大楼里经常能够见到为外国游客准备的观光设施和小型创业孵化中心。

现在的企业已经摸索出了一套稳妥的生意法则，只要遵循这个法则，就不会出什么大错。然而，我们要这么多一模一样的建筑干什么？东京需要一张自己的“王牌”。我感觉目前东京的城市规划完全没有重点。

梅泽高明　我完全赞同您的观点。

日渐趋同的“东京百货店”

斋藤精一　曾经有人说，“成也东京百货店，败也东京百货店”。从微观的角度来看，东京其实就是各色商店和住宅的集合体。然而现在的大企业却想要将这一切全部推翻，让东京的风格日渐统一。我对这一倾向感到十分担心和恐惧。

梅泽高明　据我所知，未来一段时间内东京至少会出现5个“迷你六本木之丘”。

当年六本木之丘开始修建的时候，国内还没有这种集工作、居住和休闲于一体的多功能大楼。因此六本木的竣工给人们带来了相当大的震撼。

然而我们不能一成不变。亚洲和中东地区由于过去十年间经济迅速发展，现在到处都是这种华而不实的高楼大厦。

在商业领域，日本人的思维模式还是十分传统：造一个“大箱子”，把所有人都吸引进去、赚他们的钱——这种陈旧的商业思维依然存留在日本人的意识深处。

斋藤精一　涩谷、秋叶原、新宿、浅草……东京每个地区的历史背景各不相同，地域特征更是丰富多彩。因此，将所有元素都集中在同一地区，并不能很好地体现出东京这座城市的魅力。

梅泽高明　换言之，东京现在的城市规划，并没有考虑到如何将游客分散到东京的每个角落。

斋藤精一　东京的每个地区都充满了独具特色的魅力。一味地大兴土木，只会将这些魅力破坏，因此我们应该把重点放在现存的建筑物上，并从技术角度思考，如何在“停止新建”的前提下，最大程度地展现东京的魅力。

“停止新建”同样重要

梅泽高明　从技术角度思考，如何“停止新建”？

斋藤精一　是的。换言之我们必须研发出一种技术，让现有的建筑物能够完好保存下去。其实科学家们已经研发出了一个名为“建筑信息模型”（building information modeling）的技术，如图 3-3 所示。该技术可以将老房子的建筑结构用电子的形式表现出来，并在此基础上分析如何修补和加固，延长建筑的使用年限。

图 3-3　东京 BIM 建筑信息模型平台“3D 城市实验室（3D City Experience Lab）”

（注：Rhizomatiks Architecture×WIRED.jp×经济产业省“3D City Experience Lab”

3D City Experience Lab 项目由经济产业省和 WIRED.jp 公司共同启动。该项目以 3D 数据的方式分析城市特征，探讨独具城市特色的基础设施发展模式。上图为涩谷站地下部分的 3D 数据，长 400 米、宽 350 米的地下构造以图像的形式展现在了人们眼前。）

完善的技术摆在眼前，我们却不去使用，反而一味拆毁老建筑，使东京的各个区域日渐趋同。在城市建设的过程中，不应该受政治和经济因素的影响，而是应该用纯净的心灵审视城市的建设过程。我们应该召集普通民众和各行专家，在自由开放的环境中共同商讨：城市建设究竟应该保留什么、创新什么？

梅泽高明　您觉得东京最应该向世界展现自己哪些方面的魅力？

斋藤精一　恐怕应该是高科技同传统文化的兼容吧。在外国人看来，丰田和索尼等日本代表性企业的技术都非常先进，甚至连东京这座城市都充满了高端科技的感觉。

我住在纽约的时候，曾经创办过一个专门发布虚构新闻的媒体。没想到我编造的那些虚构新闻，竟然让不少纽约人信以为真。“东京街头的流浪狗全部都是AIBO①”、“为了应对光化学烟雾的污染，东京决定将天空LED化”——在我们看来这些新闻假得离奇，然而对外国人来说却比较容易接受。这正说明了东京在外国人心中究竟有多么发达。而另一方面，神社、佛寺和温泉这些传统都市景观，同样是东京街头的一道靓丽风景线。

传统与科技之间的完美平衡，正是东京独一无二的魅力，我们不能只顾发展科技，忘记了保留传统。

东京到处都是“光鲜亮丽的大箱子”？

梅泽高明　只有纯净的心灵才能保护城市的魅力不被破坏。但是您也说过，现实中仅有一颗纯净的心灵是完全不够的。

斋藤精一　现实中我们必须面对的情况是，所有公司的项目方案都几乎相同。如果您去看一眼他们设计完成的计划图，就会发现，每个公司的项目都可以概括为一个“光鲜亮丽的大箱子”。所有公司

① AIBO：索尼公司开发的机器宠物狗。

都将自己的项目信息管理得密不透风，企图在激烈的竞争中捷足先登，每次想到这点我就感到毛骨悚然。

原本国家或地方政府应该起到带头作用，保持城市建设中的平衡，然而我们的政府却没有做到这一点。

正因如此，民间才必须努力。如果我在河东建一座楼，你在河西也建一座楼，还不如搭建一座桥，让两岸的人可以自由往来。换言之，我们必须尽快实现企业与企业之间的合作与信息共享。

梅泽高明　之所以所有企业设计完成的计划图几乎相同，是因为它们模仿的就是同一个成功范本。然而这样下去的话，岂止是“全世界独一无二”，光是在东京，这种“光鲜亮丽的大箱子”就会泛滥成灾。

斋藤精一　最重要的是，我认为当今时代，“大箱子”已经不再是推动企业发展的主力军。当年仅凭几个简单的公式就能做好的生意，现在也变得复杂了起来。

一家只有1500名用户的创业公司，完全有可能在2个月的时间内发展成为用户规模突破150万规模的大企业。当今时代风起云涌，怎么可能仅靠照搬别人的模式就取得成功？

梅泽高明　您认为应该如何解决这个问题呢？

斋藤精一　企业自行解决肯定不会有任何进展。所以我们需要一个“主持人”，为企业提供交流的平台，指出前进的方向。此外，为了避免所有企业都因为“遵守规则”而采用同样的运营模式，应该对法律法规进行战略性调整，允许“特例”在东京出现。

根据需求，自由变换

梅泽高明　2016年，您在Rhizomatiks公司内部成立了建筑部门，是否也是为了解决东京目前存在的问题吗？

斋藤精一　之所以会成立建筑部门，是因为建筑本身就是我的老本行。在东京理科大学和美国哥伦比亚大学的时候，我的专业都是建筑理论。一般来说，建筑对百姓生活和社会发展产生的影响，至少需要十年或数十年才能显现出来。我却认为，或许可以从每一分每一秒的时间单位，考察建筑对人类社会产生的影响。读大学时，我还针对这一观点写过一篇变形学领域的论文。虽然那篇论文发表的时候，这个观点几乎没有被学术界探讨过，然而现在，美国谷歌公司旗下的 Sidewalk Lab 实验室，已经将变形学理论应用于智能城市通信技术之中了。

梅泽高明　该实验室研发的智能城市通信技术，可以对车流量等道路交通信息进行实时统计并通过互联网共享，从而帮助城市建设部门根据实际状况对道路的宽度进行调整。

斋藤精一　变形学在城市建筑领域的应用有助于让城市建设更好地为市民生活服务。我们假设一座人行天桥，上午每个小时都有 16000 人通行，中午却只有不到 200 个人，而且大部分都是推着婴儿车散步的家长，那么我们完全可以在上午增加天桥的宽度，中午则将天桥楼梯的一部分替换为方便婴儿车通行的斜坡，晚上再将斜坡收回。过去我们一直说“建筑影响周边环境”，现在我们完全可以做到“让周边环境影响建筑”。

梅泽高明　未来的城市将会根据人们的需求，自由变换形态？

斋藤精一　是的。2000 年左右，我发表论文中的设想犹如天方夜谭。多年之后，人类的建筑施工速度大大提升，不断进步的科技使得人们“从实践中总结经验”的时间显著缩短。建筑领域应该更加注重经验的积累，而不是一味把目光放在海外市场的调研上。

除此之外，我认为建筑行业还需要同其他行业积极合作。

例如，我们公司就曾参与过投影映射技术相关的项目。无论是投影映射技术还是人工智能，崭新的科学技术都为建筑行业与其他行业的融合提供了更多机会。在这样的大背景下，希望自己在建筑领域研发的技术和总结的方法，能够在未来的城市建设中发挥作用。

“乐于助人的大哥哥”激发城市活力

梅泽高明　Rhizomatiks 公司的建筑部门的具体工作职责有哪些呢？

斋藤精一　最开始的时候，我们建筑部门经常被人称为“魔法师部门”。因为在外人看来，我们给人一种随时可能“嗖”地一下发射出激光的印象。（笑）

但实际上，我们建筑部门讨论的主题基本都是建筑物的“运营和管理”，希望从人文角度，分析最能有效发挥建筑潜在价值的管理方法。

梅泽高明　这还真是让人意外。请问，您针对这个问题得出了什么结论？

斋藤精一　我认为最重要，也是至今为止一直被人们忽略的，就是为每一个地区都安排一位长期负责人。这些长期负责人可以对现场进行实时判断，根据情况沟通解决问题。

比如，明天这里要举办一场伊斯兰教的活动，这个负责人就可以向附近的店铺转达信息，建议准备一些伊斯兰教教徒喜欢的美食。在一个地区的管理过程中，每一个细节都值得关注，即便是公共厕所的卫生纸，也要具体分配到每个人的责任范围之内。

当然，任务的分配也可以交给系统自动完成。但是我认为，血肉之躯的人类才能将一个地区零散的商户团结为有机的整体。

梅泽高明　可以说，“负责人”实际起到了地区经理的作用？

斋藤精一　是的，既是地区经理又是项目总监。日本人虽然擅长“建设”，但是在建设完成后的管理阶段，却缺少相应的优秀人才。

我心目中理想的“地区负责人”并不需要严肃古板，相反，他们可以穿着普通的T恤，悠闲时就在街头散步——最重要的就是“平易近人”。

其实，安保工作也没必要做得那么严格，我们日本人真的太喜欢“禁止”事项了。我曾经在英国人组织过一次研讨会，让他们去数一数日本究竟有多少种“禁止”的标语，调查结果实在多到让人震惊。

梅泽高明　确实。就“不能随地乱扔垃圾”也会专门立一块牌子用于警示。

斋藤精一　东京特有的文化，就是“见缝插针”和“夹缝中求生存”。例如，涩谷猫街的那些小摊小贩，就是被人从表参道赶走，没有办法才把生意做到了涩谷。从结果上来说，这个事实确实促进了涩谷经济和文化的繁荣。

其实，我们完全没必要用标语的形式禁止小孩子玩滑板。如果能有一个温柔的大哥哥对小朋友说：“等滑得再好一点，你就可以在不打扰大家的时候到这里滑。”那么我们城市的文化一定可以更加丰富多彩。而这一切的关键，就是一定要有这么一位“乐于助人的大哥哥”。

梅泽高明　没想到，整天与科技打交道的斋藤贵弘先生，最看重的竟然是“乐于助人的大哥哥”。

斋藤精一　虽然有很多人认为，“地区负责人”的作用完全可以用自动化的程序来代替。但是随着科技的进步，“人”所说的话语，会在人们心中留下更重的分量，人与人之间的直接交流远比以机器或网络为媒介要直接得多。

人，永远是走在科技前面的。我们必须抓紧时间培养能够对地区进行整体规划和管理的人才，事实上，大学也应该成立相关的专业。

梅泽高明　确实很有必要。

斋藤精一　提高城市魅力的方法有很多，既可以举办艺术展，开展各种集体活动，还可以从百姓的日常生活中挖掘城市隐藏的闪光点。然而，手法虽然众多，但应该进行怎样的取舍与组合，才能最大限度地提升城市魅力呢？要知道，城市建设需要考虑的问题实在太多，例如怎样使用国家补贴，怎样获得赞助，怎样从过往案例中吸取经验……

我希望能有一座学府，将这些城市建设的相关知识总结为一门足以在现实中应用的学问，向下一代人传承下去。而年轻人从这里学成后，可以在东京的田园町、虎之门等地区将自己所学投入实践，并最终参与日本全国的城市建设。

梅泽高明　为每个地区安排一位统筹管理的负责人，能够帮助地区树立独特的个性。如果将政策的制定权也下放到每个地区，那么地区的自我定位将会变得更加鲜明。

斋藤精一　因此，我们必须培养能够将各方面知识融会贯通的人才。

梅泽高明　恐怕很多人都与我有相同的感受，即学校的作用确实十分重要。对于国家的发达都市来说，“改建＋管理”的方法可以有效提升城市价值。为此，我们必须培养相应的城市建设和管理人才。

城市本身也是一种娱乐

斋藤精一　最近一段时间，广告行业的本质也发生了变化。以前企业做广告，基本都是为了提高商品在特定时期内的销量。然而，最近越来越多的企业希望通过“慢广告”的形式，长期提升企业的公众形象。

梅泽高明　Rhizomatiks 公司的职责是什么呢？

斋藤精一　我认为我们需要起到“桥梁”的作用，也就是为了社会发展，促成不同领域的企业与人才合作。当今社会科技发展迅速，但很少有人从跨行业的角度思考如何才能最大程度地发挥科技的价值。

除了成为“桥梁”之外，Rhizomatiks 公司还准备参与一些城市建设相关的项目。“失败是成功之母”，公司非常重视通过实践的方式积累经验。我们已经与 IBM① 合作，利用 IBM 旗下 Watson 人工智能系统的数据分析技术，对不同地区的“特征”进行总结。在此以前，我们还跟美国谷歌公司合作，收集并分析人们在六本木地区上网搜索的关键词，以及六本木的交通状况和花粉信息，从而将六本木的实时情况使用“焦躁”“愉快”等情绪词汇进行表达，这些项目还是相当有趣的。

梅泽高明　如果能够对比东京每个地区的数据，就可以更加清楚地分析与众不同的特点。让我们切换一个话题。您认为，在东京的娱乐功能方面，急需提高的地方还有那些？

斋藤精一　有的。在我看来，“娱乐”可以降低一个城市的门槛，从而吸引更多游客观光。

游客喜欢什么样的东京，我们就把东京改造成什么样子，尽可能吸引更多游客到访。之所以东京街头有那么多人一边走路一边玩手机，那是因为城市本身的吸引力不够。为了提高城市的娱乐功能，我们能做的事情很多，必须做的事情也很多。

---

① IBM：美国互联网企业，正式名称为 International Business Machines Corporation。

梅泽高明　现在涩谷的万圣节，其实已经跟虚拟现实中的游戏世界差不多了。

斋藤精一　以前，每个星期六的晚上8点，涩谷西武百货店[①]门前都会有一支名叫“JACK KNIFE”的乐队在街头演出。我特别喜欢那支乐队，所以经常过去围观，还记那时公路上人满为患，汽车都无法通行，甚至连警察都会出动。

看完乐队的表演之后，我喜欢去Denny’s餐厅[②]待上一晚。对我而言，这段快乐的回忆就是涩谷最大的魅力。我们举办活动的时候，不要太在意所谓的规则。由此可见，适当地脱离规则的束缚，才能够更好地推动城市发展。

梅泽高明　我明白您的意思。太过遵纪守法的“好学生”，反而不得人们的喜欢。比如，现在的东京全面禁止平衡车上路，其实可以适当放宽这一规定，允许人们每周六晚上9点之后在涩谷的公路上骑行平衡车。

群体区分的标志是“圈子”，而非年龄或性别

斋藤精一　刺激，但不出格——这种绝妙的平衡，也需要一个“地区负责人”把握尺度。

近年来在网络上，拥有相同兴趣爱好的人正在形成自己的小圈子。“圈子”（tribe）正在取代年龄和性别，成为区分人群的崭新方式。

梅泽高明　“tribe”这个单词在英语里，原本是“部落”或“种族”的意思，但是在这里更接近“同伴”的含义。

---

① 西武百货店：日本著名百货公司。

② Denny’s：美国最大规模的家庭餐厅，在日本等世界各国开展连锁业务。

斋藤精一 城市可以为这些在网络上“同圈”甚至“跨圈”的人，提供一个在现实中交流的机会。

例如，可以举办类似于化装舞会的匿名活动，允许人们用面具隐藏自己的真实身份，通过这种娱乐的方式，实现让不同的人在现实生活中相互交流、相互理解。

梅泽高明 促进人与人之间的相互交流和相互理解——也许这才是我们举办一场集体活动的初衷。

斋藤精一 所有人出于同一个目的，在同一个时间集中在同一个地点，在这样的活动中，人们很容易产生“共同意识”，会比“共创”（共同创造）更加能够激发人们的奋斗欲。

梅泽高明 归属于同一个“圈子”中，人们的联系也会更加紧密。

斋藤精一 城市应该为他们提供更多实现“共同目标”的空间。

当今时代，日新月异的科技使“人、建筑和城市”三者之间的联系变得愈发紧密。因此，我们更应该培养地区负责人，从人文的角度加强人与地区的联系；同时，我们还需要为市民创造宽松自由的环境，让更多的人能够在城市中实现自己的目标。

采 访 手 记

斋藤精一先生是一名将科技灵活运用在艺术作品中的创作者。他发挥自己建筑领域的专业知识，在Rhizomatiks公司内成立了建筑部门。我充满兴趣地问他，建筑部门的核心究竟是什么？没想到他竟然回答：是由“人”来进行城市的管理。

科学的管理方式可以提升一座城市的价值，这个观点正可谓切中要害。建筑中蕴含的文化和代表的生活方式，远比建筑本身更加重要。斋藤贵弘先生的想法和“新世代东京计划”的核心价值观不谋而合。Rhizomatiks公司提出的全新城市设计思路值得全社会的关注与思考。

中 国 视 角

从建筑学领域思考日本的城市发展，斋藤精一先生坚信“以人为本”的发展思路。本轮东京都发展规划（2016年12月发布）专门以“打造‘都民优先’的新东京”为主题，而这也恰好与科尔尼在《2019全球城市指数报告》中所强调的“人力资本决定新一代全球领先城市”的观点不谋而合。

东京城市发展的一大因素就在于实现了“人情味+科技感”的双向发力与平衡发展。在城市规划、建设和管理的过程中，人们情感和行动的直接投入所带来的影响力要远远大于科技的力量。访谈中提到的像“乐于助人的大哥哥”一样的地区负责人，就是这样的一种设定。

近年来，中国很多城市也在探索类似的社区精细化治理的机制，传统如“居委会大妈”，新近如“街区责任规划师”等。但客观地说，在街区和社区层面，麻雀虽小五脏俱全，涉及街区规划、街区运营、社区沟通等方方面面，目前还缺乏能够整合性地开展微观工作的关键角色。如何引进以协调而非管理为主要职责，并能与社区成员建立良好互动的“地区负责人”机制，值得深思。

在反思层面，斋藤精一先生所呼吁的“停止新建大盒子”既是对东京未来发展的忠告，也提示着中国城市对此须引以为戒。作为咨询公司，科尔尼曾为上百个国内政府与开发商提供区域发展咨询服务，其中接触了大量的政府规划文件，能够明显地看到如东京六本木、大阪阿倍野Harukas、伦敦金丝雀码头、纽约哈德逊广场、新加坡纬壹科技城等一批“样本痕迹”。在实际工作中，如何突破成功范本，避免将人和物设置于完美却相似的空间与建筑群中，对中国城市而言则是重大挑战。除了要站在市民与使用者立场上，融合“人情味+科技感”之外，还需要政府与业主能够建立“包容创新、允许特例”的新思维。

田川欣哉

Takram董事长

东京大学机械信息工程专业毕业。在英国皇家艺术学院取得硕士学位并担任该校客座教授。作为一名设计工程师，在硬件、软件和交互艺术领域贡献突出。代表作品有：日语打字机“tagtype”（美国纽约近代美术馆永久馆藏），大数据投影装置“RESAS”原型机（2015 年日本优良设计大奖金奖）。

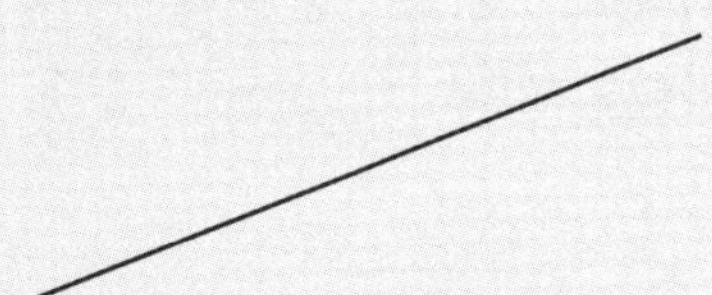

让海外高级设计人才为日本经济服务

设计工程学（design engineering）——这是 Takram 董事长田川欣哉提出的全新制造业理念。在日本的产业界，设计的地位尚不突出。然而在英国伦敦，Design、Digital、Diversity 所代表的三个“D”，已经成为振兴文化产业、促进经济发展的重要关键词。

为了实现东京和日本制造业的跨越式发展，我们不能忽视设计工程学这一重要概念。为此田川欣哉先生呼吁：我们必须采取措施，让更多海外高级设计人才选择留在日本。

（采访者 / 梅泽高明　采访时间 /2015 年 11 月 26 日）

梅泽高明　这些年来，您一直在通过“将设计同工程学结合”的方法，参与企业的商品设计和政府的行政规划。在采访开始之前，请您介绍一下于2006年成立的Takram公司。

田川欣哉　Takram公司的强项在于，拥有设计和工程学两方面能力兼备的人才，也就是设计工程师。

当今时代，美国苹果公司的产品风靡全球，许多人因此对“设计”的重要性有所理解。然而从整个产业链的角度来看，设计师的地位终究比不上工程师，而且在许多领域尚未发挥出应有的作用。因此，我才决定培养设计工程师，并向社会证明：精通设计和工程双向知识的人才，能够在发明创新中担负起重要的职责。

设计工程师最擅长“从零开始研发全新的产品”。这样的工作没有前例可以借鉴，充满了对未知的挑战。只有一边尝试一边摸索，才能找到成功之路。当然，保证工作的效率和质量同样重要，然而最关键的还是颠覆传统的思维方式，在黑暗中摸索前进的方向。

为了开发一款全新的产品，设计工程师必须拥有跨学科的丰富知识储备，以及将这些知识合理联系起来、“从多角度看待问题”的能力。设计工程师需要利用自己“设计”和“工程”两个学科的专业知识，解决项目开发中面临的复杂问题。Takram公司在东京和伦敦设有分部，已经参与日本政府主导的大数据项目“RESAS”的原型开发等众多工作，如图3-4所示。

图 3-4　经济产业省地域经济分析系统“RESAS”

在原型开发的过程中验证假说

梅泽高明　设计和工程的结合可以推动创新——这一观点，与您在英国皇家艺术学院（RCA）提出的教学思路完全一致。当年去英国皇家艺术学院留学主要原因都有哪些？

田川欣哉　在东京大学的时候，我学的是机械工程学这一非常正统的工程学专业，专业的知识几乎同设计毫无关联。然而进入社会后，我发现工程师在开发产品的时候，必须考虑产品外形是否美观、使用是否方便，无论如何也绕不开设计领域的专业知识。尤其在互联网登场之后，产品的交互性设计变得越来越重要，因此在产品开发的过程中，设计师的地位也在不断提高。

我想亲自负责设计领域的工作，而不是将其交给其他人，才来到英国皇家艺术学院进修设计工程学专业。自从 20 世纪 80 年代以来，英国皇家艺术学院就致力于培养设计和工程学领域的复合型人才，距今已有近40年的时间。

梅泽高明 英国著名的家电生产商戴森，就是最早一批将设计和工程结合的企业吧？

田川欣哉 戴森公司的创始人詹姆斯·戴森同样毕业于英国皇家艺术学院。直到现在，他都把自己称为设计工程师。而苹果公司产品开发团队中，同样也有设计师毕业于英国皇家艺术学院设计工程学专业。

梅泽高明 设计工程学为企业提供了哪些崭新的产品开发思路呢？

田川欣哉 一个主打创新的产品很难借鉴或参考之前的设计思路。因此，如果开发团队花费太多时间用于抽象的探讨，很容易导致项目迷失方向。为了解决这一问题，企业可以尝试原型开发这一崭新的产品开发思路。

所谓原型开发，就是将抽象的产品或服务用可触摸、可交互的形式简单地表现出来。一边参照原型一边进行具有针对性的讨论，可以帮助开发团队有效解决开发过程中遇到的难题，使项目精益求精。例如，我们公司就要求项目团队以每周一次的频率进行原型开发，以便在最短的时间内对产品的设计思路进行验证，从而提高项目进度。

这个思路还有神奇的功能，就是能够帮助开发团队树立信心。人类就是这样不可思议——一个有形的物体，远比一张图纸更能激发人们对产品潜力的信心。因为产品的最终目标是投入市场，人们会感到“只要肯尝试，就有成功的可能”。

梅泽高明 越清晰的梦想，越有实现的可能。

田川欣哉 是的，就是这个意思。哪怕是大规模团队运作下的复杂项目，只要所有人都能对产品有一个具体的概念，团队之中就会产生一股巨大的向心力，推动项目持续不断地取得进展。对于那些在黑暗中持续摸索的项目来说，对原型进行迭代和改进，是一种行之有效的工作方式。

特区是城市规划中的“原型”

梅泽高明　东京的城市规划同样充满了未知的挑战。您是否通过多年来的实践，总结出了许多经验？

田川欣哉　在小范围内验证假说，待模型完善后，再大范围推广——在这个意义上，特区就是城市规划中的“原型”。无论制造产品还是建设都市，都没有标准答案可以参考。在讨论城市建设方法的时候，我们不应该妄图用抽象的理论说服别人，而是应该在实践中验证自己的想法，为自己的理论寻找事实依据。

梅泽高明　培养代表性的经济产业对于一座城市的发展来说极其重要。英国自布莱尔卸任后，就一直大力发展文化创新产业。

田川欣哉　20 世纪 90 年代起，英国便有意识地扶持文化创新产业。而前首相托尼·布莱尔著名的“Cool Britannia”（酷不列颠）政策，更是这些扶持政策开始实施的标志。

在 Cool Britannia 政策的推动下，英国政府于 2000 年前后推出了一系列更为具体的施行细则。这些政策共同推动了英国文化创新产业的发展，并为普通英国民众提供了大量的就业机会。2000 年至 2006 年的短短 7 年时间内，英国文化创新产业的出口总额从 100 亿英镑飙升到了 160 亿英镑。

一座旧工厂，竟然汇集着 200 家创业公司

梅泽高明　正如我们在 Cool Japan 团队中分析过的一样，英国的

Cool Britannia 政策成功推动了文化创新产业的发展。

田川欣哉　现在英国文化创新产业的市场规模比 20 世纪 90 年代政策刚推出时扩大了两倍左右。伦敦发展文化创新产业的关键词可以总结为 3 个“D”，也就是 Design（设计）、Digital（数字）和 Diversity（多样性）。此外，数字设计行业也越来越得到企业和政府的重视。

其后，伦敦市又提出了一个名为“科技都市”的构想，并同时出台政策，吸引互联网创业公司入驻。美国的谷歌公司在伦敦也设有办公室。我的切身感受是，伦敦互联网创业公司的数量正在急剧增长，同美国硅谷相比，伦敦的互联网企业更加注重为用户提供生活层面的服务，使伦敦逐渐成长为独具特色的新兴互联网基地。

Takram 公司在伦敦的办公室位于一座由废弃制药厂改造的建筑内。仅仅这一栋建筑，就汇集了包括 Takram 在内的大约 200 家微型创业公司。除此之外，伦敦还有许多数字广告代理商和制作公司，公司的规模大约是百人左右，他们拥有过硬的专业技术，许多文化和艺术专业应届毕业生都选择在这样的企业中就职。

梅泽高明　许多知名广告和媒体公司的总部都设在伦敦，使这里成为全球广告媒体行业的创意中心。

田川欣哉　伦敦自古以来就是一座创新之城。工艺美术运动[①]在这里发源，许多世界知名的家具设计师和建筑家都选择在伦敦工作，其魅力在于这里会集了从传统到现代各个领域的创新人才。人才之间的相互交流，促进了伦敦文化创新产业的发展。

在英国，包括广告、建筑、美术、工艺、设计和服装、电影电视和广播、摄影和摄像、互联网和软件、出版、美术馆和图书馆、

① 19 世纪 80 年代，由英国的诗人、思想家和设计师威廉•莫里斯发起。该运动的主旨是将生活和艺术融为一体。日本的柳宗悦便受到了该运动的影响。

音乐和舞台艺术在内的许多行业都属于文化创新产业。

其中比较有趣的是，英国把“互联网和软件”也归类到了文化创新产业之中。软件开发并非英国的强项，但是近年来在“科技都市”政策的推动下，越来越多的优秀软件工程师选择在伦敦发展。一股崭新的潮流正在伦敦兴起，伦敦的老牌强项广告行业正在同互联网产业相互融合，孕育出全新的商业模式。

从产品参数到用户体验

田川欣哉　在日本，大多数软件工程师都认为自己的职业跟文化创新没什么关联。即便自己开发的就是游戏或媒体方面的软件，依然也会这么认为，当然，年轻人可能表现得没有这么明显。

梅泽高明　这是什么原因呢？

田川欣哉　这应该同教育的影响脱不开干系。我国的理工科教育很少教导学生如何通过技术改善百姓生活推动文化创新。面对这种现状，我们必须让更多的工程师从人文关怀的角度重新认识自己的职业。

梅泽高明　多年来，我国的理工科教育最重视产品的参数和质量。

田川欣哉　互联网革命以来，全球商品和服务竞争的关键已经从“产品参数”转移到“用户体验”上来了。然而许多日本的大企业却没能意识到这一点。政府在推行Cool Japan政策的时候，应该更加注重游客体验。通过改善教育方式，培养在理工和人文两个领域的复合型人才。

日本忽视了“设计”的作用

梅泽高明　随着制造业的衰退，英国将经济重心转移到数字和文化创意产业。

田川欣哉　高昂的劳动力成本同样也是传统制造业难以维持的原因之一。因此，英国才选择通过数字和设计的方式提高产品的附加值。

梅泽高明　日本人更倾向于从外观和造型的角度理解设计的含义。然而在英国，设计是振兴文化创新产业的3个关键词之一，如何解读“设计”一词？

田川欣哉　最近一段时间，日本人对设计的态度也在发生转变，越来越多的人开始从设计的角度思考问题。然而更多人对设计的理解却依然停留在较为浅显的层面。在英国，人们认为设计拥有推动社会变革的力量，蕴含着极大的社会价值，背负着重大的社会责任。设计为人们展现出了更美好的未来，引发全社会针对未来的积极讨论，正是在这样的背景下，英国的设计行业才会人才辈出。

在英国，设计领域的专家学者拥有极高的社会地位，企业的管理层也对设计非常重视；然而在日本，大多数人却认为设计仅仅是整个产品生产工序中普通的一环。

梅泽高明　这件事情足以说明英国对设计的重视。当下，日本的设计在国际社会上获得了什么评价？

田川欣哉　说到日本的设计，外国人基本会产生以下三种联想：首先，他们会想到日本传统文化中静谧、充满禅意的世界观；其次，会想到20世纪80年代以索尼为代表的工业产品设计；最后，伴随着机器人技术的发展，日本设计的科技水平之高，也给他们留下了深刻印象。他们并不理解日本人为什么要大费周章设计高科技马桶，因此在外国人看来，日本的设计还有些古怪偏执。

梅泽高明　索尼的产品设计与充满禅意的传统日式设计风格之间是否毫无关联呢？

田川欣哉　我认为，不是。索尼的产品设计比较矜持克制，采用的是做减法的思维方式。索尼在细节把控上堪称过度的严谨，恰恰是日本创新产业的魅力之一。其实，高科技马桶同样体现了日本人对细节的执着。在英国人看来，日本人在细节上所倾注的热情他们永远无法模仿。对细节的把控、对产品的精密打磨和对质量的严格要求，都是日本产品设计的特征。

梅泽高明　日本的产品设计中，也体现出了传统匠心精神。

田川欣哉　是的。日本人自古崇尚“寡言”。这一审美观也在设计中得到了体现。虽然一方面“寡言”为日式设计增添了许多情趣，但是另一方面也导致日式设计过于清高孤傲，同社会格格不入。日本人自古以来非常重视“非语言交流”，然而随着时代的进步，我们必须继承传统并推陈出新，积极通过“语言”的形式促进人与人之间的沟通。

尊重多样性的社会

梅泽高明　考虑到东京的未来发展，您认为我们应该做些什么？

田川欣哉　我们必须解决东京的 Diversity（多样性）问题。

梅泽高明　Diversity 也是伦敦的 3 个 D 之一。不同文化背景的人之间，可以摩擦出创意的火花。

田川欣哉　性别、年龄、人种……无论哪个方面的多样性，对于文化创新产业的发展来说都必不可少。毕竟所谓的创新，就是在人与人的交流之中形成的。

英国政府曾经出台政策，大力欢迎外国的高级创新人才。即便不是欧洲国家的留学生，也可以在大学毕业之后无条件申请为期两年的“毕业生工作签证”（Post Study Work，PSW）。

在这一政策的推动下，许多外国留学生选择在伦敦就职，甚至还有人在伦敦创业，成立了自己的工作室。目前伦敦的创新人才中，大约有一半都是外国人。

Takram 公司的驻英办公室里只有一位英国职员。而我这个外国人也获得了在英国皇家艺术学院任教的机会。感觉英国人的工作，全都被我们外国人拿到了（笑）。英国的这个政策十分高明，从外国吸引人才，让外国人解决英国的社会问题，为英国创造价值。在这项政策的影响下，伦敦的城市魅力也得到了提升。日本应该向英国学习，改变“外国劳动者＝廉价劳动力”的观点，尤其在创新产业更是应该如此。

大力欢迎高级创新人才

梅泽高明　我们不应该用外国人来弥补劳动力数量的不足，相反应该积极引进外国高级人才，提高国内高端人才的质量。英国皇家艺术学院的学生中大概有多少亚洲人呢？

田川欣哉　一个年级总共 80 个学生，其中大约有 30 人都是亚洲人。大家都非常优秀。

2015 年毕业生中，就有一个非常优秀的亚洲学生。然而由于那时的“毕业生工作签证”政策于 2013 年暂时被取消，所以他不得不离开英国，回到自己的国家。站在英国的角度考虑一下，花费这么多时间和金钱培养出来的优秀人才，就这样流失到了海外。

伴随着英国签证政策的调整，许多留学生开始将目光转移至政策逐渐放宽的德国。从英国的案例中我们可以学到：只有为外国留学生提供一条在本国就职的途径，才能促使留学生为本国的经济发展做出贡献。对于东京来说，我们也必须鼓励高级创新人才在东京发展。

梅泽高明　放宽签证政策可以鼓励外国人留在日本。除此之外，我们还应该做些什么呢？

田川欣哉　首先，大学应该为外国人提供更好的教育环境，在日语课程的基础上增设英语课程。教师也不能都是日本人，必须聘请来自全世界的教授和专家；其次，大学需要对留学生进行积极的日语辅导。毕竟外国人只有会说日语，才更有可能在日本定居；除此之外，希望东京也能够成立一个设计中心。毕竟日本也有不少优秀的美术大学，与许多活跃在行业第一线的优秀设计师。我们可以建立一所类似于实验室的创新基地，积极引进外国的年轻设计人才，促使外国人和日本人一起针对日本的社会课题进行讨论，从设计的角度寻求问题的解决方案。

如果我们能够从政府政策和社会环境两方面入手，为国内外的优秀设计人才提供更加优越的发展条件，那么越来越多的外国创新人才将选择在东京定居，从内到外支撑日本经济的发展。东京完全有可能在 21 世纪实现上述蓝图。

日本需要 BTC 型领导人才

梅泽高明　伦敦和纽约在设计领域引领全球。面对来自海外的挑战，东京应该怎样利用自己的优势同国际竞争？

田川欣哉　我想东京的优势应该在于产品的质量了吧。此外，社会安全、外国人生活起来比较安心，也是东京的一个优点。我认识一个在美国长大的中国女生，她的父母一直建议她离开美国，到“安全的东京”工作。毕竟许多外国人还是比较“佛系”的（笑）。正如有人喜欢伦敦的刺激和挑战，同样也有人喜欢东京的平稳和舒适。

梅泽高明　而且东京的动画文化十分发达。对于热衷于数字创作的人们来说，在东京生活一定十分幸福。另外，在人才领域，您还提出了一个名为“BTC”的关键词？

田川欣哉 所谓的BTC，就是Business（商业）、Technology（技术）和Creative（创造）。我们应该培养兼具这三方面能力的人才。

在日本的教育体系中，不同学科之间很少有融会贯通的地方。然而我认为，“文科生擅长经商，理科生擅长技术，美术生擅长创造”的理念早已彻底过时。

至今为止，日本的汽车和家电行业中，诞生了不少BT型的领导者，却很少有人具备“C”的思维。因此我们应该鼓励管理人才和创新人才积极交流，从而培养BTC型的领导者。

梅泽高明 未来的东京将会成为一座不断创造全新产品、推出崭新理念的创新之都。在这个过程中，BTC型领导者很有可能起到核心支柱的作用。

采访手记

从汽车到工业零件，从APP到店铺……设计工程师田川欣哉田川欣哉欣哉，在许多领域发挥着自己的创新才能。在东京和伦敦两座城市的工作经历使得田川欣哉先生意识到，东京应该积极吸收海外高级创新人才。

在田川欣哉先生的努力下，他的两座母校——东京大学和英国皇家艺术学院成功合作，于2017年春季成立了Tokyo Design Lab。英国皇家艺术学院的“设计”同东京大学以及全日本产业界的“技术”，将摩擦出怎样的创新火花，非常值得期待。

中国视角

Business（商业）、Technology（技术）和Creative（创造）是田川欣哉在采访中强调的三个关键词，其中，出于对“设计思维驱动创新”的广泛认同，全球一线城市都在争先培养和抢夺“设计与创意”人才。

不仅仅是日本，在北美也出现了人才概念的升级一过去强调对STEM（科学、技术、工程、数学）类人才的培养，如今增加了Arts（艺术）学科，力求全新的STEAM教育计划能够确保国家核心竞争力和创新能力的传承。

事实上，设计、艺术和创意类人才，其影响力也超越相关专业领域，实现了更为广泛的商业成功，甚至成为科技企业领袖，例如，马云（阿里巴巴创始人，英语专业）、Susan Wojcicki（YouTube首席执行官，历史与文学专业）、Brian Chesky（爱彼迎创始人，美术专业）等。

与日本对复合型跨界人才关注不足类似的是，在中国，对于设计和创意人才的关注也有着巨大的提升空间，要知道，基础创新之外的应用创新、服务创新、产品创新都需要设计思维的大量导入。对此，日本的应对方式之一是推动海外创新人才的加入。推进行动已经展开，由“新世代东京”团队提案，自2017年6月起，日本“高级人才积分制度”中已纳入对国外设计和艺术等创意领域关键人才的加分指标。

对于中国各大城市而言，也应考虑在激烈的“抢人大战“中，着重关注艺术、设计与创意人才的吸引，从而有效促进本地创新产业发展。

斋藤贵弘

律师

1976 年生于东京市。学习院大学法律专业毕业。2004 年通过国家司法考试，就职于荣枝综合律师事务所。2013 年成立斋藤贵弘律师事务所（现 Newport 律师事务所），承接个人和企业的法律咨询及诉讼委托。斋藤贵弘贵弘精通娱乐领域的相关法律，在《风俗营业法》的修正过程中起到了关键性作用。积极参与 Creative Commons Japan 相关活动，负责音乐领域著作权的相关事项。

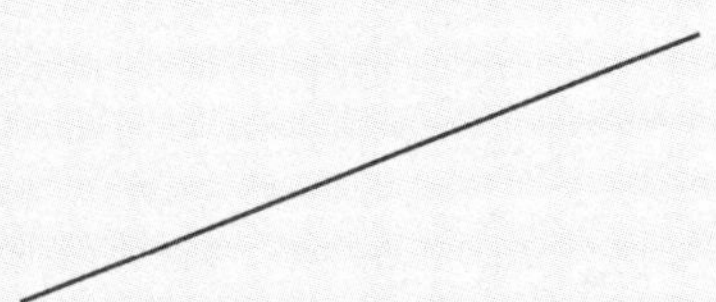

夜间经济可以促进东京的经济、文化和社会发展

2015 年 6 月《风俗营业法》修正案通过，并于 2016 年 6 月起正式实施。该法案修正之前，俱乐部等深夜娱乐活动作为“风俗业”受到了严格的法律限制。现如今法律得以修正，夜间的经济和文化终于获得了发展的机会。

在《风俗营业法》的修正过程中，斋藤贵弘律师做出了很大的贡献。在他看来，《风俗营业法》的修正将进一步促进日本夜间时段的经济和文化发展，并带来无可替代的社会价值。本次采访将针对都市夜生活的未来，请听一听来自斋藤贵弘律师的宝贵意见。

（采访者 / 梅泽高明　采访时间 /2015 年 11 月 19 日）

梅泽高明 对于一座城市来说，夜间的文化蕴含着巨大的价值。然而同其他国际大都市相比，东京的夜生活却趋于落后。2015 年 6 月《风俗营业法》修正案正式通过，日本的夜生活终于得到了发展的机会。斋藤贵弘先生您作为一名律师，在《风俗营业法》的修正过程中起到了关键性作用。在采访开始之前，能否请您先介绍一下《风俗营业法》？

斋藤贵弘 《风俗营业法》正式名称为《风俗营业限制及规范法》。该法律将夜总会、卡巴莱、俱乐部和舞蹈培训班等混为一谈，对所有同“跳舞”相关的行业进行了严格的限制。

《风俗营业法》规定，所有风俗娱乐场所必须取得营业执照，并在晚上 12 点前停止营业。然而实际上绝大多数的俱乐部都无法遵守这一规定，因此日本的“风俗业”就一直处于法律的灰色地带。

梅泽高明 不久之前，一直隐藏在灰色地带的“风俗业”却突然遭到了大规模的检举和揭发？

斋藤贵弘 最开始只是少部分俱乐部附近的商铺和居民对俱乐部表达了不满，后来影响逐渐扩大，整个关西地区都群情激愤。当时正好有一家音乐杂志邀请我针对《风俗营业法》进行说明，于是我接受了他们的采访，并以此为契机参与到了《风俗营业法》的修正过程中。当时许多日本人都不了解《风俗营业法》的具体内容，因此那篇采访得到了广泛传播，从而产生了很大的社会影响。以音乐家坂本龙一和大友良英为代表的有识之士发起了一场签名运动，意识到如果不修正法律，日本的“风俗业”迟早会走向灭亡。

梅泽高明 您说的就是“Let’s DANCE 签名推进委员会”吗？

斋藤贵弘 是的。该委员会的工作重心就是将“舞蹈”从《风俗营业法》的范围中剔除。其实我也同该委员会的负责人多次会面，并作为代表人之一参与其中。

《风俗营业法》诞生于昭和二十年至三十年

梅泽高明　请问“舞蹈”为什么会受到法律的限制呢？

斋藤贵弘　其实《风俗营业法》诞生于昭和二十年至三十年（1945—1955），算起来也是一部非常古老的法律了。当时战争刚刚结束，社会混乱，百姓贫困。欧美文化进入日本，当时的政府认为“陌生的男女手拉手跳舞，会导致性交易的产生”，于是才将舞蹈划入“风俗业”的类别，并专门制定法律进行限制。但进入21世纪，这部法律明显过时，几乎没有店铺继续遵守这项法律的规定。

最近一段时间，大阪某地持续出现噪音扰民、暴力伤害和明星吸毒等一系列社会问题，使民间“反对俱乐部”的呼声颇高。在社会的推动之下，政府加强了对“风俗业”的管制。当然，取缔违法商铺肯定是一件好事，然而许多无辜的店铺却在这场用力过猛的清扫行动中受到了牵连。

梅泽高明　《风俗营业法》的立法初衷本应是惩奸除恶，然而现在却伤及了无辜。

斋藤贵弘　2014年4月，大阪NOON俱乐部受到了政府的处罚。然而在针对NOON负责人进行审判的过程中，“法律究竟应该限制哪种舞蹈”成为法庭争论的焦点。NOON是一家十分出名的俱乐部，培养了包括“EGO-WRAPPIN”[①]在内的许多优秀音乐人。事发当天的21点43分，俱乐部内正在举行一场UK Rock派对。接到群众

---

① EGO-WRAPPIN：诞生于大阪的日本音乐组合，创立初期曾频繁在俱乐部和Live house内演出。

举报后，40余名警察冲入店内，一边大声呵斥："你们刚才是不是在跳舞！快给我把音乐关了！"一边命令在场的20名顾客面壁而立，并逮捕了包括临时工在内的6名工作人员和俱乐部老板。在法庭上，顾客针对俱乐部当时的情况进行了情景再现，警方也派出代表出庭指证。当时，由于检方证据不充分，法庭驳回了"店内跳舞"的起诉，宣判俱乐部无罪，继而等待最高法院的最终判决。[①]

"在男女之间营造暧昧的氛围"和"影响社会风气"——如果"舞蹈"满足这两个条件，就会被归入《风俗营业法》的限制范围。简单来说，《风俗营业法》认为"男女舞蹈时的身体接触，是一种过于强烈的性暗示"。因此，社交舞培训班也被当作风俗业的一种受到法律限制。

梅泽高明 诺贝尔颁奖典礼后的宴会上，都会有社交舞的活动。看来《风俗营业法》还真是一部脱离国际社会现实的法律。除了将舞蹈同"性"扯上关系，法律还用"俱乐部是毒品交易的温床""容易导致暴力行为产生"和"店外聚众扰民"等诸多理由限制俱乐部的发展，而实际上这些现象都与俱乐部本身的营业内容毫无关联。

斋藤贵弘 毒品、暴力、噪音——政府已经针对这三个问题出台了相应的法律，因此我们大可不必用《风俗营业法》对其进行限制。其实归其根本，昭和二十年至昭和三十年《风俗营业法》出台的时候，日本的法律法规还不够健全，毒品、暴力和噪音等问题无法得到解决，因此政府才退而求其次，希望通过限制舞蹈将上述社会问题扼杀在萌芽之中。除此之外，政府也出台了专门的法案用以约束和治理此类特殊情况，因此《风俗营业法》已经失去了当年的作用。

---

① 2016年6月检查方放弃上诉，法庭宣判俱乐部无罪。

梅泽高明　举个不太恰当的例子，《风俗营业法》对舞蹈的限制，就像是“球迷有可能因为情绪激动而打架斗殴，所以我们应该禁止足球比赛”一样毫无道理。

斋藤贵弘　现在舞蹈正在逐渐成为中学教育体系的一部分，将会拥有非常广阔的发展空间。《风俗营业法》中对于舞蹈的定义太过模糊，这只会阻碍舞蹈行业的发展，对于整个社会来说都是巨大的损失。我在成为律师之前就非常喜欢音乐，所以，我非常理解俱乐部其实为许多文化提供了生根发芽的土壤。正因如此，无论在本次法律修正的过程中遇到多少阻碍，我都没有想过放弃，最终促成了修正案的通过。

现在的欧洲流行“夜晚市长”

梅泽高明　本次《风俗营业法》的修正，对于日本的夜生活来说是一个非常重要的里程碑。请问，在您看来，夜间的文化发展对一座城市来说有多重要？

斋藤贵弘　经常有人问我，你为什么这么关注“夜晚”。在他们看来，如果晚上不能营业，那么白天营业就好了。但是我认为夜晚有夜晚的意义，是白天永远无法取代。

有时候白天无法出现的东西，夜晚才可以出现。如今，欧洲的一些城市，正在通过网络投票选举“night mayor”，也就是“夜晚市长”。夜晚市长需要同正常投票选举出来的“白天市长”定期会面，向其介绍和展示夜晚的社会、文化和经济价值，并同“白天市长”一起，将夜晚的文化发展壮大。不久之前，我同荷兰阿姆斯特丹市的“夜晚市长”进行过一次会谈。这位市长告诉我，他正在联系全世界各个城市的“夜晚市长”，希望举办一场“夜晚市长”峰会。①

梅泽高明　您认为夜晚具有哪些价值呢？

斋藤贵弘　首先，肯定是经济价值，尤其是可以刺激外国游客的消费。同样的商品和服务，到了晚上价格会变得更贵；除此之外，夜晚的气氛更加放松，人与人之间以及人与城市之间都不会有那么大的距离感。这种轻松的氛围可以让游客对东京产生迷恋，从而间接地创造经济价值。

其次，便是文化价值。夜晚可以促进全新文化的诞生。例如，拥有众多粉丝的鱼韵乐团，就是通过在夜晚举办演唱会的方式进行各种崭新的尝试。对于年轻人来说，白天可能很难租借到合适的活动场地，而夜晚则为他们提供了许多可以进行有趣实验的“游乐场”。此外，如果夜晚也能够像白天一样为游客提供多种多样的有趣活动，那么外国游客在日本的游玩选项也会变得更加丰富。

梅泽高明　在海外的大都市，绝大多数娱乐场所都是24小时营业，顾客想玩到几点就玩到几点。然而到了日本，外国游客无论白天玩得多么尽兴，晚上也只能闷头喝酒。已经有不少外国游客向我抱怨，这样简直是浪费了东京的大好资源。

斋藤贵弘　本次的修正案不仅取消了针对舞蹈行业的管控，还允许餐厅在满足一定条件的情况下，在晚上12点之后举办娱乐活动。因此我认为未来的情况会发生好转——而且一定会发生好转。

夜晚为交流提供了宽松的环境

梅泽高明　除了经济和文化价值之外，夜晚还具备什么价值呢？

---

① 2016年4月，第一届“夜晚市长”峰会在荷兰阿姆斯特丹市举行。

斋藤贵弘　社会价值，因为俱乐部能够为人们提供一个面对面交流的机会。

所谓的俱乐部，其实就是一个空空荡荡的大盒子。俱乐部同普通娱乐场所的不同之处在于，俱乐部的娱乐活动并非由经营者提供，而是由每一个参与者共同创造。包括经营者和观众在内的所有人，都可以在平等开放的环境中自由交流。DJ 播放的前卫音乐，营造出一种独特的磁场，吸引着设计、时尚、建筑、美食等各行各业的领军者齐聚一堂。顾客的交流与合作，推动了时代进步。

梅泽高明　Mod 文化和 Punk 文化就是在音乐中诞生、在时尚中扩大，给英国创造了巨大的文化价值和经济价值。一种文化在最初诞生的时候，往往与主流文化或价值观相悖，而俱乐部则为这种非主流文化提供了非常宽松的发展环境。

斋藤贵弘　文化在小规模的群体内诞生。一旦法律阻碍了这些文化的发展，它们就永远无法走出自己的圈子，更无法创造经济价值。修改前的《风俗营业法》就是这样一部阻碍文化发展的法律。它使俱乐部把自己隐藏在法律的灰色地带。如果资本不能以合法的途径流入夜生活市场，那么俱乐部文化就永远只能在小群体内部传播，无法作为一种主流文化提升日本在国际社会上的影响力。

法律必须以社会现实为基础。只有让遵纪守法的企业光明正大地参与市场竞争，才能推动行业的发展。在《风俗营业法》修正之前，我跟警方发生过一场争论。警察主张“店铺只有满足一定的照明条件，才能在夜晚经营”。也就是夜晚必须同白昼般灯火通明，然而我却认为这样做毫无意义。之所以允许店铺深夜营业，目的就是为了增加文化的多样性。因此我们应该为深夜营业的店铺提供足够宽松的环境，让它们发挥出不同于一般店铺的独特价值。

法律的修正，为夜晚文化的发展提供了空间

梅泽高明　既然有人习惯在白天的9点到18点工作，那么同样有人认为下午到第二天凌晨的这段时间才能充分发挥出自己的创造力。一座包容的城市，必须承认市民生活方式的多样性。2016年9月《风俗营业法》修正案开始实行，东京的夜晚文化终于迎来变革的契机。

斋藤贵弘《风俗营业法》修正后，两个夜生活领域的民间团体相继成立。众人拾柴火焰高，人们只有联起手来才能让社会听到“来自夜晚的声音”，才能进一步吸引优质资本的流入。

Live House的经营者们成立了一般社团法人“室内演出会场专门委员会”。而餐饮娱乐业的经营者们则成立了Food&Entertainment协会。宾馆行业也属于饮食与娱乐的范畴之内。我们认为宾馆的功能并不仅仅局限于为游客提供住宿服务，它还可以成为城市中的文化景观，可以通过“夜晚”这个切入点，重新定义宾馆的价值。

梅泽高明　历史建筑和美术馆也有许多丰富多彩的价值等待我们去发掘？

斋藤贵弘　是的，我们可以选择一些与众不同的场所，为顾客提供日常生活中难以体验的娱乐方式。其实我们已经与寺田仓库合作，将仓库改造成美术馆和音乐会所，从而开展了一系列娱乐活动。虽然简陋的设施和场地为活动带来了诸多挑战，然而“简陋感”其实也是娱乐的一部分。未来这种新型娱乐方式肯定会得到进一步发展。

荷兰海牙市举办的艺术节TodaysArt便是一个昼夜无间断的文化展示平台。它将最先进的媒体艺术科技和电子音乐融合，利用独特的活动举办场地，为观众带来与众不同的视听体验。我认为，TodaysArt艺术节就是一个将白天和夜晚无缝连接、充分发挥夜晚

价值的典型案例。

梅泽高明　西班牙巴塞罗那市的“声纳音乐节”(Sonar Festival) 是世界上规模最大的音乐节。该活动已经达到了 120000 人的规模。我听说该音乐节作为巴塞罗那产业战略中的重要组成部分，吸引了大量相关产业的集聚。除了这两个案例外，以前我和您一起策划的“Amsterdam + Tokyo Nexchange on the Water”主题会议同样可以给人们不少启发。

斋藤贵弘　该活动由荷兰大使馆发起，举办地点为某民营海上活动空间。当时正值阿姆斯特丹官民代表团访日，荷兰派出了副市长、夜晚市长以及约 20 家企业的代表，而日本则派出了许多房地产开发商和政治家。整场活动的参加者大约有 100 人。

在舒缓的音乐中，与会者针对城市建设中如何发挥夜晚价值、开发沿海观光资源的议题进行了热烈讨论。有的参加者认为：在沿岸地区的开发过程中，店铺和商业设施的修建只是第二位，最重要的是留出足够的空间，为今后修建道路和广场等公共设施做好准备。还有的参加者提出：我们需要认真思考音乐在城市建设中究竟可以发挥什么样的作用。

《风俗营业法》与《著作权法》本质上面临着相同的问题

斋藤贵弘　在日常生活中，夜间的价值其实并没有得到充分的发挥。如果餐厅可以在深夜时段举办小型音乐会，那么市民就可以在下班途中顺便去餐厅逛上一圈，一边欣赏美妙的音乐，一边结识志同道合的朋友、扩展自己的信息面。然而目前为止，只有繁华地带的餐厅才可以在深夜举办娱乐活动。我认为这个规定存在很大的问题，因为一个空间如果离市民的居住区太远，那么它就永远不可能成为人们日常生活中的一部分。因此我们有必要针对每一个地区制定更为细化的法律法规。

梅泽高明　您曾开过一家可以举办音乐会的餐厅，并且通过音乐来促进人与人之间的交流？

斋藤贵弘　是的。我于2012年起开始运营一个非营利性质的网络广播“dublab.jp”。这个广播直到现在还在以每周一次的频率播出，而广播的录制地点就是这家餐厅。该广播节目的总部“dublab”位于美国洛杉矶，全部的运营资金都来自听众的捐款。听众们用现金的形式支持喜欢的歌手，而歌手成名之后则为观众进行无偿演出。我真正的目的其实是通过这一系列活动促进人与人之间的交流，让更多的人来到这里，在同一个空间欣赏同一首歌曲。

梅泽高明　这的确跟您心目中俱乐部的职能非常相似。您还在参与一个名为“Creative Commons Japan”①的《著作权法》相关活动？

斋藤贵弘　Creative Commons在保护著作者知识产权的同时，为大众提供了一个更加自由、方便地使用作品的途径。作者可以通过授权的形式，允许作品在一定条件下自由传播。

包括夜晚文化在内的所有文化活动都会面临版权的问题。如果每次用到别人的音乐和视频都要担心会不会侵犯作者的知识产权，那么对于活动举办来说也是一个很大的阻碍。尤其在当今时代，越来越多的音乐通过网络的途径发布，经过剪辑的音乐或视频在网上广为传播。在这样的环境下，《著作权法》很有可能成为作品传播的阻碍。换言之，我认为法律没有跟上时代的步伐。《著作权法》同《风俗营业法》的问题，在本质上其实是紧密相连的。

---

① Creative Commons：致力于著作品合法流通及知识共享的非营利组织，在世界各国开展活动。

在我看来，无论是《风俗营业法》还是《著作权法》，本质上都阻碍了文化的发展。许多人提起《风俗营业法》都会联想到色情产业，导致忽略了事物的本质。然而只要从“推动文化发展”的角度思考，就不难看清在法律的修正过程中我们究竟应该做些什么。

采访手记

作为一座国际都市，东京最大的不足在于夜晚的文化十分落后。而《风俗营业法》的修正，则为夜晚的文化提供了发展机会。企业、政府和艺术家必须共同努力，提高夜晚的经济、文化和社会价值。而本次采访的主角斋藤贵弘先生，也凭借自己律师、DJ 和深度文化爱好者的多重身份，怀揣满腔热情，在法律修正后，以成立的两个民间组织和 dublab.jp 为中心，为夜晚文化的发展贡献着自己的力量。

中国视角

2019 年以来，中国各个城市都在大力推动“夜间经济”。国务院办公厅印发《关于加快发展流通促进商业消费的意见》，提出要活跃夜间商业和市场，随后以上海商务委等九部门联合出台《关于上海推动夜间经济发展的指导意见》为标志，上海、北京、重庆、广州、南京等城市相继出台促进夜间经济发展的具体政策，并逐步从一二线城市向三四线城市延伸。

一般来说，“夜间经济”指“当日下午 6 点到次日早上 6 点的各类消费活动与商业经营”。由于涉及复杂的夜间噪音管理、卫生管理和公共秩序等问题，“夜间经济”能够充分体现一座城市精细化运营的程度。在东京《风俗营业法》修订过程中，相关议题组织、社会团体、政府部门、立法机构等开展了大量的沟通与谈判，最终促使法案修订成功。在中国，上海市也做出了很好的垂范，在“界面新闻”一篇题为《大沽路夜市“求生记”》的报道中，就对治理方案如何达成多方共识并落地的过程做了生动且翔实的描述。而在制度执行层面，通过设立“夜间区长”“夜生活首席执行官”等措施，推动夜间城市治理转向受控经营、包容执法、精细运作。

中国城市在发展“夜间经济”过程中，也应尝试借鉴国际先进经验，突破餐饮酒吧、演艺娱乐、灯光活动等传统内容，推动多元化业态与融合性场景建设。例如巴黎的“博物馆奇妙夜”、海牙的“今日艺术节”（TodaysArt Festival）等，关注“夜间经济”在消费价值之外的文化价值与社会价值。

除此之外，还值得特别关注的是，这里所介绍的东京“夜间经济”相关法律修正，实质上是来自民间团体的呼吁，并由“新世代东京计划”团队的几位成员推动成型的。城市的发展创新，不仅仅依靠自上而下的政府规划与管理，很多创新的思路和想法都来自于城市一线，因此如何能有效推动自下而上的市民参与治理，尤为重要。我们亦相信，很多与城市发展相关的重大议题也都如此。

佐久间裕美子

作家

1973 年出生。庆应义塾大学毕业后，在美国耶鲁大学取得硕士学位。1998 年移居纽约，先后在多家出版社和通讯社从事新闻记者的工作。2003 年成为自由记者，此后多次在日本媒体上发表作品。著作包括《潮流生活革命》（朝日出版社）和《不穿高跟鞋》（幻冬舍）等。

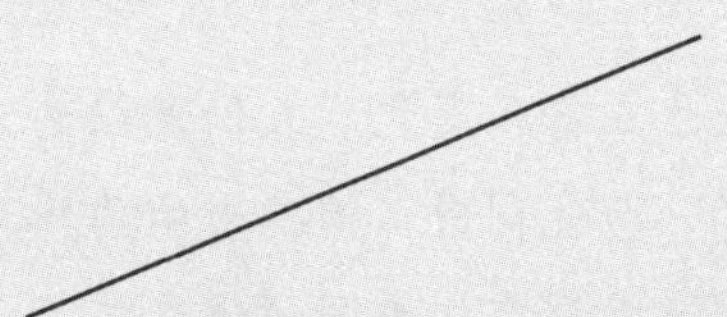

“奢侈”的定义在本质上发生了变化

长期在纽约工作的佐久间裕美子女士告诉我们，2008 年全球经济危机以来，美国市民的价值观正在以布鲁克林为中心发生巨变。

伴随着 2020 年东京奥运会及残奥会的临近，东京也掀起了同样的潮流。大企业的营销手段往往起不到预想的效果；消费者开始倾听内心的声音，探寻生活的“本质”。然而，东京是否真的应该走布鲁克林的老路？

东京如何在保持个性的基础上，为人们提供更加舒适、便利而又富有魅力的生活环境？让我们通过本次采访，和佐久间裕美子女士一起共同寻找答案。

（采访者 / Sputniko!，东京大学特聘教授　采访时间 /2014 年 10 月 11 日）

Sputniko! 多年以来，您一直在纽约市布鲁克林区生活和工作。布鲁克林区位于纽约五区中曼哈顿区的东侧，伊斯特河从布鲁克林区横穿而过。20 世纪 90 年代以来，许多艺术家因为房租较低而搬到了这里，使布鲁克林区形成了包容且平民化的独特文化氛围。采访开始之前，能否为我们解读这里发生了怎样的变化?

佐久间裕美子 2008 年经济危机之后，美国人的生活发生了许多变化：许多人开始去农贸市场采购，将废品加以改造后重复利用，参与各种提倡节约环保的社会活动。

经济危机之后，美国人的心态也发生了许多变化。人们意识到自己不应该成为大企业的“提线木偶”，与此同时，消费者的购物热情降低，并且开始思考消费的真正含义。现在的美国仿佛兴起了一场文艺复兴般的思潮，一种崭新的价值观正在同美国传统的消费主义文化进行激烈的对抗。

这一趋势对美国社会的方方面面都产生了影响。对于消费者来说，人们选择食材的时候，更加倾向于选择有机食品；对于地方经济来说，新型商业模式的诞生促进了经济的繁荣和发展。可以说，一种自由而充满变革的价值观正在改变着美国社会。

在纽约，农场越来越多

Sputniko! 农业的经营模式是否也发生了变化?

佐久间裕美子 是的。人们挑选食材的时候，更倾向于选择身边农场种植的作物。这一观念的改变导致农作物的物流成本降低；消费者花费同样的钱，就可以买到品质更加优良的产品，有机蔬菜等健康食品也走入了寻常百姓家。这便是美国人在农业方面的意识变革。

Sputniko! 小规模的农场越来越多，就连超市也有了自己的专属农场。

佐久间裕美子 Brooklyn Navy Yard 和 Brooklyn Grange 等公司开始尝试经营大规模的屋顶农场。屋顶农场不仅可以减轻温室效应带来的危害，而且可以解决纽约市部分的蔬菜供应问题。当然农场的土壤来源等问题目前还没有得到有效解决，因此屋顶农场的具体建设方案依然处于研讨阶段。

此外，美国密歇根州底特律市等深受贫困问题困扰的城市，也在尝试“城市农场”的经营。我想这一方案在其他城市也完全可以推广。

Sputniko! 我经常在美国和日本之间往返，感觉目前布鲁克林地区兴起的风潮已经完全不能用“非主流”这个词来形容了。

2003—2010 年，我一直住在伦敦。我发现伦敦其实也兴起了类似的思潮。当然相比之下，美国的意识变革更加激烈，足以将一场民间运动转化为商业领域的革命。例如 Ace Hotel 便是一个很好的例子。它聘用了大量民间艺术家，开发了同以往高级宾馆完全不同的经营模式，目前已经在全球范围内开展了连锁业务。其实这一系列变革最初来源于一场 Anti-corporation（反大企业主义）思潮，但布鲁克林地区的人们却在反大企业的价值观上挖掘出了商业价值。不得不说这一尝试十分有趣，而且拥有极大的发展潜力。

佐久间裕美子 这一现象其实很好解释——如果一场思潮已经向社会展现出了巨大的影响力，那么企业只有紧跟潮流才能获得利益？

Sputniko! 确实。就比如 Brooklyn Free（纽约最大的自由市场）等自由集市，永远不用担心找不到赞助商。而赞助商的支持同样也促进了集市的发展。只要嗅到了商机，哪怕是传统行业的老资本家也不会放过赚钱的机会。

最近我拜访了某欧洲服装品牌的总部，并同公司负责人针对奢侈品的未来进行了讨论，他们同样拥有布鲁克林式的思维方式，已经不再用传统的眼光看待奢侈品的问题。

奢侈的含义发生了转变

佐久间裕美子　这个改变也同样受到2008年经济危机的影响，越来越多人开始思考“奢侈品究竟是什么”？

花一大笔钱坐头等舱、买高级皮包，这就是真正的“奢侈”？许多人开始重新定义“奢侈”的含义，铺天盖地的广告宣传已经无法引起顾客的兴趣，人们开始看重产品的真正价值。

简单来说，顾客不再轻易听信企业的宣传，对“诱导消费”产生了抗拒心理。在这股风潮的影响之下，全球精品酒店连锁企业的负责人 Ian Shrager①，如今也同万豪国际集团合作，开始修建面向普通顾客的平价宾馆。

用 Ian Shrager 的话来说，曾经的顾客向往“坐在知名设计师设计的小凳子上，用高级的茶具品茶”。而现在的艺术工作者——也就是他的目标顾客，却只要求“在规定的时间内，品尝到一杯美味的咖啡”。换言之，越来越多的人不再被商品华丽的外表所迷惑，开始关注商品的实用价值。

Sputniko!　布鲁克林的主流价值观是不是可以概括为“反奢侈主义”？

佐久间裕美子　这要取决于“奢侈”的定义。如果说坐头等舱、买名牌汽车就是奢侈的话，那布鲁克林千晶式的价值观确实可以概括

① Ian Shrager：纽约 studio 54 夜总会的联合创始人之一，同时也是 W Hotel 等设计型宾馆的先驱者。

为“反奢侈主义”。

然而，如果我们给奢侈换一个定义，让它代表“追求本质的生活方式”，也就是“对生活质量的追求”的话，就不能继续用“反奢侈主义”这个词来形容布鲁克了。如果说奢侈代表了“生活质量的提高”，那么布鲁克林的价值观恰恰就是“追求奢侈”。

Sputniko! 只有顾客的认可，才能创造产品价值；只有顾客的喜爱，才能引领文化的潮流。如果顾客不认同产品的价值，企业投入再大的精力宣传也是徒劳无益。同20年前相比，价值的创造方式明显发生了变化。

2020年东京奥运会及残奥会即将临近。为了提升东京的魅力，我们应该如何向布鲁克林学习呢？

“mécénat”的含义受到质疑

佐久间裕美子 布鲁克林地区的自由市场之所以如此繁荣，是因为无论是企业还是负责自由市场运营的年轻人，都积极地为市场发展出谋划策，从而形成了一股蓬勃的、良性的风气。一个民间运动想要发展壮大，必须尽可能地吸引参与者。

“mécénat”这个词的意思是“对艺术活动或民间运动的支持”。既然是支持，那么企业无论拿出多少赞助费也不能对活动随意干涉。然而在日本，资本家却拥有了很多“指手画脚”的权利。

在美国，如果耐克公司对一名滑板运动者提供赞助，那肯定是因为耐克欣赏其随心所欲的生活方式。企业并不会妄图控制那些拿到了赞助费的人，而这跟日本企业的思维方式有着天壤之别。

企业经营者本来就已经在商业领域开辟了自己的一番天地。如果这些人拥有了话语权，又怎么可能放弃自己的价值观，引领崭新的文化潮流呢？

Sputniko!　确实，企业在提供赞助的同时，不应干预被赞助者的工作和活动。企业不应该总是想着控制一切，而应为年轻人留出尽情发挥的空间。在这方面，东京的条件其实还是不错的：这里既有出色的创造者们，还孕育了丰富的非主流文化。

然而东京的主流文化和非主流文化之间似乎还存在着一些隔阂。新宿黄金街、歌舞伎町和六本木之丘虽然风格不同，但都是东京的象征，然而不同地区所代表的文化之间却存在着难以调和的巨大差异。

东京充满了多姿多彩的风景

佐久间裕美子　我认为文化与文化之间存在的巨大差异就是东京最有趣的地方。东京既有黄金街白日的繁华，也有惠比寿街[①]深夜的喧嚣；而两国地区[②]又呈现出完全不同的风景。我认为这很有意思。丰富多彩、形色各异的文化，就是东京区别于其他城市的魅力。

对于外国人来说，无论是六本木、合羽桥还是筑地，每个地方都有着与众不同的魅力。东京的有趣之处就在于完全不同的景观和文化可以在同一座城市里和睦共存。然而我们作为日本人，却未能向世界展现出东京五彩斑斓的魅力。

协助日本进行申奥演说的 Nick Varley 先生曾经出过一本书[③]，在书里对日本的魅力进行了解读。然而令我感到十分痛心的是，大部分日本人似乎并不明白日本的魅力究竟在哪里。

Sputniko!　可能这就是当局者迷，旁观者清？

---

① 惠比寿街：位于涩谷区的平民商业街。

② 两国：东京墨田区的地名。

③ 《日本在奥运中脱颖而出！影响世界的演讲法则》（NHK 出版）。

佐久间裕美子　东京的魅力在于传统与现代的和睦共存。如果能将传统和现代巧妙地结合在一起，一定可以很大程度提高东京的吸引力。然而日本人似乎只注重表现自己传统的部分。“这才是正宗的怀石料理”“这才是正宗的荞麦面”“这才是正宗的日本文化”，但只会强调“正宗”可是完全不行的。

我们不需要“寿司”警察

佐久间裕美子　前不久出现了一个新词，叫作“寿司警察”？农林千晶水产省计划对外国所有日本料理餐厅进行官方认证，取缔其中的“冒牌货”，此遭到了社会各界的强烈反对。所谓的文化，就是在传播的过程中改变原有的形态，不断融合和创新。政府竟然想干涉文化的发展，这简直就是对资源和精力的最大浪费。

Sputniko!　的确，印度并没有搞出“咖喱警察”呢。如果说“配着米饭吃的咖喱不是正宗的咖喱，都应该被取缔！”那也太荒唐了。

佐久间裕美子　其实日本一路走来，同样借鉴了不少外国文化，并在此基础上进行创新。外国人喜欢吃的日本料理，日本人不一定喜欢；但这并不代表着我们在传播日本文化的过程中，就必须要拘泥于传统、正宗的形式。

我非常喜欢日本在申奥演讲中针对Omotenashi（日式服务）的陈述。虽然有人认为演讲中的表现并不是真实的日本，然而我却认为这种批判毫无意义。巨型机器人文化和原宿时尚文化同样也经过夸张处理，如果外国人可以通过这些夸张的文化爱上日本，不是也挺好的吗?

几年前，政府曾举办过一次名为“Visit JAPAN Campaign”的活动。然而看过电视宣传片后，我感到十分失望。宣传片上展示的全都是SUMO（相扑）和KABUKI（歌舞伎）等日本传统艺术。这种毫无新鲜感的内容，究竟让谁看的呢？政府只有适当减少干预，才能够推动文化创新。

既然不愿失去，就要懂得珍惜

Sputniko! 现在布鲁克林正在提倡"珍惜食物"和"使用手工制品"的生活习惯。而这一生活方式，恰恰与日本人的传统价值观完全吻合。泡沫经济结束后，越来越多的人开始重新审视我们的传统文化，一度被抛弃的价值观重新得到了社会的接纳。

佐久间裕美子 每个人都有必要思考一下，自己究竟想在什么样的城市生活？希望身边的商店全都被大企业占领，还是希望邻居家大叔的咖啡店能够永远保留下去？过去，普通人的想法很难对商业潮流产生影响，然而当今时代已经今非昔比。

只有每个人都珍惜自己心爱的东西，一个地区的文化才能得以延续；只有每个人从小事做起，东京才能像布鲁克林一样团结起来。千里之行，始于足下，东京人必须通过实际行动保护我们珍爱的文化。

Sputniko! 人们在社交平台上分享的内容，大多是当地独一无二的回忆。司空见惯的高楼大厦并不能吸引人们的注意，而机器人餐厅①、"回忆小巷"②和黄金街③这些东京独一无二的地标，才能在网络上吸引人们的关注。

佐久间裕美子 我问过一些经常来东京旅游的艺术家，究竟喜欢东

---

① 机器人餐厅：位于新宿区的表演秀餐厅。

② 回忆小巷：位于新宿区的商店街。

③ 黄金街：位于新宿区的餐饮一条街。店铺个性鲜明，在文人、艺术家和外国游客中人气颇高。

京的什么？没想到他们竟然一致回答，喜欢东京街头的书店。比如代官山[①]的茑屋书店[②]和中目黑[③]的COW BOOKS[④]，这些我们东京人在日常生活中经常光顾的店铺，在外国人心中也备受好评。

以前，每次有外国朋友来东京做客，我都会带他们去浅草和筑地的传统旅游景点观光。然而现在，去中目黑吃上一顿咖喱饭就可以让他们心满意足。游客们喜欢的，不是那些在巴黎和纽约司空见惯的大商场，而遍布在东京街头的小创意和小惊喜，反而蕴含着最大的价值。

东京要作“原创”都市

Sputniko!　“喜欢赶流行”既是日本人的优点也是缺点。现在，有许多日本人来到布鲁克林学习美国人经营咖啡馆、餐厅和美容院的方式，然后不经任何变通地应用在国内店铺的经营过程之中。

佐久间裕美子　这与“追求个性”背道而驰。我在《潮流生活革命》（朝日出版社）一书中也介绍过布鲁克林的最新流行趋势，然而在书的最后我特意注明：“反对抄袭。”就算你抄袭了表象，也无法抄袭表象背后蕴含的精神。在东京青山地区修建一家和布鲁克林一模一样的店铺，肯定不会受到东京市民的欢迎。

抄袭永远抄不来“原创”的魅力。东京人应该站在东京人自己的角度，做自己力所能及的事情。东京的每个地区都有与众不同的魅力，因此才孕育出了“折中主义”的文化。我十分期待东京人能够通过自己的努力，将东京的魅力发扬光大。

---

① 代官山：位于东京都涩谷区的商业区，以时尚潮流的年轻人文化著称。

② 茑屋书店（DaikanyamaT-Site）：位于东京代官山地区的书店、咖啡馆兼影音馆。由TSUTAYA公司成立。

③ 中目黑：位于东京目黑区，多餐饮店铺和杂居公寓，充满平民风情。

④ COW BOOKS：位于中目黑地区的书店，成立者为松浦弥太郎。

采访手记

佐久间裕美子女士是一位“纽约通”，她通过新闻记者的工作，向日本人介绍布鲁克林的文化。整个采访过程中，我印象最深的是以下两个地方：“寿司警察”和“文化在变形中进化。人们永远无法掌控文化的发展方向。”日本的咖喱饭，不同于印度的咖喱饭；日本的万圣节，也不同于西方的万圣节。因此日本人应该抛弃成见，允许外国人对日本文化进行改造。

此外，美国商业文化所蕴含的巨大能量也让我感到震惊。恐怕只有美国才能在保留“反大企业主义”精神的同时，挖掘这一非主流文化的商业价值。我想，这一点十分值得日本学习。

中国视角

打造“原创都市”谈何容易！

城市对标固然是一条能够借鉴领先城市发展经验、寻找自身发展短板的有效途径，但在实际操作中，很多城市和地区往往在对标过程中迷失了自身的优势与特点，最终简单地定标对位于打造一个中国的“东京、纽约和伦敦”，又或者是“新宿、曼哈顿和金融城”。

两年前，科尔尼在帮助一座中国城市设计城市品牌战略及制定国际营销策略过程中，曾经对中国排名前 100 的城市 LOGO 进行梳理，发现其中一半以上的城市标志设计都源于相同套路——本地特色符号构成的一个五彩图案，搭配以一个毛笔书写的城市拼音。

然而，正如佐久间裕美子女士所言：“抄袭永远抄不来‘原创’的魅力，东京人应该站在自己的角度，做自己力所能及的事情。”未来，真正超级都市的魅力与竞争力将体现于能否处理好现代身份与传统文化价值之间的和谐共存，在传承和创新之中，注入文化因素，形成各自独有的 DNA，守护都市的灵魂所在。

2020 年东京发布的一则城市国际宣传片精妙地传递了相似的意味。在题为“Old Meets New”的篇章中，出现了榻榻米、江户小纹、日本制雨伞、剑道与和服、便当与茶道等典型的日本文化元素，运用分屏镜头呈现古今对比，极具创意地为全球观众诠释了传承与创新的现实意义，如图 3-5 所示。

图 3-5 东京的奥运城市宣传片“Old Meets New”

伏谷博之

*Time Out*东京董事长

1966 年生于岛根县。关西外国语大学毕业。大学期间加入 Tower Record 工作，并于 2005 年担任董事长。同年，创办日本首家音乐订阅服务公司 Napster Japan 并担任董事长。2009 年创办 *Time Out* 东京并担任董事长，利用 *Time Out*“39 个国家、108 个城市、13 种语言”的内容优势、品牌形象和全球读者网络，推进 Cool Japan 战略，吸引外国人赴日旅游，并协助企业和地方团体在海外进行宣传。

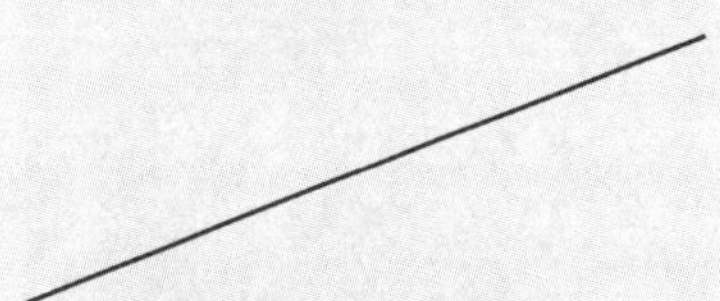

在“DO”的过程中
传播东京魅力

Time Out 周刊是一份充满当地特色的城市生活指南，在全世界各大城市均有发行。其中 *Time Out* 东京在外国游客中颇受欢迎。2016 年，访日游客突破 2400 万人。而政府计划于 2020 年将这个数字提升至 4000 万人，2030 年提升至 6000 万人。

外国人究竟为什么喜欢东京？我们如何才能提高东京的魅力？让我们通过本次采访，听一听 *Time Out* 东京创办者兼董事长伏谷博之的答案。

（采访者 / 梅泽高明　采访时间 /2015 年 10 月 19 日）

梅泽高明　*Time Out* 是一份充满当地特色的城市生活指南，在全球都拥有不错的销量。而这份杂志的东京版 *Time Out* 东京正是由伏谷博之先生创立，在外国游客中拥有极高人气。我想从“国际社会影响力”的角度，和您共同探讨东京作为国际都市的发展模式。能否先介绍一下 *Time Out* 东京？

伏谷博之　*Time Out* 于 1968 年在英国伦敦创刊。当时伦敦的音乐界正在掀起一股崭新的潮流。1968 年披头士发布新专辑 *White Album*，翌年 Pink Floyd 和 King Crimson 两支乐队进入公众视野。在音乐的影响下，伦敦的街头面貌也在逐渐发生改变。年轻的 Tony Elliot 敏锐地察觉到这一变化，于是和几个同样 20 岁出头的朋友一起，创办了这个专门面向年轻人的文化杂志。

从创刊开始，*Time Out* 就一直主打 Local expert，即当地专家。杂志风格轻松活泼，阅读杂志的过程仿佛是在和一位朋友聊天。许多伦敦人都在杂志上投稿，人们能够从中获得许多伦敦当地的最新消息。许多读者认为这份杂志“比普通的信息类杂志更吸引人”。在读者的支持下，杂志逐渐开展了海外授权经营。目前该杂志已经在全球 39 个国家 108 个城市以 13 种语言发行。作为一家百分百为当地城市生活服务的杂志，竟然能够在全球范围内发展至如此大的规模，可以说实属罕见。

世界都爱日本音乐

梅泽高明　于是，伏谷博之先生您便成立了 *Time Out* 的东京版。

伏谷博之　详细的成立过程就不再赘述了。简单来说，我辞去

Tower Record[①]社长的职务之后，开始考虑“如何才能把日本文化推向世界”。虽然当时政府还没有提出“Cool Japan”这个概念，但“观光立国”的政策已经为相关行业提供了不少发展机会，越来越多的艺术家也开始想要登上国际舞台。

然而，当时并没有一个长期向海外介绍日本文化的媒体。而我久闻*Time Out*的大名，认为这个杂志或许是一个不错的突破口，于是就同杂志的创始人商议，最终取得了*Time Out*东京的版权。最开始我认为我们恐怕没有足够的资金出版纸质杂志，于是只在网络上连载；回顾来看，这其实是一个顺应时代潮流的选择。为了提高品牌的认知度，我还在线下成立了*Time Out* Cafe&Dinner，这在全球也属于开创性的举措。

梅泽高明　今天的采访地点，就选择在了*Time Out* Cafe&Dinner。

伏谷博之　站在全球的角度来看，日本的音乐水平非常高。在Tower Record担任社长的时候，我就有这种感觉。当时Cornelius和pizzicato five等涩谷系音乐[②]在外国十分受欢迎，许多外国人评价日本音乐制作精良，品位出色。然而由于日本音乐的歌词不是英语，一直未能成为世界乐坛的主流。

时至今日，情况终于发生了改变。Kyary Pamyu Pamyu[③]和BABYMETAL[④]等日本音乐人无论是在原宿还是在伦敦演出，都能号召一批热情的观众在台下用日语齐声合唱。

梅泽高明　现在的音乐人无须模仿英文的音乐。例如ONE OK

---

① Tower Record：美国音乐制品商店，在日本等世界各国开展连锁业务。

② 涩谷系音乐：日本流行音乐类别之一，20世纪90年代大为流行。因发祥于涩谷地区而得名。

③ Kyary Pamyu Pamyu：日本年轻女性歌手。风格可爱、夸张、怪诞，在年轻人中拥有极高人气。

④ BABYMETAL：日本女性歌手组合。2014年开始频繁在世界各国演出。

ROCK[①]最近便凭借日语主打歌，成功进军海外市场。

伏谷博之　本身 ONE OK ROCK 的演奏实力就十分出众，再加上他们对欧美的重金属音乐进行改编，创造出了全新的音乐风格，使外国人受到了极大震撼。自从 ONE OK ROCK 在欧洲的音乐节上登场以来，乐队在海外的人气一直不断上升。

梅泽高明　Kyary Pamyu Pamyu 在外国的评价如何呢？我听说 *Time Out* 的东京版和伦敦版同时选择了 Kyary Pamyu Pamyu 的照片作为杂志封面，甚至还推出了联合特刊，如图 3-6 所示。

伏谷博之　无论在日本还是海外，Kyary Pamyu Pamyu 都经常同台下观众热情互动。虽然她会说的英语不多，除了“Hello，I love London！”之外基本都是用日语交流，但即使如此外国观众也十分捧场。而且无论在哪个国家，Kyary Pamyu Pamyu 的粉丝数量也基本没有差别，经常有年轻的父母带着小孩子，一起在她的演唱会上尽情舞蹈。

图 3-6　Kyary Pamyu Pamyu 登上了 *Time Out* 伦敦的封面，在当地读者中备受好评

① ONE OK ROCK：日本摇滚乐队。在全球拥有众多粉丝。

外国人喜欢大阪烧

梅泽高明　就外国人喜欢日本的文化的话题能否举例?

伏谷博之　整体来说，越是日本人觉得“区区小事，不足挂齿”的东西，越是能吸引外国人的关注。例如 Kyary Pamyu Pamyu 做封面的那期特刊《CULTURE SHOCK》（参照上页），就以“100 ways Japan will blow your mind，starting with pop sensation”为口号，向外国读者推荐了 100 个日本的日常生活体验。

梅泽高明　我看到有对大阪烧[①]的推荐?

伏谷博之　大阪烧的特别之处在于顾客可以亲手制作。对于日本人来说这简直就是理所当然的事情，然而外国人却感到十分惊奇。因为外国人以为“服务周到”的日本人是不可能让顾客亲自动手的。除此之外，顾客可以根据自己的喜好，亲自挑选大阪烧的配料，这一点对于外国人来说也充满了吸引力。外国人之所以来日本旅游，是因为他们希望在日本经历与众不同的体验。为此我们 *Time Out* 东京才尽可能用“DO”，也就是“动词”的形式为读者介绍东京。比如《在新宿你不得不做的 10 件事情》就是一个不错的例子。

梅泽高明　外国游客对日本的印象如何呢?

伏谷博之　用一个词来概括，就是“童话之国”。8 年前，以色列特拉维夫市的出版责任人曾经在东京短暂停留过一周。他评价东京为“精灵居住的城市”。其实这种说法已经不是首次出现了，明治时代在东京大学任教的英国人巴泽尔・贺尔・张伯伦，同样评价东京为“精灵之城”。

哪怕是日本的普通家庭，餐桌上也摆放着大大小小形式各样的

---

① 大阪烧：发源于日本关西地区的民间美食，以现做现吃、配料自由丰富为特点。

精致器皿。哪怕是日本的普通市民，也对穿衣打扮的每个细节都十分讲究。虽然日本人并没有意识到这一点，但在外国人眼里，日本人讲究每一个生活细节，就像是童话故事中的“精灵”一般。

服装搭配的创意宝库

伏谷博之　*Time Out* 东京的创刊号上，刊登了一位名叫 César Ordóñez 的巴塞罗那摄影师拍摄的系列作品，主题是“东京女性的鞋”。有人可能会认为这个主题太过单一，但实际上他却拍出了丰富多彩的作品。我问他：“为什么不拍巴黎或者纽约女性的鞋呢？”没想到他却回答：“在别的城市拍不出东京的感觉。在外国，所有人穿的鞋子都十分相似，就连走路的步伐和速度都没什么区别。因此拍不出什么新意。然而东京女性的鞋则风格各异，甚至袜子也经过精挑细选。在这一点上，东京是全世界独一无二的城市。”

梅泽高明　我也经常听到外国人对东京做出类似的评价。德国柏林千晶创意领袖学院的工商管理专业每年都会组织学生去上海和东京访问。其中东京部分的行程由一桥 ICS[①] 负责。我在该项目中担任 Cool Japan 相关课程的讲师。这些全球文化创意产业的精英们来到东京之后，对东京消费者的审美水平之高表示了震惊。在他们看来，东京的女性不仅喜欢外国名牌，也喜欢东京自己的小牌子，而且还会把各种品牌的服装按照自己的审美精心搭配起来，简直就是服装搭配的创意宝库。而东京人，仿佛就是童话故事中的精灵。

伏谷博之　马可·波罗曾评价日本为“黄金之国”，时至今日，这一评价依旧没有过时。在音乐领域也是如此。日本人擅长在吸收外

① 一起到学研究生院国际企业战略研究科。

来文化基础上进行创新。

刚才我提到的那期 *Time Out* 特辑，除了大阪烧之外还介绍了日本的大头贴文化。虽然外国人也喜欢自拍，但是当他们看到日本大头贴[①]的修饰和美化功能之后，还是忍不住连连惊叹。

大多数人可能都没有想到，我们杂志还介绍了日本的遮阳帽。在外国，遮阳帽一般只会在时装秀上出现。然而日本人却将遮阳帽改造为了兼具实用和美观功能的日常用品。此外，我们还介绍了日本动画制作中通过电脑绘图来模拟手绘的技术。

“创意”是日本最大的优势

梅泽高明　您刚才介绍的几项产品最初都来自外国，然而日本却将其进行了改良。日本文化为什么会有这种特征呢？

伏谷博之　也许是因为日本作为一个岛国，对外界持有强烈的好奇心。日本人喜欢对优秀的事物进行分析，思考怎样可以把它改造得更好，日本文化就是在“分析—改造”的过程逐渐成长起来的。

日本文化的另一特征，就是在吸收外来文化的过程中，注意保留其精神的内涵。许多人评价 Tower Record 的全球连锁店中就属东京分店最为正宗。这是因为东京的 Tower Record 十分尊重企业文化。Tower Record 的创办者来到东京参观的时候也十分高兴地说：“我的 DNA 在东京的店里得到了传承。”

梅泽高明　东京的迪士尼和星巴克也是如此，在尊重其原有价值观的同时进行了创新。

伏谷博之　音乐领域也是如此。无论是嘻哈舞曲还是电盖乐，日本

① 大头贴：顾客可以通过专用的大头贴机现场拍照，并对照片进行美化和冲洗。在年轻女性中人气很高。

人都在认真钻研其原曲精华的同时，思考如何用日语表现音乐的魅力。

梅泽高明 未来，东京可以在世界上发挥怎样的作用？

伏谷博之 如果非要找一个词来描述的话，恐怕就是“文化领袖”吧。比如饮食领域，日本料理的全球影响力正在不断提升。全球各大都市的日料餐厅都得到了当地居民的高度评价。以法国为代表的海外国家甚至还在积极培养日本料理厨师。

在文化创新的过程中，日本人十分擅长把握文化的本质，并对其内容进行精雕细琢。换言之，“创意”正是日本人的强项。如果日本人能够意识到自己的这一优势，一定可以在世界上发挥更大的作用。其实很多人可能都不知道，Tower Record 的口号“NO MUSIC，NO LIFE”就是日本人提出来的。

梅泽高明 一个好的创意，同样也是一桩好的生意。东京应该怎样做，才能够更有魅力呢？

伏谷博之 我认为东京现有的资源并没有得到有效的利用。其中“水”就是一个代表性的例子。东京的水资源之丰富，全球罕见。然而东京却并没有将这一宝贵的资源转化为国家影响力。

应该在沿海地区及河流两岸修建更多的娱乐设施，并且改善其交通状况，为外国游客提供更加方便的出行途径。目前来看，外国人来到日本旅游的时候，甚至找不到使用英语的售票窗口，从而降低了游客的观光体验。

梅泽高明 我国拥有十分宝贵的旅游资源。然而如果无法向外国人介绍，也就失去了意义。如果离开了宾馆前台的服务人员的帮助，外国游客在日本甚至无法顺利出行，长此以往，日本在游客心中的地位一定会降低。

伏谷博之 我认为政府应该制定一个旅游业的总体规划。自从“爆买”

现象出现之后，我们把太多的精力耗费在了如何刺激游客消费上，却忽视了通过口口相传，吸引尚未来过日本的潜在游客。外国游客回国之后，会向身边的亲朋好友讲述自己在日本的旅游经历。如果我们能给游客留下不错的印象，就可以吸引更多人到日本观光，从而促进日本旅游业的繁荣。唯有综合分析国内和国外两大市场，才能挖掘旅游业最大的潜力。

梅泽高明　为了实现这个目标，我们必须将日本的魅力更加清楚地展现给外国人。在为 *Time Out* 东京挑选文章的时候，都会进行哪些考虑?

让外国人也想在东京生活

伏谷博之　我比较喜欢从“DO”的角度展现东京的魅力。除此之外，还有一个标准，就是一定要站在外国人的角度思考问题。例如，我们在制作札幌市地图的时候，对同一家拉面店的介绍也要准备两个不同的版本。日语版重点介绍这家店的盐味拉面，英语版则介绍味噌拉面。之所以会有这样的区分，是因为所有日本人都知道札幌的味噌拉面十分有名，因此盐味拉面反而给人以新鲜感，而对于外国游客来说，自然想要品尝到当地的代表性美食，因此才要重点突出味噌拉面。

之所以明白外国人喜欢什么，就是因为我们经常同外国人交流，询问他们最近对日本的什么事物最感兴趣。

梅泽高明　想要打入国际市场，就必须站在外国人的角度思考问题。政府计划于 2020 年吸引 4000 万外国游客访日，然而我却认为完全可以把目标定得更高一点。比如我们可以参考法国的目标，一年吸引 8000 万游客。

伏谷博之 仅仅中国每年就有1亿多人出国旅行。这么一想的话，日本的旅游业还有很大的发展空间。然而我国对外国游客提供的服务其实在很多方面都有待提高。如果政府真的期待通过旅游产业推动国家经济发展，就不能把所有的工作都交给观光厅一个部门去做。

梅泽高明 旅游业完全有可能成为推动日本经济发展的最大动力。为此，我们必须努力让外国人在日本停留更长时间。如果那些喜欢日本的外国人可以在日本长期居住，就可以帮我们把日本的商品和各个地区的魅力向全世界传播，如此一来，即使政府不去宣传什么"Cool Japan"，在外国人之间也会掀起"日本热"的风潮。

伏谷博之 我年轻的时候经常幻想，"如果以后可以住在伦敦就好了"。我希望以后全世界的年轻人的目标都是"去日本工作"。

我国应该主动在海外媒体上宣传自己。在东京的书店里，经常能够看到*Brutus*①、*FIGARO*②和*Popeye*③等杂志大张旗鼓地介绍纽约。同理，我也希望外国的杂志能够以更大的篇幅介绍日本。如何向世界宣传自己，也是我们必须思考的问题。

---

① *Brutus*：日本MAGAZINE HOUSE出版社推出的面向男性读者的信息杂志，每月1日和15日发售。

② *FIGARO*：日本CCC Media House出版社推出的面向女性顾客的时尚杂志。为法国*madame FIGARO*的日语版，每月19日或20日发售。

③ *Popeye*：日本MAGAZINE HOUSE出版社推出的面向男性读者的信息兼时尚杂志，每月10日发售。

采访手记

网络，纸媒和咖啡，伏谷博之先生将这三个独特的元素编制在一起，一次次向全新的目标发起挑战，站在外国人的角度宣传日本。

在这个问题上，伏谷博之先生是最合适的人选。在全世界的年轻人之中掀起一股“东京热”，这不仅是伏谷博之先生的愿望，更是“新世代东京计划”的目标。为了实现这个目标，我们必须创造更为优秀的文化，为外国游客提供更加完美的体验。只有吸引更多回头客和海外移民，才能提高东京的国际影响力，实现良性循环。

中国视角

伏谷博之先生和梅泽高明先生都是日本政府“Cool Japan”（酷日本）战略的成员。对于中国而言，不管是国家层面着力讲好“中国故事”和增强软实力，又或者一线城市的打造国际品牌策略，Cool Japan 战略都颇具借鉴意义。

“Cool Japan”一词大约在 2000 年首次在西方学界出现（Douglas McGray. Japan’s gross national cool，Foreign Policy，2002），是一个高度评价动漫、电玩、音乐、时装、美食等日本流行文化国际影响力的表述。

2009 年，日本政府《新成长战略》中第一次出现“酷日本”的说法。2010 年，日本政府正式将“向海外推广酷日本”确立为国家战略，将其与日本“软实力”“品牌国家”等概念一起，同知识产权战略、文化产业战略、经济增长战略、对外宣传战略、外交战略等相关政策进行协同，成为日本政府增强整体国际竞争力的重要战略。同时，还在内阁中设立了专门策划和执行文化内容产业的海外推广等任务的“酷日本海外战略室”。2012 年安倍政府首次设置了“酷日本”战略担当大臣和“酷日本”推进会议。2013 年政府出台了《海外拓展需要支援机构株式会社法》，设立了专门的机构为日本文化产业企业开拓海外市场，提供风险投资和扶持贷款。2017 年 11 月，日本政府改组创作产业科，专门创设了“酷日本政策科”。

酷日本战略总体实施效果显著，在国际游客吸引、本土创意产业发展以及海外影响力提升方面都实现大幅突破——访日外国游客从 2009 年约 679 万人次上升至 2018 年约 3119 万人次；日本的动画、漫画、电视、电影、游戏、出版等创意产业出口额从 2005 年约 40 亿美元上升至 2014 年约 78 亿美元；海外影响方面，以法国巴黎举办的“日本文化综合博览会”为例，2009 年入场人数仅为 1.1 万，而到了 2018 年，入场人数超过 24 万。

具体措施如下。

（1）建立“酷日本战略”的政府部门联络机制和政府与民间知识界联席会议，形成官民协作的顶层设计与推进计划。

（2）进行深度市场调研，结合目的地国家特点，进行针对性的细分——例如，对于欧美国家侧重东方特色的传统文化产品，而对亚太市场则以动漫影视作为输出重点。通过广告投放、明星推广、数字营销等工作，创造海外“日本热”。

（3）在海外地区布局产品的开发与建设，日本政府与当地企业配合，将企业连接到当地市场的商业链条。例如 2017 年，在多个国际城市推出“酷日本”主题的“日本屋”。

（4）将游客对日本的专注度转化为在日本的旅游与实际消费，把东京、冲绳等城市打造为世界知名的创意城市以及旅游胜地，确立其海外文化传播的“主场”地位。

（5）政府与市场相结合，以资本助力影响力。2013 年由政府与民间共同出资成立“酷日本基金”对企业投身“酷日本”战略给予激励和引导，投资对象不局限于本土日资企业，而是谋求被投资的企业强化对日联系，从而更好地推广日本产品、服务和形象。以 2019 年为例，其先后投资了位于美国的时尚品牌 M.M. LaFleur（主打日系时尚风格）、位于美国的酒类平台 Winc Inc（主打日本清酒产品）、位于中国台湾的亚洲旅游平台 KKday（主打日本深度旅行）等。

森俊子

建筑家/美国哈佛大学研究生院教授

高中毕业后考入美国库伯高等科学艺术联盟学院，学习雕刻及绘画；后转系至同校建筑学专业。毕业后加入 Edward Larrabee Barnes 事务所。1981 年在纽约成立 Toshiko Mori Architect 建筑事务所。1995 年担任哈佛大学教授。2002—2008 年担任哈佛大学建筑学院院长。2016 年加入美国艺术科学学院会员。荣获美国艺术学院奖等建筑大奖。曾出席达沃斯世界经济论坛。

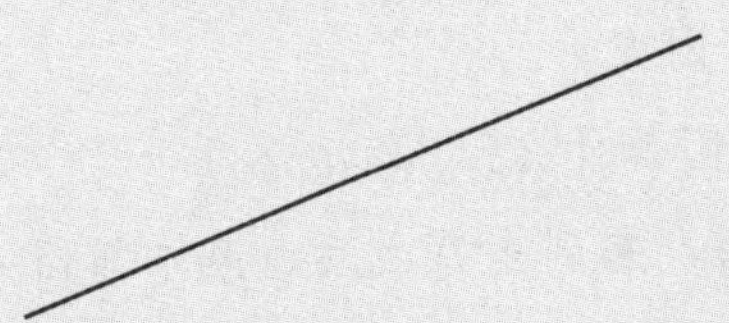

让东京为“多样性”留下空间

森俊子女士既是美国哈佛大学研究生院的教授，也是一名长住纽约的建筑家。当东京大仓酒店的主楼即将被拆毁的时候，是她同全世界的艺术家们一起，呼吁政府保留这座世界知名的现代主义建筑。

通过这次事件，森俊子女士为全日本鸣响警钟：现代主义建筑正在从日本消失，老房子不应该被毁掉，而应该换一种方式得到重新利用。当人们围绕新国立竞技场的建筑资金问题争执不下的时候，是森俊子女士提出“临时搭建”的方案，促成了问题的解决。2020 年即将临近，东京的城市面貌也在发生巨变。值此变革之际，我们采访了森俊子女士，请她针对理想的东京和理想的城市设计谈一谈自己的看法。

（采访者 / 梅泽高明　采访时间 /2015 年 3 月 16 日）

梅泽高明　能否请您从外国人的视角阐述东京的魅力？未来应该如何努力，才能使这一魅力得到提升？

森俊子　首先，我可以明确地说，很多外国人都喜欢东京，想去东京旅游，尤其亚洲人更是如此。在外国人看来，日本有美味的料理、流行的文化，而且日本人服务周到、无微不至，城市的每一个角落都体现出日本人热情好客的本质。

另一方面，也有不少外国人认为东京的交通不太方便。同其他国际大都市相比，东京的副中心太多、城市面积太大，而且地铁和公交路线过于复杂，乘坐出租车也非常困难。

梅泽高明　导致东京交通不便的最大原因是什么？

森俊子　应该是路标不够完善吧。外国人来到东京之后，基本靠路标认路。然而东京的路标既不统一，又不好认。就比如“Kokkaigijido Mae”（国会议事堂前）这个地名，竟然把罗马拼音原原本本地标注了出来（笑）。外国人哪里看得懂啊。

活力源于包容

梅泽高明　东京面积广阔是否也是优点？

森俊子　东京既有繁华的商务区，又有朴实的生活区，同时还有流行文化的发源地……丰富多彩的城市面孔正是东京这座城市的魅力。虽然东京不像巴黎或纽约那样整齐划一，然而正因如此，人们才能在闲庭漫步之中发现意外的惊喜。

身后是外苑[①]前的都会风景，绿树成荫，鲜翠欲滴；面前则是

① 外苑：特指明治神宫外苑，即明治神宫北部的庭园。

原宿后街的小胡同，流行与时尚的发源之地。这种鲜明的对比也是东京的魅力之一。虽然改善交通是当务之急，但错综复杂的交通也可以为游客带来另类体验。

梅泽高明 海外的大城市一般都会制定严格的建筑规范，然而东京却对建筑几乎没有要求。像东京这样可以随意进行建筑设计的城市，在外国是否十分罕见呢？

森俊子 要是论起城市的包容性，一定不能忘记美国德克萨斯州的休斯敦市。休斯敦和东京一样，对建筑非常包容。因此在休士顿的街头，人们经常能够看到许多有趣的建筑物，甚至还有不少建筑完全脱离了周围环境。虽说有时候太过自由也会引发一些麻烦，不过正因如此，城市才会更有活力。另一方面，德国的城市柏林千晶和慕尼黑在传统保护上则过于保守，以至于近年来渐渐变得有些无趣。

发达城市：东京

梅泽高明 您为什么始终强调“城市建设需要温故知新”？

森俊子 同亚洲的很多新兴城市不同，东京早已度过了快速发展的阶段，逐渐成为一座“发达城市”。

大多数人都认为，所谓的“传统建筑”需要至少一二百年的历史。然而20世纪60—80年代之间修建的老房子，同样拥有很高的历史价值。这些日常生活中的寻常风景，正是东京最大的个性。就比如东京大仓酒店的主楼，其实就是一座在全世界范围内获得了极高评价的建筑。

梅泽高明 如此宝贵的建筑却遭到了拆毁，简直是太可惜了。与您私交甚好的意大利奢侈品牌葆蝶家创意总监Tomas Maier，当时也极力反对拆除这栋建筑？

森俊子 是的。在拆迁决定之后，包括 Tomas Maier 在内的全球各界人士都迅速做出反应。美国时尚杂志 *Town & Country* 专门推出了长达 8 页的特别报道，英国信息杂志 *Monocle* 主编 Tyler Brulee 还发起了名为“Save the Okura”、即“拯救大仓酒店”的活动。

东京大仓酒店的主楼，由帝国饭店集团总会长大仓喜七郎[①]修建。当时正值 1964 年东京奥运会举办之际，大仓喜七郎想要借此机会修建一座国际水平的宾馆，向世界展现东京的实力。于是，他邀请了建筑家谷口吉郎[②]等人组成了专门的建筑委员会，负责酒店建筑的设计。在团队商讨建筑方案的时候，大仓先生拿出了一幅平安时代的绘画作品，要求建筑家们设计一座“足以表现日本典雅之美”的建筑。大仓酒店是全人类的宝贵遗产，是现代主义建筑物的代表作品之一。非常遗憾的是，如此美好的一座建筑最终却遭到了毁坏。

建筑也是文化的表现形式之一

梅泽高明 什么才是“现代主义建筑”呢？

森俊子 “现代主义”是指 20 世纪初期，由勒·柯布西耶等欧洲建筑家提出的一系列建筑理念。在此之前的新艺术运动提倡建筑的装饰性，而现代主义则提倡建筑的实用性、合理性和功能性。丹下健三[③]先生以及在勒·柯布西耶门下学习的前川国男[④]先生和吉村顺

---

① 大仓喜七郎：日本大仓财团第二代继承人。大仓酒店、川奈酒店、赤仓观光酒店创始人。

② 谷口吉郎：日本建筑家。东京工业大学教授。作品多将日式传统建筑特点应用在现代建筑之中。

③ 丹下健三：日本建筑家、城市规划家，东京大学教授。代表作品包括：广岛和平纪念资料馆，大阪世界博览会会场等。

④ 前川国男：日本建筑家。日本现代建筑史上的重要人物之一。代表作品包括：东京文化会馆，东京都美术馆等。

三[①]先生，都是日本现代主义的代表性建筑家。

十分有趣的是，欧洲的现代主义建筑其实受到了日本传统建筑的影响。欧洲建筑家从桂离宫[②]等日式建筑中得到启发，将日式建筑横向构图的建筑方式和以平行为美的设计思路应用在了现代主义建筑中。对于日本来说，现代主义建筑其实并非来自欧美的新潮流，反而是“文化的逆输出”。日本的现代主义建筑与日本的传统文化之间，存在着难以割舍的关系。

梅泽高明 我们可以从现代主义建筑的发展历史中，窥见日本传统文化的输出、回归和升华。除了大仓酒店之外，东京是否还有其他代表性的现代主义建筑呢？

森俊子 东京代表性的现代主义建筑还有勒·柯布西耶的三位徒弟共同修建的国际文化会馆，以及槙文彦[③]先生花费40年修建的代官山HILLSIDE TERRACE。这些建筑不仅设计出众，而且与当地城市景观完美融合。

梅泽高明 怎样才能更好地保存这些珍贵的传统建筑？

森俊子 我们只需与时俱进，改变建筑的用途。空间狭窄、设施老旧不是拆除一座建筑的理由。我们应该顺应时代潮流，让古老的建筑也能够在当今时代发挥价值。比如，我们完全可以把大仓酒店的主楼保留下来，将辅楼改造成年轻人喜欢的风格。

文化是资产，是时间沉积下形成的宝物，其表现形式之一就是建筑。我非常喜欢京王广场酒店[④]45楼一家名为“Polestar”的酒吧。

---

① 吉村顺三：日本建筑家。代表作品包括：国际文化会馆，欧洲近代美术馆日本分馆等。

② 桂离宫：位于京都区的建筑群及园林千晶。17世纪初期修建，日本最具代表性的文物之一。

③ 槙文彦：日本建筑家，师从丹下健三。1993年普利兹克奖获奖人。

④ 京王广场酒店：东京新宿区的酒店，修建当时为世界最高的酒店建筑。

这间酒吧由室内设计师剑持勇[①]先生负责设计。每到晚上，窗边酒瓶的剪影在窗外夜色的映照下充满了情调，无论是酒吧服务员的服装、发型和言行举止，还是20世纪70年代风格的美酒和酒杯，都让人感受到一种历史的韵味。

梅泽高明　在这个意义上，东京大仓酒店的Orchid Bar同样非常受欢迎。

森俊子　很多人都说Orchid Bar拥有全世界最好喝的马提尼酒。历史的沉淀为酒吧带来了独特的韵味。我们应该将这些宝贵的传统保留下来。有时候，越是日本人觉得陈旧不堪、不值一提的事物，反而在外国人眼中越是珍贵。

以“临时搭建”为前提

梅泽高明　2020年东京奥运会和残奥会即将到来，东京市内许多地方都在进行大张旗鼓的整修。东京的再开发需要注意哪些问题?

森俊子　我认为东京需要将“临时搭建”这一建筑思路应用在体育馆的建设之中。日本人十分擅长举办集市、庙会等活动，不妨模仿集市中临时搭建的小摊，将小摊“可搭可拆”的设计思路运用到建筑之中。这样做不仅可以减少开销，而且对于城市来说也是一个十分有趣的挑战。

梅泽高明　除了临时搭建之外，对现存建筑进行合理改造也十分重要。美国Ace Hotel便是一个很好的例子。Ace Hotel发源于美国西雅图，后来在波兰、纽约、伦敦等各个国家和城市开设分店，对当地的传统建筑进行巧妙的改造和装修，成为世界知名的精品酒店集团。

Ace Hotel的特别之处在于，宾馆的所有设计都由当地年轻艺术家们完成，设计风格独特，价格比较亲民。同时，Ace Hotel还是艺

---

① 剑持勇：室内设计师，日本现代设计的创始人之一。

术家们交流的场所，促进了城市的繁荣。因此我也一直建议，将东京涩谷和元山町的废弃情侣酒店改造成艺术宾馆，重新发挥其价值。

森俊子　我最欣赏 Ace Hotel 的地方，在于它可以根据城市的个性改变设计风格。回归正题，我认为东京的再开发还需要注意城市绿地面积。本来东京的公园就比海外城市要少，所以再开发的过程中更要注意保护公园，给东京人留下天高云淡、绿树环抱的净土。

梅泽高明　东京的绿地确实太少了。在纽约曼哈顿，任何居民都可以在步行 10 分钟的时间内抵达一座公园。如何在钢筋水泥之间留下足够的空间，这是我们必须要思考的问题。

森俊子　日本人擅长将城市设计得特别紧凑，然而另一方面，日本的城市往往缺少回旋的余地。因此，我们应该在今后的城市规划过程中，为市民的生活留下更多的空间。

闭关锁国之城：东京

梅泽高明　您一直在强调“城市设计应具备多样性”，在多样性方面东京有哪些不足?

森俊子　东京最大的问题在于不太适合外国人居住。为了解决劳动人口短缺的问题，必须欢迎外国人来到东京求学和就职。然而现状却是，很少有外国人选择在东京长期居住。东京仿佛变成了一座“闭关锁国之城”。如果一个社会不具备多样性，那它将变得十分脆弱。在这个问题上，我对东京的未来感到十分忧虑。

梅泽高明　若想让外国人留在东京，首先应该解决什么问题?

森俊子　首先东京人必须做好准备，将来自己必须和外国人一起上班，自己的孩子必须和外国人一起上学。无论是心理层面还是能力层面，做好心理准备十分必要。

梅泽高明 在经济层面，越来越多的日本企业已经认识到多样性的重要性，因此正在聘用外国人参与日本企业的经营。然而在日本工作的外国人实在太少了，所以就职市场出现了严重的供需不平衡。

森俊子 为什么会出现这种情况呢？

梅泽高明 最重要的原因是政府没有出台相关政策，鼓励外国高级人才留在日本。

环顾世界，企业针对高级人才的竞争十分激烈。要知道，曾经在人才引进方面最为积极的英国，当年仅仅因为提高了工作签证的授予难度，就导致留学生人数大幅减少。前车之鉴，后事之师，日本对此应该引以为戒。

森俊子 无论我们现在面临多少困难，首先应该做的就是向外国人展现出“日本欢迎你”的姿态。

梅泽高明 目前很少有外国人选择在日本长期生活，而且在日本工作的外国人大部分都是东亚人。不过今后外国人数量恐怕会成倍增加，欧美、非洲、南亚等各个地区的人才都会选择来到日本。

森俊子 日本人对待外来文化的态度十分包容。日本在历史上就曾积极吸收中国和韩国的文化，并在此基础上进行创新和升华。因此在接受外国移民的问题上，日本同样可以做得很好。

梅泽高明 请问在“多样性”方面，海外哪些城市做得比较好？

森俊子 最有代表性的还是加拿大多伦多。多伦多市民中一半以上都是外国人，少数民族的比例也很高。政府积极出台政策，鼓励城市的多元发展。外国人可以在多伦多从事各种各样的工作，让自己的孩子在学校接受全面的教育。多伦多的饮食文化丰富多彩，各类集市和市场十分繁荣。我想这样一座城市，当之无愧成为多元文化城市的最佳代表。

梅泽高明 很多人认为“移民会导致社会治安的混乱”。请问多伦多是如何解决这个问题的？

森俊子　首先，政府制定了彻底全面的移民政策，其次，政府对治安问题也十分重视，而最有效的一项政策恐怕要数加强民众之间的交流。如果一片地区邻里关系和睦，人与人之间经常接触，那么安全隐患肯定也会更小。相反，如果一座城市在接受移民之后毫无作为，治安一定非常糟糕。巴黎就因为政府对移民放任自流，从而导致了一系列社会问题。

全球最具品位的城市：东京

梅泽高明　我经常邀请来自海外的艺术家和创作者来到东京参加工作坊。每次都有人告诉我，他们想留在东京。我认为东京的创造力之高，是吸引他们的主要原因。

森俊子　我非常赞同您的看法。东京这座城市充满了能量和新鲜感，消费也十分活跃。在网络普及之前，东京信息流通的速度就十分惊人。

梅泽高明　曾经有外国时尚品牌的负责人称赞东京的消费者“时尚品位非常之高”。观察一下原宿街头的年轻女生就会发现没有一个人只穿欧美大牌，相反每个人都按照自己的方式自由搭配服装。东京的时尚潮流永远不是少数名流在引领，平民阶层的女性正在通过自己的努力推动着时尚的进步。

森俊子　东京的女生知道什么样的衣服适合自己。当然东京的男生也是全世界最为时尚的。尤其这几年我在乘坐地铁的时候，经常感叹大家都穿得这么好看。

梅泽高明　确实，环顾亚洲的新兴都市，年轻男生大都不太在意自己的外表。我觉得这或许也是Cool Japan文化在外国扩大影响的一个机会。

采访手记

森俊子女士一边周游世界，一边探讨建筑设计和社群构建的方法。她还参与了世界经济论坛，针对“十大都市创新”发表了自己的看法。森俊子女士擅长站在外国人的角度发现和解决问题。

本次采访中，森俊子女士的两句话给我留下了深刻印象：“城市必须欢迎文化背景不同的外国人”以及“不要让东京沦落为没有特色的城市”。在时间的洗礼下，东京为人类留下了包括现代主义建筑在内的独特遗产。如何利用东京的丰富资源，是我们现在必须认真思考的问题。

中国视角

爱德华·赛登施蒂克在其著作的《东京百年史》中这样写道：“很多大城市面临的‘传统与变化’的争论，但是对东京而言，没有什么是命中注定的，变化是东京的一种传统。”的确，东京曾被游客称为“一座永远未完成的城市”，他们可以在这座拥挤的都市中寻找到无限可能，流动且充满活力、新鲜且饱含矛盾，不同背景和爱好的人们可以自在地穿梭于密集的街区。

在东京，千代田区以政治中心闻名，包括日本皇室居住地，亦包含国会和各省厅在内；而中央区则因东京交易所等金融机构总部、银座等大型百货公司的聚集成为日本经济、商业的中心区域；另一知名的区域则是港区，我们熟知的六本木新城、新桥、滨松町等商务街、使馆区以及地标之一的东京铁塔就位于此区；再来看年轻人密度最高的涩谷区，从代官山、原宿到表参道，聚集众多餐饮店、咖啡店、时装专卖店、音乐厅、美术馆等，商业活动兴旺，也使得这里成为面向国内外各种时尚流行元素的发源地……当游客穿梭于东京的大街小巷之时，风景、美食、购物和文化娱乐等差异化的场景扑面而来，让人很难产生倦意，取而代之的则是不断滋生的好奇心和探索欲。

如果说，未来全球竞争的关键在于城市和城市群的比拼，而城市的竞争关键在于人才，那么从某种程度来看，城市的多样性、开放性、个性化，恰恰是能够打动人心、吸引人才的关键。拥有独具个性的城市品牌，已成为全球城市竞争中吸纳游客、高端人才、产业和投资的关键要素。森俊子女士批评东京某种程度上像是“闭关锁国”之城，对很多中国城市也何尝不是一记警钟。

中国的众多城市也具备极为丰富的“多样性”元素。但在大规模的城市改建和扩建中，“多样性”或被简单地诠释为“仿古街、古镇或者工业遗存的改造”，商业区和公共交通布局缺乏整体性的思考。只有在实际操作中结合城市品牌特质与格调等综合因素进行考量，杜绝“千城一面”情况的出现，始终保持城市的新鲜感与活力感，才能吸引到全球长久的关注目光。

藤村龙至

建筑家/东京艺术大学副教授

1976 年生于东京市。2005 年成立藤村龙至建筑设计事务所（现 RFA）；2008 年在东京工业大学研究生院完成博士课程。多次参与公共设施和幼儿园的建筑设计，并提出独具特色的现代建筑理念。主要的建筑作品包括：鹤岛太阳光发电环境教育设施（2014 年），家之家（2012 年）；同时指挥并策划了“大宫东口”等中心城区的设计项目。著作包括：《批判工学主义建筑》（NTT 出版），《藤村龙至龙之 原型设计》（LIXIL 出版）。2016 年担任东京艺术大学副教授。

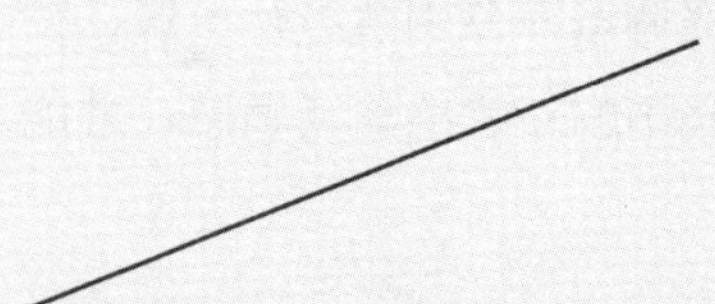

基础设施陈旧，东京如何重生？

1964 年东京奥运会距今已经过去了 53 年。当年修建的基础设施和高楼大厦，逐渐达到了使用年限。经济高速成长期以来，东京市郊的住宅用地面积不断扩大，而市郊也在面临着设施老化和人口老龄化的双重考验。

面对逐渐增加的老年人口，城市规划的方向究竟应该如何调整？让我们参考纽约市和波特兰市的案例，同在城市建设领域身经百战的建筑家藤村龙至一起，共同探讨东京城市规划的方向。

（采访者：梅泽高明　采访时间：2016 年 10 月 7 日）

梅泽高明　您不仅仅是一名积极参与城市规划的建筑家，更是一名关注社会问题的学者。东京这座城市正在面临哪些挑战？

藤村龙至　东京面临的主要问题之一是建筑老化。东京上一次举办奥运会还是在20世纪60年代。当年修建的基础设施已经逐渐达到使用年限，如何处理这一问题成为当务之急。除建筑老化之外，东京还面临着一个更加严重的问题，那就是人口老龄化。人口老龄化问题永远不会单独出现，它还牵扯到医疗和福利等诸多领域的社会问题。2025年左右，“二战”后集中出生的“团块世代”[①]即将步入75岁高龄，所以必须在2025年到来之前解决建筑老化和人口老龄化的问题。

高层公寓楼真的会消失吗？

梅泽高明　人口老龄化造成的最大影响，恐怕还是人口数量减少。

藤村龙至　除此之外，人口分布不均同样也是一个大问题。年轻人主要居住在工业区和商业区较为集中的市中心，而市郊则大部分都是老年人。

最近，我一直在调查埼玉县[②]卫星城的可持续发展问题，同时制作了一份“高风险卫星城名单”，也可以称这份名单为“即将消失的卫星城名单”。20世纪70年代中期至80年代，“团块世代”成家立业、new family[③]阶层刚刚形成，为了解决市民的住房需求，

① 团块世代：特指日本“二战”后1947—1949年婴儿潮时集中出生的一代人，总人口约800万人。

② 埼玉县：位于日本关东地区，南邻东京都，是日本首都圈的组成部分之一。

③ new family：“二战”后出生的年轻夫妇及其子女组成的家庭。在许多价值观上同日本传统家庭大为不同。

东京集中修建了大量卫星城。

回顾这批卫星城的人口变化趋势可以发现，20 世纪 80 年代，电视剧《致星期五的妻子们》[①] 大热，引发了一阵卫星城热潮。东急百货店[②] 在东急田园都市线[③]Tama Plaza 站前开业，PARCO 商城[④] 在西武新宿线[⑤] 新所泽站前开业。“郊外”摆脱了以往贫穷落后的形象，吸引了众多20至30岁的年轻夫妻居住。然而到2025年左右，当年这批集中搬迁至卫星城的年轻人即将突破 75 岁高龄，东京郊区的老龄化现象也将在短时间内急剧恶化。

埼玉县比企郡鸠山町的鸠山卫星城，人口老龄率已经达到了45%。而全日本老龄率最高的秋田县也不过只有 34% 左右，甚至离岛也只有 35%。相比之下，大家应该明白 45% 这个数字有多么可怕了吧。

梅泽高明　首都圈郊区的老龄化问题竟然比离岛还严重？

藤村龙至　是的。老龄化导致部分地区的市民自治会解散或瘫痪，城市的社群功能维持困难。不久之后，东京郊区及周边诸县都会陷入重大危机。

与此同时，东京市中心沿海地区大量修建的高层公寓也同样面临着严重的危机。过大的业主基数导致业主间难以达成共识，再加上公寓的管理不善，使公寓楼就算到达使用年限，也难以拆迁改造。不久之后，高层公寓的居民恐怕都会集体搬出。

---

① 《致星期五的妻子们》：1983 年在日本 TBS 电视台播出，是一部描绘 new family 阶层的典型电视剧。

② 东急百货店：东急电铁集团旗下的大型百货店。

③ 东急田园都市线：连接东京涩谷站和神奈川县中央林千晶间站的一条电车路线。由东急电铁集团运营。

④ PARCO：PARCO 公司旗下的大型百货店。

⑤ 西武新宿线：连接东京西武新宿站和埼玉县本川越站的一条电车路线。由西武铁路公司运营。

我们还会制作一份“即将消失的高层公寓名单”，根据推测，现在卫星城面临的问题2040年左右就会在高层公寓中上演。

奥运会改变了纽约

藤村龙至　目前为止，东京还没有经历过基础设施老化的考验。因此，我们可以参考美国纽约市的成功经验，帮助东京渡过难关。

梅泽高明　纽约的案例可以给东京哪些启发？

藤村龙至　纽约前市长迈克尔·布隆伯格执政期间，制定了一系列城市规划：以曼哈顿岛东侧的伊斯特河为轴心，重新开发沿岸老化的港口和工厂；并制定相应战略，解决多年来住宅供给不足的问题。布隆伯格市长用10年左右的时间，重新规划了纽约市40%的土地。这一系列城市再开发计划于2005年推出，其目的就是为了帮助纽约争夺2012年的奥运会举办权。

梅泽高明　不过，纽约并没有申奥成功。

藤村龙至　是的。2012年奥运会举办权最终被伦敦取得。有目共睹的是，纽约虽然没有成功申奥，但实现了奥运会级别的大规模改造。对于纽约、伦敦和东京这样的大城市来说，奥运会为僵化的政府机构提供了一个宝贵的机会，使政府得以解决行政管理中存在的问题。在这个案例中，政府正是为了申办奥运会才对纽约进行了重新规划。虽然奥运会没有申办成功，但政府却在申奥的过程中解决了纽约的社会问题。

不过，纽约城市规划的主要负责人Alex Garvin却说，城市规划刚刚公布的时候并没有得到市民的支持。这是因为政府曾经强迫市民进行集体搬迁，所以市民对类似的政策难以产生信任。

但随着政策的进一步公示，市民们也开始理解，现代奥林匹克运动会为城市问题提供了一条有效的解决途径。而且纽约的城市规划方案也并不是一味拆迁，而是对现存设施进行合理利用。市民们逐渐发现奥运会其实是一场为民造福的盛会，是一场充满战略意义的长期投资，于是逐渐转变了看法，开始对纽约的城市规划表示支持。

而政府高层看到市民的态度之后，同样意识到可以利用这一城市规划，将一直以来处于搁置状态的港口建设及海岸开发项目提上了日程。我认为纽约政府的这一系列举措对于东京来说有着重要的参考价值。

梅泽高明　虽然东京和纽约面临的具体问题不同，但是都可以利用奥运会这个契机，解决城市中存在的问题。

藤村龙至　东京和纽约都面临设施老化的问题。此外纽约还必须解决人口老龄化带来的移民问题及社会等级差距问题。

先制定政策，后规划城市

梅泽高明　纽约是如何处理设施老化问题的？

藤村龙至　纽约市主要通过改变土地用途的方式，引导开发商修建或改造居民住宅。政府在制定政策的时候，根据每个地区的实际情况，允许部分地区只改变建筑用途，不改变容积率。在这一系列政策的影响下，布鲁克林部分地区的老旧工厂和仓库被改造成了宾馆，城市形象随之得到改善。

梅泽高明　布鲁克林的 Wythe Hotel[①] 就是那时候修建的吧？

藤村龙至　Wythe Hotel 正是纽约战略性城市规划的代表产物。我认

① Wythe Hotel：设计师宾馆，由拥有百年历史的工厂改造而来。

为东京也应该借助2020年奥运会的契机，对老旧设施进行改造。

梅泽高明 土地用途和容积率的问题属于城市规划的讨论范畴。然而城市规划必须建立在相应的政策基础之上。

藤村龙至 在垂直领导的行政体系中，主管经济产业的部门、主管基础设施的部门和主管社会福利的部门之间经常争执不下。福利部门总想多争取一些预算，而经济部门又表示发展经济才是第一要务。然而，部门与部门之间本应遵循同一项城市规划方案，在政府政策的基础上紧密合作。

梅泽高明 城市规划真的有用吗？换句话说，城市规划会不会只是“纸上谈兵”？

城市建设应以“福利”为中心

藤村龙至 纽约的案例说明城市规划并非“纸上谈兵”。城市规划是否有效，关键在于后续的运营和管理是否到位。例如，美国俄勒冈州波特兰市便通过“有限政府”制约政府权力，鼓励市民组织参与城市管理，取得了非常不错的效果。

我在埼玉县调研发现，若想同时解决老龄化和设施老化的问题，必须将福利政策和城市规划结合起来。例如，厚生劳动省出台的城市规划政策——基于社区的综合养老系统便是一个很好的例子。

在埼玉县和光市①，养老信息公开透明，政府定期举行地方养老会议以解决当地养老问题。除老年人护理专员之外，牙科保健员及牙医等关乎老年人生活起居的专家，也都应积极参与到老年人护理方案制定中。和光市每周都会召开地方养老会议，为每位老人制

① 和光市：位于埼玉县，因紧邻东京23区而发展成为东京的一座卫星城。

定专属护理方案、推荐合适的养老设施，或者共同商讨养老院的修建方案。

该综合养老系统的优点在于，可以根据不同地区的实际情况，从城市整体规划的角度调整老年人的护理方案。在日本，平均18%的老年人都有护理需求，然而在和光市，这个数字甚至没有超过10%。之所以会产生如此明显的差距，是因为和光市以市民福利为中心制定城市规划方案。

梅泽高明　制定城市规划的时候，需要考虑医疗和看护设施的容量以及需要照顾的老年人的分布情况，从而在最合适的地点修建养老院。

藤村龙至　就是这个意思。和光市在制定城市规划的时候，从人口分布和城市布局的角度积极解决人口老龄化与设施老化的问题。将福利设施建设在居民区附近，同时还解决了护理人员的交通负担。所谓的市民服务，就是应该及时出现在市民身边。

然而，日本的现实情况却是，养老院和幼儿园大多距离居民区较远，儿童和老年人在设施和家之间的往返问题难以解决。“居民区必须保持安静”这一20世纪市郊居民区的建设思路早已过时，我们必须探索新形势下的城市规划模式。

梅泽高明　很多人就是认为“居民区必须保持安静”，所以才反对修建幼儿园。

藤村龙至　想要让城市返老还童，不同年龄段之间的人必须相互尊重、相互理解。我们经常看到有人为了省下修建电梯的公摊费，就主张自己腿脚方便，不需要使用电梯。但我们必须明白，所有人都会变老，所有居民楼都会老化。在城市建设的过程中，我们不能被眼前的利益蒙蔽双眼，只有放眼未来、积极合作，才能实现共赢。

田园城市理论的全新挑战

梅泽高明 当今时代的郊区应该采取怎样的发展战略？

藤村龙至 日本的郊区遵循英国社会改革家埃比尼泽·霍华德提出的“田园城市理论”。这一理论由涩泽荣一在近代首次引入日本。“二战”后东京的城市建设中，“田园调布”或“田园都市线”等命名方式多次出现，其实就是受这一理论的影响。

然而，霍华德描绘的田园城市和日本的田园城市其实有着根本性的区别。在英国，人们的工作单位和住宅距离很近。在郊区生活的人并不需要大费周折去伦敦市中心上班。市郊的工厂为当地居民提供了就业机会，因此伦敦周边的卫星城其实是一个独立的城市。然而，东京的郊区城市其实就是一座“睡城”。人们晚上在郊区睡觉，白天则需要花费很长时间去市中心上班。

日本应该学习英国，为郊区的居民就近提供工作，并进一步落实“一亿总活跃计划”①等政府规划，大力推进市民工作方式改革，帮助更多女性和老人走上社会。为了实现这一目标，我们必须完善郊区城市的各项功能，制定相关政策，鼓励办公楼、艺术工作室和店铺等各种设施在郊区修建。我们首先要做的，就是在居民区中修建风格独特的各式店铺。

梅泽高明 让我想起了当年的同润会公寓②。

藤村龙至 我们还可以学习美国波特兰市与荷兰阿姆斯特丹市，将废弃的学校改造为创业孵化办公室。

---

① “一亿总活跃计划”：安倍政府于2016年内阁会议制订的政府计划。该计划的目的是为每一位日本国民提供能够充分发挥自己能力的社会环境。

② 同润会公寓：同润会财团于20世纪20—30年代修建的16处集合住宅的总称。

梅泽高明　东急线[①]郊区应该是最具潜力的开发地区吧?

藤村龙至　日本的铁路公司其实也面临着诸多问题。许多铁路公司虽然已经意识到自己在郊区部分投入的精力太少，但是却依然把大部分人力和物力都集中在了市中心大型换乘站的开发上，导致郊外住宅区的铁路建设被迫推迟。2025年郊区空洞化将成为一个严重的社会问题，在这一天到来之前，铁路公司必须有所作为。

如果郊区城市能够率先解决老龄化和设施老化的问题，就可以为东京市中心和全国各地树立一个不错的榜样。除了日本之外，以中国为代表的世界多个国家都面临着人口老龄化的问题，日本完全可以将自己的城市规划模式向海外输出，借助2020年奥运会，向全世界展现东京的老龄化问题解决方案。

梅泽高明　为了解决老龄化的问题，我们首先应该做些什么呢？有没有什么值得关注的突破口?

藤村龙至　我认为PPP模式(官民合作模式)便是一个不错的突破口，政府可以让民间资本参与公共设施的运营。

梅泽高明　如果没有良好的商业前景，房地产开发商和铁路公司恐怕不会主动参与到公共设施的建设中来。

藤村龙至　其实大阪市的天王寺公园[②]便是由近铁房地产公司运营的。虽然公园运营并不会为房地产公司带来多少利润，却可以提高附近地区的土地价值，塑造企业的品牌形象。从中长期规划角度来说，还是十分诱人的。

在爱知县冈崎市，政府同民间资本一起对市中心土地进行了全

① 东急线：指东急电铁公司运营的一系列铁道路线。主要分布在东京西南部及神奈川县东部地区。

② 天王寺公园：位于大阪的市立公园。2014年起，由近铁房地产公司负责该公园的管理和运营。

方位的再开发规划。冈崎市内有一条名为乙川的河流，乙川的桥梁两端现在已经修建了一些季节性的店铺和酒吧。

一般来说，民间企业很难长时间占用河流或道路等公用土地，更不可能在公用土地上开设私人性质的商铺。然而在国家政策的扶持下，冈崎市却在这一问题上取得了突破。许多当地酒吧的年轻老板都把自己的店铺开在了人流密集的乙川两岸，从而提高了酒吧的客流量，使生意更加兴隆。

公共空间可以促进当地经济的发展——冈崎市的案例代表了公共空间的最佳利用方式。在美国，这一开发思路已经十分普及。美国的河流及沿岸地区的开发过程中，经常能够看到民间资本参与的身影。包括东京在内的日本各大城市，今后应该在这一方面进行积极尝试。

东京必须发挥传统的价值

梅泽高明　目前来说，公园等城市共用土地在城市中发挥的作用是否有限？

藤村龙至　东京有许多历史悠久的公园。因此，政府把绝大多数的精力都投入在传统文化的保护上，从而忽视了公园的再开发。如今，政府已经逐渐意识到公园作为文化财产的利用价值，在不破坏原有景观的基础上，将建筑的一部分改造成为餐厅和艺术馆。

东京应该以京都市为榜样，出台各项景观管理政策，促进城市的发展。如果政府的景观管理政策能够得到合理落实，不仅可以提升城市的土地价值，还可以增加旅游观光收入，吸引更多企业的投资，促进城市创收，从而引发一系列良性循环。

同伦敦和纽约等国际都市相比，东京在发挥传统的价值方面做得不够到位。据我所知，许多法国房地产商携带着足以买下一栋古楼的现金在京都左京区[①]的古巷中实地考察。京都的案例向我们证明：只要景观管理政策得当，一座历史悠久的城市完全可以凭借其文化资本吸引全球的目光，甚至可以引发产业变革。

梅泽高明　东京的谷中、根津和千驮木地区[②]历史悠久，文化资源丰富，在过去曾经引发过一段时间的观光热潮。请问这三个地区的城市景观是否极具开发价值？

藤村龙至　除了谷中、根津和千驮木等位于东京东部的下町地区[③]之外，八王子附近的旧宿场町也拥有许多历史悠久的建筑。谷中、根津和千驮木地区的观光热潮，想当年还是一场非主流的市民运动。新一代的年轻人正在通过合租房和咖啡馆的形式，在这片土地上尝试小规模的商业运营。在这些年轻的经营者的努力下，谷中、根津和千驮木地区完全有可能实现复兴。

建筑家应该积极参与城市规划

梅泽高明　提到城市规划，您一直提倡的社会建筑家应该在城市建设中发挥什么样的作用？

藤村龙至　至今为止，我参与过许多建筑设计和城市规划的项目，如何对有限的资源进行分配，正在成为所有企业面临的共同课题。若想解决资源的分配问题，首先必须让各个环节的参与者之间达成共识。

---

① 左京区：京都 11 区之一。代表性文物包括银阁寺、南禅寺等。

② 谷中、根津和千驮木：位于东京市中心的地区。三个地区位置相邻，且都充满传统文化和平民文化的氛围，因此在开发规划的过程中经常被合为一体共同讨论。

③ 下町：指东京市中心地势较为低平的近海地区，也指与高级住宅区相对的平民生活区。

所谓的建筑家，最擅长将问题通过图像或表格的形式呈现出来。因此我认为建筑家应该积极参与到城市规划的讨论和政策的制定中来。建筑家应该积极发挥自己的专业特长，帮助大家得出更加合理的讨论结果，制定更加富有魅力的城市规划方案。这便是我心目中社会建筑家的职责。

其实对于建筑家来说，积极参与社会问题的讨论和解决，也是一种有效的自我保护手段。为了不被时代淘汰，建筑家需要更加积极地参与问题讨论和舆论塑造的过程中。其实，2016 年去世的英国建筑家扎哈·哈迪德也持有相同的看法。她最为信任的下属帕特里克·舒马赫就曾经说过，建筑家应该积极参与社会实践，通过交流确立建筑方案。在我们修建国立竞技场的过程中，完全可以在工程早期设计一份理想化的蓝图，在建设过程中随时根据实际情况对蓝图进行改进。

梅泽高明 原来是这样。

藤村龙至 我认为建筑家需要积极地把握社会热点和舆情动向。例如，同样是修建一个“家”，在不同的国家、文化和时代背景下，要求也完全不同。建筑家需要结合社会现实，对“家”的定义进行思考。其实这个过程同政治家制定政策十分相似。我希望建筑家能够更加关注国计民生，因此才提出了“社会建筑家”这一全新的职业定位。

梅泽高明 将社会问题用具体的形式表现出来，对于政策的制定和实行过程来说十分重要。

藤村龙至 我认为建筑家的工作就是为社会呈现问题的不同解决方案。建筑家不应该一味听从别人的指挥，而应作为决策者的一员，参与城市规划和建筑设计的过程中来。唯有如此，才能发挥出建筑家的真正价值。

采访手记

藤村龙至先生既是一位精力充沛的理论家，也是一位走在时代前列的改革者。他积极参与老龄化都市的建设，在城市问题上拥有足够的发言权。想要进行城市规划，必须率先完善城市政策，藤村龙至先生的这一观点，不仅适用于老龄化严重的郊区，更适用于东京的市中心地区。

在我们讨论涩谷、新宿和池袋等地区的功能划分和容积率之前，首先应该从东京整座城市的角度，思考每个地区的定位，发现每个地区的问题，其实这也是“新世代东京计划”的核心主题。笔者及整个团队将围绕这个主题继续贡献自己微薄的力量。

中国视角

借助重大赛会推动城市发展，已经成为城市发展领域的广泛共识，而中国恰恰是这一领域的专家之一——从 20 世纪 90 年代的北京亚运会开始，昆明世园会、北京奥运会、上海世博会、杭州 G20 峰会、青岛 APEC 等，无不为主办城市带来巨大的发展红利。

北京 2008 年奥运会和上海 2010 年世博会的时代，人们更多关注赛会经济本身的基础设施建设与城市国际影响力提升，恰如东京 1964 年奥运会重塑了东京城市格局，并首次将这座城市带入国际大都市之列。时隔多年，中国城市对赛会机遇的看法，则更为系统和全面。以北京 2022 年冬奥会为例，就更多地站在京津冀协同和城市高质量发展这一历史阶段，思考新一轮的城市赛会机遇，城市领导者们反复提出的问题不仅仅局限于冬奥会能“带来什么”，更多的是冬奥会能“留下什么”——我们不妨说这是“赛会机遇的 2.0 版本”。

更进一步又会是什么呢？不妨以纽约为例进行分析。2005 年，纽约市在时任市长迈克尔·布隆伯格的带领下，以申办 2012 年奥运会为契机，开始推行“纽约城市规划方案”，设定了包括修复城市老化基础设施、节能减排等一系列“老屋翻新”的目标，涉及城市约 40% 土地面积。虽然申奥最终并未取得成功，但申奥过程凝聚了城市间各个利益团体并达成共识，实现了以重大赛会推动超大规模城市的更新进程。

从这个角度来看，世界级赛会为治理城市重大顽疾提供了一条行之有效的解决途径——改善城市治理能力，活化城市空间，优化生活环境，并推进成熟大城市的二次转型发展——不妨将其称为“赛会机遇的 3.0 版本”。

当东京再度迎来奥运会开幕之时，北京冬奥会等一系列赛事也即将展开，如何站在“重大议题推进城市发展”的全新角度改进战略，用技术加理念引领城市跨越发展的滞涨，这些话题引发城市中有识之士的关注与思考。

除此以外，在这里，藤村龙至先生也提到了一系列充满洞见的看法与建议，虽然是面向东京，但也值得中国很多城市借鉴，其中包括城市的老龄化应对与必要的城市紧缩，政策优先的规划思路，城市传统价值的发掘，以及重新引入类似于柯布西耶那样的“社会建筑师”角色等主题尤为重要。

城市持续更新的秘诀

根据科尔尼《全球城市指数》报告（Global Cities Index，GCI）显示，在榜单上的151个城市中，东京连续多年位居亚太地区第一，全球第四，为东北亚文化圈的城市之一，东京对于中国城市治理的借鉴意义也要高于其他欧美城市。以城市交通为例，东京以地铁、轨道交通站点与廊道所形成的城市空间的特点，与北京、上海等城市交通导向型发展（TOD）布局高度类似；而从人口密度、生活方式、通勤习惯等角度来看，生活在中国一线城市和新一线城市的居民也与东京市民更为相似，相较于伦敦、纽约和巴黎的居民，则差异化更为显著。

本章将从东京城市的百年演进史出发，结合“新世代东京计划”（NEXTOKYO）提出的未来东京发展愿景与展望，给中国城市提供一个研究东京的视角，探讨我们的城市发展能从东京学到什么。

东京是一个永远在更新的城市。正如爱德华·赛登施蒂克所总结的那样，“对东京而言，没有什么是命中注定的，变化是东京的一种传统”。东京就像一座永远未完成的城市，并持续寻找着未来的无限可能。尽管东京已成为当之无愧的亚太地区首位城市，但其依然为自身的未来发展树立了更为雄伟的愿景。在《东京都2020发展规划》中，东京提出了瞄准“世界最佳城市”（The World's Best City）的中长期发展目标。

在永不满足与持续更新的城市精神的推动之下，东京采取了一系列发展举措与机制。总结来看，包括**利用如奥运会等重大事件机遇，推进城市的跨越式发展**（借鉴一）；**立足“都民为本”，持续提升城市密度与城市更新进程，创造丰富的城市人际互动**（借鉴二）；**打造创意与魅力城市，提升城市活力，以吸引对未来城市发展最为**

关键的“城市创意阶层”到来（借鉴三）；**通过投资轨道交通与站城一体化发展思路，加强主城区的高密度发展以及都市圈一体化协同，形成紧密联系的发展腹地**（借鉴四）；**采取多元共治的方式，鼓励企业、市民、议题专家广泛参与东京发展**（借鉴五）。

当下，核心城市已经从大规模扩张的增量时代逐步进入以城市更新为主的存量时代，在城市转型过程中加强“人与人”的联结，势必将成为追溯城市价值本源的核心所在。

一、利用重大机遇，促进城市能级跃升

“二战”后，现代东京的塑造很大程度上取决于以下几个关键事件：**1964 年的东京奥运会、1991 年的东京都厅搬迁，以及命运多舛的 2020 年的东京奥运会**。

围绕这些历史事件的演进，政府展开一系列大规模基础设施建设、关键资源与要素的再布局、文化与城市形象的推陈出新，以及更为重要的——东京市民的信心提振与城市精神的巩固。

1964 年的东京奥运会助力东京彻底告别了战败与美军代管的阴霾，重新确立了国际大都市形象，并开启了其后数十年的“黄金发展期”；1991 年的东京都搬迁，加速了东京的西扩速度，带动东京均衡发展与都市圈一体化形成；2020 年奥运会本来是“安倍经济学”下东京加速城市更新，并为长期面临少子化、老龄化、经济失落期挑战的城市重塑信心和再度精明布局，但由于突如其来的新冠疫情，不得不延期举办，并预计将在无外国观众的前提下艰难召开。

1. 1964 年东京奥运会的赛会影响

1951 年，“奥运遗产”的概念首次出现在奥运文本之中，借指由奥运会的申办、举行所产生且具有持续性的一系列有形和无形的影响力。

1964 年东京奥运会不仅是历史上第一次在亚洲举办这场最高级别的国际赛事，也标志着日本作为全球主要经济力量重新登上历史舞台。3 年后的 1967 年，日本经济总量超过英法，1968 年超过联邦德国，并开启了直到 20 世纪 80 年代的日本“黄金时代”，其有形与无形遗产的影响延续至今。

回顾 1959 年，东京一举拿下 1964 年奥运会主办权，随之而来的考验则是需要在 5 年之内完成城市基础配套设施的建设。很快，东京都中心的首都高速公路、连接羽田机场和东京都中心地区的东京轻轨等公共交通基础设施应运而生，时至今日依旧发挥着关键作用。便利的交通吸引了大量人才入驻东京地区，增进了文化多样性，加速整座城市的高速发展。

同时，被誉为日本高速铁路代名词的 “东海道新干线”也是为了迎接 1964 年东京奥运会而建成的基础设施之一。这条连接着东京和大阪两大都市圈的高速铁路干线，其正式开通营运时间就定在 1964 年 10 月 1 日，即东京奥运会开幕日的前 10 天。作为日本大动脉，“东海道新干线”带动了东海道沿线地带的经济发展，成为全国的经济支柱，游客和商务人士在东京、大阪、名古屋等圈内城市能够实现当日往来，这意味着发达、高效的交通系统极大拓宽了人们出行的自由度。

日本政府对 1964 年东京奥运会的总投入达到 1 兆日元，其中直接投入仅为其中 10%，包括 160 亿日元用于比赛设施和奥运村建设，825 亿日元用于道路交通设施，60 亿日元用于赛会运营。而剩余 8955 亿日元则都被用来完成新干线、高速公路、羽田国际机场、地铁等城市基础设施建设，其中仅“东海道新干线”工程的总费用就达到了 3 800 亿日元。尽管“东海道新干线”如今已成为日本高速铁路的代名词，但当年的建设过程却一波三折。伴随着土地征用费用、器材费用及建设费用的快速上涨，最终工程总费用是预算的 2 倍，完工时间也出现延迟，导致最后仅剩 3 个月的时间来完成全线测试运行。

在 20 世纪 60 年代，东京已经出现了极为严重的交通拥堵情况。为此，这一时期的重点工作是推进首都高速公路的建设，涉及 5 条总长 33 公里的高架道路。但同期，仅仅通过扩大高速公路规模达到解决交通拥堵问题的思路正在改变，一批轨道交通建设项目陆续展开。

早在 20 世纪最初 10 年，依托轨道交通的站点和线路，拓展住宅、办公等大规模地产开发的“站城一体化”开发思路，就已经被实业家小林一三在大阪推行实施。50 年后，依托东京奥运会的筹办，这种策略才被日本各大城市真正广泛实践，并塑造了今日的东京城市空间模式与居民生活模式。自 1954 年至 1964 年的 10 年间，东京地铁总里程增长了近 100 公里。尽管今天东京人均私家车比例并不低于其他国际一线城市，但与拥堵的公路交通相比，东京市民更倾向于使用精准、便捷的轨道交通系统，今天，85% 的日常通勤是由轨道交通提供的。

当年，为了快速建成高架道路，也留有颇多遗憾，例如当时东京著名景点日本桥就被修建于此的高架公路完全遮挡住，直到 2020 年，政府才确定将该段高速转入地下，从而让日本桥得以重见天日。而当年建设的大量单轨电车，到 20 世纪 70 年代除一条荒川线之外，剩余线路也全部被废除，唯有各条地铁线满负荷运营至今。

随着奥运会的到来，东京城市持续扩张。

涩谷、表参道等城南地区开始吸引更多人流。与此同时，还直接带动了东京附近房地产的发展。从1961年到1963年，日本房地产迎来了量价齐升的黄金时代。而以日本建筑大师丹下健三修建的代代木国立竞技馆为代表的一系列公共场馆与设施，也标志着日本建筑摆脱了西洋建筑风格的影响，逐步形成与传统接驳也具备现代风格的“日本特质”。代代木国立竞技馆的屋顶会让人联想到日本民居与神社，但其整体又全然是现代化风格的建筑，甚至在奥运会闭幕后，国际奥委会还破例给建筑师丹下健三颁发了奥林匹克荣誉奖（Olympic Diploma of Merit）。

在奥运会非直接支出中，仅次于交通基础设施和街道改造的还有水利工程与污水处理设施建设。今天，在隅田川岸边参加花火大会或者在高档料亭就餐的人们大概不会想到，奥运会开始前，东京政府曾专门开辟了一条水渠，用清水冲刷隅田川整整一个月，以消除河流的恶臭。

2. 1991年的东京都厅搬迁

如今，作为东京都内23个特别区之一，新宿区位于东京市区内中央偏西的地带，是城市主要的繁华地带，新宿车站是东京市区西侧最重要的交通枢纽之一。回顾20世纪20年代，经历了关东大地震之后的新宿，已成为东京的“睡城”之一，人口向西迁移的速度加快，居民每天往返于工作地与新宿的居住地之间，区域内发展缓慢。

20世纪50年代，日本经济迎来高速发展期，企业公司、商业服务设施、政府机关高度聚集在东京中心三区中（千代田区、港区和中央区），交通拥挤、人员密集等一系列“大城市病”集中涌现。

1958年，日本国土厅大东京都市圈整备局提出将东京“一极集中”的地域结构变为“多心多核”的地域结构规划，重点建设副都心（即新宿、涩谷、池袋），并决定从新宿着手。

1960年，建设工作正式启动，政府成立了新宿副都心建设公社，组织民间投资承担新城内道路、公园与广场等基础设施建设，新宿火车站逐渐成为日本客流量最大的车站；与此同时，基础设施与交通枢纽的不断完善也吸引着越来越多的企业和人才的到来。

1991年东京都厅（东京都政府机关）迁至新宿区内，加速提升新宿副都的区位优势。根据统计，整个20世纪90年代里，东京的超高层建筑大多数集中出现在新宿地区。

如今，新宿区的产业结构已经与东京都心三区接近，经济、行政、商业、文化、信息等政府部门齐聚于此，而金融保险业、不动产业、零售批发业、服务业也成为新宿的主要行业，尤其辖区内聚集了160多家银行，其中包括98%的国际金融机构总部，现已成为东京的金融和商业中心。

作为东京都的重要交通枢纽之一，新宿车站拥有60多个出站口，日均乘降量约364万人次，位居世界第一。包括JR山手线、JR中央本线、JR总武线与私人铁路公司京王电铁的总部都位于此。

新宿副都心的确立在疏散东京产业与就业方面产生了明显效果，强化了东京西扩趋势，并带动了新宿以西的多摩地区城市和经济快速发展。

早在20世纪70年代，兴建多摩新城项目已启动，但在新宿成为副都心之前，整个多摩地区人口持续外流。而1986年副都心确立后，由于整个多摩新城通过小田急线与新宿直接相连，因此在吸纳新宿外溢方面，形成明显的束流与导流作用。人口不仅迅速转为净流入，而且增速比都心三区平均高出1～2个百分点，甚至一度超越新宿，如图 4-1 所示。

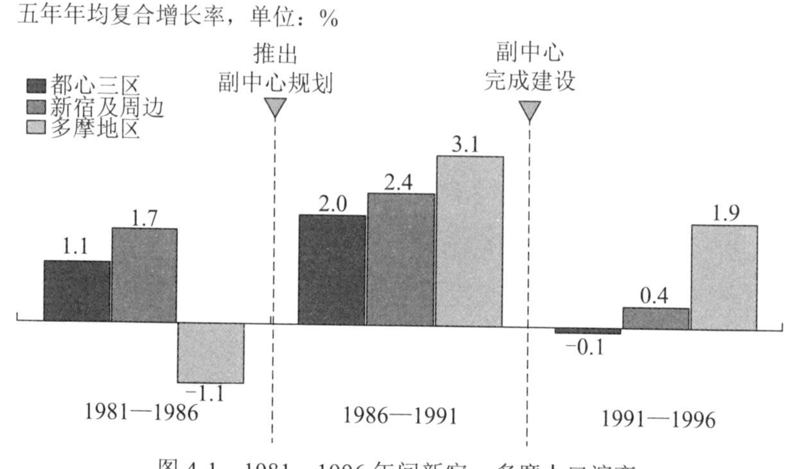

图 4-1　1981—1996 年间新宿—多摩人口演变

伴随人口流入，东京的高科技制造业，如精密电子、科学仪器等产业也快速向多摩地区集聚，八王子市尤为显著。今天，包含北多摩、南多摩、西多摩三大区域的多摩地区，常住人口已超过 400 万。

颇为有趣的是，位于丸之内的旧东京都官舍和新宿的东京都办公大楼皆由上文提到的日本著名建筑师丹下健三担纲设计。

3. 2020 年奥运会与东京规划 2040

2013 年 9 月，日本首相安倍晋三在国际奥委会（IOC）总会上，为申办东京主办 2020 年奥运会进行最终致辞："奥运会的遗产不仅指建筑遗迹，也不仅指举国上下共同推进的各种项目，奥林匹克的精神向我们揭示，它是指具有全球视野的，对人类的一项投资。"

21 世纪以来，着眼于城市整体的发展愿景，东京已陆续推出多个版本的城市发展战略规划、战略行动计划以及城市总体规划。东京都政府 2016 年编制的最新一版战略行动计划，名为《建设"市民为中心"的新东京——面向 2020 年的行动计划》，围绕申办奥运会等主题制定行动方案。

而在空间规划方面，2017 年 9 月，东京制定了新一版城市总体规划，题为《都市营造的宏伟设计——东京 2040》（简称“东京 2040”），在其序言中着重强调，未来日本将面临人口减少、老龄化等种种挑战，必须立足当下并合理规划未来的发展方向，把握全球化趋势和技术革新所带来的机遇，推进“安全城市”“多彩城市”“智慧城市”三个愿景的实现。

从近些年来的战略规划方案可以窥探出“新东京”些许的模样。在此我们简单引述其中的一些重点举措。在城市基础设施建设方面，包括中心城区的居住场所改善、机场航运能力提升、道路交通网络完善等内容，如对品川、田町、涩谷、竹芝、北青山等东京都的所有中心区域进行城区建设改造；将建设饭店式公寓等适于外国人士居住的设施；针对空置房屋，通过援助措施使之用于区域居民的集会设施、交流设施等，争取 2020 年前开通外环道路的关越道、东名高速之间的路段。在推进环保方面，加速可再生能源，氢能社会的宣传推广。在旅游方面，推广“& TOKYO”城市品牌标志，提升以“光”为主题的夜间经济活力，依托东京滨海与滨河优势，综合提升游船等水上综合利用与开发。

二、保持城市持续更新，密度优先

美国著名的日本研究专家爱德华·赛登施蒂克曾在其书中这样描述：“欧洲城市争执传统与变化的矛盾，在东京是绝缘的，因为在那里，变化就是一种传统”。

在所有顶级的国际大都市中，少有城市像东京一样频繁地遭遇各种天灾与人祸——仅仅在过去100年间，关东大地震（1923）、东京大轰炸（1942—1945）先后几乎将东京化为废墟。

然而，尽管东京多次陷入废墟重建之境，但它仍旧近乎完美地保存了自身的传统气质，无论是江户城的风貌，还是大正和昭和时期的风格，都存留下来。据说，在“二战”后相当长的一段时间内，日本国内颇为流行贬低东京褒扬名古屋的做法。最大原因是同为近乎废墟的两座城市，名古屋利用“二战”后重建的机会，将城市建筑推倒重来，街道改造一新，拓宽了道路，保证交通通畅；而东京只是将自己拼凑成原来的样子，直到现在，东京都心三区依旧是沿袭过去大正时期的街道模式。

如今，当人们再度谈及这个话题时，观点则有所不同。

拆除重建虽然高效快捷，但沿着名古屋市中心大道前行时，无法再体会到前人生活的气息了；若从东京晴空塔俯览市区，高低错落的建筑映入眼帘，“扁平”与“密集”的形态并存在一个时空中，低矮建筑与小规模商业街区密集分布在城市中，恍惚间会让人们挂念起东京在江户时代的模样。

当下，国际化大都市意味着各类资源的高度集中，随之而来的则是密集的人口以及无法逃避的“大城市病”。参考发达城市的演进历程，由大规模拆除重建到小规模、区域化特色式的更新改建，由传统增量式扩张向存量土地的再规划模式转变，推动城市空间变化的方式已经发生了巨大转变。

东京，作为世界上人口数量最多的城市之一，从未停止过变化与更新。历经灾后与“二战”后重建、跨越经济高速增长和泡沫经济破裂期，在迎接2020东京奥运会期间，已再度进入全新的城市更新阶段。与此同时，面向2040的新东京建设计划也已推出，从造城走向有机更新的过程正在持续进行。

1. 持续更新

过去100年间的东京，每隔10～20年，都会经历一个新的发展阶段，并各自保留一些重要的建筑项目。而这些重要项目所形成的交错纵横的脉络，也反映出东京持续更新的许多特点。

例如，20世纪20年代的日本桥三井总部大楼、丸之内大厦是具备鲜明近代建筑特点的作品，类似于上海外滩的万国建筑风格；30年代以日本国会大厦为代表的一系列坐落于霞关地区的日本中央政府办公设施；50年代丸之内、日本桥、虎之门等一系列商务办公区；60年代，以代代木竞技馆为代表的一系列大型公共场馆建筑；八九十年代从净水厂到东京都政府驻地的新宿副都心，尤其是新宿站的站城一体化开发区域；90年代的六本木、品川为代表的一系列大规模城市更新与综合体项目等；直到近十年来，为迎接2020年奥运会，对中心城区亟须更新的重要地段，例如丸之内、日本桥等，也包括为国内熟知的筑地海鲜市场搬迁等，仍旧持续进行着城市改造。

从20世纪80年代末日本经济泡沫（包括地产泡沫）破灭后，东京城市更新的方向转为务实与聚焦——更加关注那些位于城市重要区域、具备便捷的轨道交通连接，还要具备长期运营与财务收入的核心资产。

其中，六本木地区就是这个阶段最为典型的城市更新案例，包括“六本木之丘”与临近的“东京中城”两个项目。尤其是六本木之丘（Roppongi Hills）项目的成绩如此显著，不论是其首创的“垂直城市”理念，还是将顶级艺术机构引入，实现了商业上的巨大成功，甚至以仅76万平方米的建筑面积实现了年均4000万的客流量。

【专栏：六本木的城市更新经验】

六本木新城是日本国内最大的城区改造项目。过去，东京近郊的六本木地区是皇家卫队驻扎之地，“二战”后，大量使馆区聚集在此，也是著名的酒吧和夜店区域。六本木新城的原址六本木六丁目地区是环境相对恶劣的“棚户区”：密集排列的旧式木造房鳞次栉比，道路狭窄以致消防车都难以通行，整个街区非常破旧混乱。

1986 年，东京都政府更新策略指定对这一地区进行再开发。而“让城市立起来”的声音也逐渐占据主流舆论，设计者希望充分考虑“人的流动性”，通过从“扁平”到“垂直”的改造，重新探索建筑的构成与生活模式的调整。森大厦株式会社作为主要开发商，牵头众多企业、团体和个人共同推进这个城市综合体的开发，最终耗时 17 年之久，其中 14 年的时间用于筹备，而真正施工仅用了 3 年。

该项目有几个特别之处。第一，民间力量主导完成。开发商森大厦和朝日电视台倡导并成立了一个由政府、企业和学术界等各界人士组成的规划委员会，共同商讨项目环境、地形条件、防灾、绿化、安置补偿等一系列问题的研究方案。第二，项目拆迁涉及范围广、难度大。期间与原著居民举行 1000 多次恳谈会及各种亲善活动，最终 500 多户原住民全部同意搬迁，其中 400 多户选择回迁，保留住老住户间的邻里亲情，使得改造后的新城能迅速恢复兴旺与活力。第三，项目思路创新。大多数再开发项目的重点在门面的翻新和原有城市功能的保留上，但六本木新城项目放弃保留原有重新城市功能，重新构建起焕然一新的城市，还通过引入娱乐、文化设施增加商业面积比例，并通过巧妙规划，促使这个大型综合体与既有交通体系实现完美结合，步行街、地下通道与交通枢纽相连通，利用立体空间增强人员流动性和空间使用效率。

六本木之丘综合项目的运营共耗费 4700 亿日元，期间公共部门与私人部门分工明确，项目本身与周围街区共同形成浓厚的文化氛围，在区域性的六本木艺术三角区中，包含国立新美术馆、森美术馆以及三得利美术馆，拓宽了城市空间，也优化了通勤设施，对于城市生态体系的全面打造更是增强了区域竞争力和能级，吸引着大批客流到来，成为日本旧城再造的典范之作，受到全球范围的广泛关注。近 15 年内，国内凡是论及地铁 TOD 项目和城市更新项目，也都会将其作为对标案例进行借鉴。

东京能够持续推动城市更新进程，离不开整体机制与立法层面的大力支持。早在 1969 年，日本就颁布了《城市再开发法》，并确定了”市街地再开发模式”，即由单一项目实施主体，推进整体城市更新建设过程，并确保城市更新所带来的土地价值提升能被有效分配。

东京城市更新片区权属往往极其复杂，由于土地私有，因此一个地块土地权属人超过 100 位的情况也很常见，甚至有的地块祖孙传承多代。以六本木之丘为例，整个项目涉及相关权利人超过 300 位，整个项目仅达成再开发共识就耗费超过 10 年时间。但也正是基于良好的制度设计，方能在周期内有序推进。自 1969 年到 2018 年的 50 年间，全日本有近千个市街地再开发任务得到有效完成。

为进一步推动城市更新，精准加速难度高但收益亦高的重点片区再开发，日本 2002 年通过《城市再生特别措施法》，并确定了所谓的“城市再生紧急建设地区”，允许其突破现有的用地规划限制，进行高自由的城市规划活动，如区域内的建筑高度、密度、容积率分配、道路划定都可以自行设定。该法案的实施极大促进了私营开发商的参与和投入的热情，六本木之丘就受益于此。

而在政府层面，对具体项目的执行也呈现出较高的效率与专业性，例如对于大量超常规设计手法（如所有公共空间一体化、大量空中或地下连廊、项目与市政道路叠加等）都能配合专业管控与高效审批；在容积率转移和奖励方面，形成制度化操作，刺激民营资本参与公共建设；在连锁与滚动开发方面，政府带头腾挪自身用地，从而形成初始的“种子用地”，以此作为滚动再开发的起点。

2. 规模优先，密度优先

作为拥有近4000万人口的超大城市圈，东京都市圈人口总数占据了全国1/3以上，即便日本全国面临着人口负增长的巨大挑战，但东京的人口流入量仍在增加，源源不断涌入的人才确保了城市核心竞争力的稳定升级。

根据世界银行发布的《世界发展报告：重塑世界经济地理》显示，在东京、大阪、名古屋这三个日本人口规模前三的城市，每平方公里的经济产出最高。

近期，北京、上海等一线城市纷纷提出在疏解提升的基础上，既要控制人口总量，还要“控住核心区的人口密度”。而对标对象，通常不外乎纽约、伦敦与东京这三座城市。关于这个政策的合理性，不妨从两个维度着手分析：一是人口密度究竟高不高，二是人口密度要不要控制。

（1）超大城市的人口密度比较：东京、上海与北京

由于中国城市是以行政区划界定，例如北京行政区划1.6万平方公里，但其中平原面积6339平方公里（占38.6%），山区面积10072平方公里（占61.4%），而城区面积仅87.1平方公里，这其中还包括延庆、密云等不与主城区接壤的地区。按照国际规律，这并不属于连片的建设区，也不应纳入主城区统计口径。

有学者采取了“中心—半径”的计算方式，分别以天安门广场、上海市政府、东京银座和纽约帝国大厦四个地方为圆心，统计5公里内，5～10公里，直至10～50公里半径的城市人口密度。

在日间工作人口方面，0 ～ 5 公里半径内，上海白天的人口密度为3.9 万人 / 平方公里，北京为3.22 万人 / 平方公里，而东京为3.65 万人 / 平方公里；而在常住人口方面，上海 3.67 万人 / 平方公里，北京 2.02 万人 / 平方公里，东京 1.08 万人 / 平方公里。如果仅从这个角度看，似乎上海和北京的人口密度的确过高，有必要予以控制。

但假设在地图上，以银座为圆心画一个半径为 5 公里的圆，问题就出现了——在这个圈层内，主要的商务与商业区涩谷也仅仅有一角被圈住，而作为东京都厅的 CBD 新宿干脆并不在其中。

根据另一个东京的调查数据，东京都心三区（千代田区、中央区和港区）的日间人口密度为 6.1 万人 / 平方公里，常住人口密度为 0.6 万人 / 平方公里。虽然这个数据时间有些久远（1990 年），但考虑到 2000 年后东京中心城区人口实现了进一步的增长，这个数据还有一定的参考价值。

如果基于这个数据，那么北京和上海的日间工作人口密度甚至还有很大的提高空间。

《重塑世界经济地理》还提出，随着距离扩散，北京和上海的日间人口密度下降迅速，在 50 公里范围的外围区域日间人口密度极低，城市布局有待优化。换句话说，北京和上海的城市人口规模还不够大，还需要吸引人进入非核心区域工作与居住。正如人口学家梁建章曾经提到的，北京、上海的人口规模不是大了而是小了，尚不能完全发挥核心城市的规模效应。

当然东京也有它的问题，东京城市的核心区的人口昼夜比（白天与夜晚常住人口比例）导致整个城市职住平衡性不足。

（2）人口密度是否需要控制：以东京为例

关于人口是否应该向核心城市集中这类问题，其实东京也曾经多次面临过抉择，甚至在不同时期还存在着彼此矛盾的看法。

“二战”后至今，东京共制定过五次“首都圈基本规划”。在1958年的第一次“首都圈基本规划”中，确定针对东京的“大城市病”，试图抑制东京尤其是其中心城区的发展，甚至要将当时东京都的人口削减到“二战”前人口的55%～60%。但事实证明，人口流动与经济地理的发展规律是不因单纯的人为规划而转移的。东京人口很快突破了当年的设定目标，并进一步突破“二战”前水平。

到了1976年，在第三次的规划中，对疏解思路进行了反思，提出了“一极集中”的利弊权衡；而在1986年的第四次规划中，则进一步抛弃了疏解思路，并明确了“一极集中”不应被视为发展的障碍，而应该进行肯定——因为在城市全球竞争的格局下，城市人口集中对提升城市国际竞争力具有正面影响。自此之后的各次计划中，也大多强调东京都市圈的区域竞争力。

从数据上看，日本进入21世纪之后，面临持续的老龄与少子问题，并在2005年首次出现全国总人口减少，但是东京都及周边三县的人口仍在继续增加。

就城市规模与密度问题，我们一以贯之持有的观点也与东京“一极集中”的思路一致——**城市固然要宜居，但是城市发展的逻辑并不是优先提供宜居性，而是提供集聚性**。

哈佛大学教授爱德华·格雷泽曾在他的畅销书《城市的胜利》中提道：“城市的核心价值在于为人的合作提供了可能，尤其是共同创造知识和创意。”对于城市而言，人口密度永远是最为优先和重要的，只有足够的城市人口密度，才能带来人与人之间的集聚与交流，由此产生强大的增长效能。

退一步而言，城市的宜居性固然重要，但是宜居性也并非简单地等同于低建设密度和高人均绿地。借用理查德·佛罗里达的理论，大型创意城市提供的是多元化、包容性的综合体验。也就是说城市居民从理性上愿意忍受一定居住密度的不舒适，换取更好的职业发展机会，以及更好的休闲体验（如戏剧、演出与美术馆等）。

著名的复杂科学与系统科学研究机构，美国圣塔菲研究所提出了一个“15% 法则”，即城市人口规模每增加一倍，将带来 15% 的系统性资源节约和效益提升。城市规模每扩大一倍，人均 GDP、工资水平、人均专利数等“质量发展类指标”就会自动提高 15%。即一个 1000 万人口的城市，所需的公共资源与基础设施投入一定比两个 500 万人口的城市要少；而形成的经济产出，一定比两个 500 万人口的城市要多。同时，不妨以东京和横滨（东京都市圈内第二大城市）做一个比较，东京城市（东京都区部）人口约为横滨市的 4 倍，而其人均 GDP、人均收入等指标则比横滨高出 50% 左右。

这一现象是有科学发展的规律支持的，也就是我们说的“规模经济”。城市规模扩大带来系统性的资源投入节约和要素效益提升，正因如此，如果从中国城市近期高度关注的“高质量发展”角度来看，只有那些能持续吸纳人口，提升城市密度的城市，才能在高质量发展中占据规律性优势。而城市密度带来的能源、环境与管理问题，只要其带来的成本能被“15%”规律的收益所抵消，就能找到解决方案，而非以此作为限制人口流入的托词。

如果说城市密度的形成有着极为复杂的演进系统，历史文化、政治制度、生活方式、产业机构、城市宜居性、效率等因素都会左右其发展，那么是否能探索出一条最优路径则是包括东京在内的全球都市都在努力践行的方向。

3. 精明发展，复合多元

尽管东京主城区内人口规模巨大，人口与建筑密度都极高，但如果从飞机上俯瞰，东京城市的绝对高度并不很高。若干超高层建筑集聚区域和大面积建筑高度适中的城市片区之间的差别相当明显，如图 4-2 所示。

图 4-2 东京俯瞰

在一些日本学者笔下，这被形容为东京城市形态的“**图与底**”结构，就像一幅画作的主图和底色。所谓“图”的部分，是指如新宿、涩谷、丸之内等超高层建筑群，这些区域一般坐落于大型轨道交通站点之上的 CBD 核心区域。而“底”的部分，则是指城市剩余的建筑区，这其中有主要道路两侧中高层的写字楼与住宅，也有道路围合形成的低层建筑，很多甚至是一户建的民宅。

尽管“图”的区域由于是大规模开发的综合体项目而备受瞩目，但这类项目在东京亦属少数。而“底”的区域反而由于居民和业主可以让自由改造沿街空间和私人庭院，从而让东京更具人情味，也更像一个理想的居住地。大量的创意餐饮店、买手店、独立书店都坐落于此。

日本建筑师冢本由晴用了一个有趣的词来形容“底”的区域——宠物建筑（pet architecture），意思是这些小房子由于多是轻质结构，因此在其生命周期需要像照顾宠物一样，时刻留心让其保持最佳状态，赋予其私人化的感情。其实“底”的区域除了宠物建筑之外，也不乏明星级的小规模再开发项目，如代官山、表参道等。

用涩谷副都心为例，以涩谷站为圆心的1.5公里内，高开发强度的综合体紧靠站点，为到访者提供集中便捷的商业服务体验，中远距离项目提供多元与差异化的业态（如表参道、原宿等街区）。而即使是在最临近涩谷站，并有直通站点站城一体化枢纽区，建筑也体现出从中高到极高的变化——涩谷站与涩谷未来之光的容积率都超过10，但坂玄道街区与樱丘口街区容积率为3～6，包括中高层的商业、办公楼和公寓等，如图4-3所示。而在未来的规划中，涩谷甚至还要仅以通过转移容积率，将当前已是地下河的涩谷河进行活化，并形成600米的滨水步道，从而进一步提供公共活动空间。

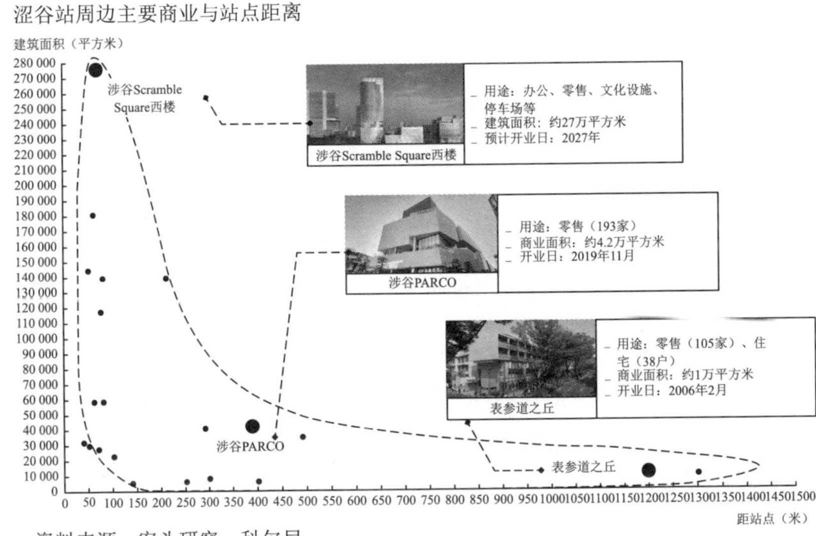

资料来源：案头研究，科尔尼

图4-3 涩谷站周边主要商业面积与站点距离关系

东京人对土地的精明利用还体现在通过有效的设计，将过去被认为无法使用的空间进行有效利用。

例如今天随处可见的地下商业街，就始于1930年的上野站的地下通道商业街。而高架下的空间变革也是一个例子，不同于一般印象中又吵、又乱、又脏的高架下空间，由东急开发并于2016年营业的“中目黑高架下”项目，在700米长度的高架空间下，引进了包括茑屋书店在内的28家店铺，并成为多个旅游节目与攻略推荐的网红打卡地。而JR东日本也不甘示弱，在秋叶原站开设以手工艺职人集聚为特色的“2K540”商店街。

城市的建筑密度高，意味着土地被有效使用，创造了人与人之间、设施与设施之间的紧密联系。高度适中，则能刚好保存传统东京的气质，并带来良好的步行尺度与多元化的城市业态。这也正是简·雅各布斯在《美国大城市的死与生》中所称赞的由混合功能和人口密度所创造的“街区之眼”。

三、发展城市创意阶层，打造城市DNA

在全球，人们对大城市发展的关注最初集中在建设层面，诸如土地财政规划、基础设施和空间布局等，将主要精力投在新区、场馆、公路铁路、环保工程的建造之中；继而由低到高进入第二个层面，即关注产业发展，包括龙头企业导入、产业集群和产业生态系统打造，在国内诸如高质量发展、供给侧改革、营商环境建设、新型城镇化建设等概念（或国家级概念的城市层面投射）都是聚焦于此。接下来的更高一个层面，则是关注城市人才的吸引策略。

纵观全球城市发展实践，持续的人口流入（甚至不仅仅是所谓“高质量人口”或“人才”）才是一个城市具备持续竞争力的关键——这也是科尔尼《全球城市指数》报告（GCI）的核心结论。尽管国内城市近年来已高度关注“以人为本的城市发展模式”，城市间抢人大战也屡见报端，但是我们的“人才”似乎更多地被定义为科技人才或高学历人才。反观东京，则更关注广义的创意层的集聚，在“新世代东京计划”中，更是**将“创意都市”位列首要的城市发展视角，**其次才是“科技都市”和“健康都市。”

在全球层面，以美国学者理查德•佛罗里达（Richard Florida）为代表的城市思想家，也将“创意阶层”作为21世纪城市发展的核心动力。他在其著名著作《创意阶层的崛起》中写道：“城市的关键在于吸引并留住人才，而不仅仅是企业。由知识工人、技术专家、艺术家和其他文化创意从业者构成的创业阶层……是这个时代的优势和主导阶层。”他进一步提到，舒适宜居的环境、多元化的文化体验、高度的包容性、由数字经济和创意经济所驱动的就业环境，是吸引创意阶层集聚的关键——这又进一步形成了所谓的**“城市舒适度”理论**。这里的舒适度不是简单的生活成本或宜居环境，更多的是城市的多元化体验，这也是创意城市所关注的。

东京作为全球创意城市与创意经济的引领城市，在城市营销、城市国际化、文化创意产业发展方面的项目和举措值得我们借鉴与学习。

2007年，东京通过制定《东京未来10年》发展规划来进一步强化城市空间、基础设施、环境与产业以及文化方面的优势。特别是在文化方面，推出了诸如加强文化活动建设、提高“东京亲和力”的城市形象建设、文化与旅游展示平台建设、创意产业发展政策等举措。

例如，通过成立“东京文化资源区”，将东京东北部半径2公里的徒步圈内的谷根千、根岸一带，以及上野、本乡、秋叶原、神田、神保町、汤岛等地区进行整合。

该区域内聚集着跨越近代、现代和当代丰富的文化资源。具体来说，谷根千拥有町屋和路地街道风景等“生活文化资源”；上野有博物馆群和东京艺术大学的“艺术文化资源”；本乡有东京大学的“学术文化资源”；秋叶原有漫画、动画等“流行文化资源”；神保町有旧书店街和出版社的“出版文化资源”；汤岛有汤岛天满宫和汤岛圣堂等、神田有神田祭等继承江户传统的“精神文化资源”。“东京文化资源区”未被卷入高度发展期之后的大规模开发，是珍贵的东京文化资源宝库，重视从文化、环境、观光等各个视角挖掘城市新的可能性。

东京也是日本创意产业集群密集区。以动漫为例，作为全球最大的动漫制作和输出国，日本动漫已在国民经济中占有颇为重要的地位。在日本有 400 多家动漫制作公司，80% 以上的动漫企业将总部设置在东京，东京被誉为“动漫之都”。

在动漫产业空间布局上，注重集群打造。秋叶原是集群核心，其动漫产业基地是由东京新产业文化创作研究所经营，现在已经运营成为东京尖端科技、媒体和新艺术的试验场及研发基地，形成“产学研销一体化”的动漫产业集群。除了内容生产商之外，动漫产业链上的承包商也分布在港区、中央区、涉谷区等商务中心区，而出版商、商务机构、文化机构亦遍布于此，有利于以动画、漫画、游戏等商业形态齐头并进，产业链条完整且高效。

日本动漫产业的发展采取的是全社会共同参与的模式，具体表现为政府高度重视文化产业，确立中央政府、地方政府和民间共同投入的机制，值得借鉴之处如下。

第一，“官产学研销”相结合模式的实施。1995 年，日本政府正式提出“新文化立国”战略后，东京发布《东京观光产业振兴计划》，将动漫等创意产业确立为重要的地方产业和观光资源。采用政府主导型产业运行机制，通过政策创建良好的外部条件和成长空间，吸引创意企业聚合；而学术界则通过加强专业人才培养以及推进技术研发等方式进行支持；创意企业拥有独立的市场主体地位，自主经营，参与竞争。

第二，市场营销体系与多元投资主体的完善。创作与销售一体化的营销方式由东京动漫产业企业首创，包含产品制作、中介服务和高素质销售人员在内，加之强大的衍生品开发能力，保证动漫经济实现可持续经营。与此同时，在政府推动下的民间资本和境外资金顺利进入创意产业。民间投资是创意产业发展壮大的主要融资来源，且所占比例越来越大，许多大型文化活动的举办多依赖企业、公司的投资和资金赞助，从而有效推动产业链的高效运营。

第三，海外市场是重中之重。根据日本动画协会发布的《动画产业报告 2019》显示，2018 年日本动画产业市场规模达到了 21814 亿日元（约合 1396 亿元人民币），海外市场占据了整体的 46%，为 10034 亿日元（约合 642 亿元人民币）。一方面，日本依靠民间组织促进创意产品出口海外，协助管理知识产权相关事项；另一方面，中介组织发挥重要力量，举办大型展销会、开办专卖店，参与与动漫相关的交流活动，推动产品品牌的全球传播和销售。

在政府层面上，日本高度重视国家层面的创意经济发展，将创意产业的综合发展与国家形象、国家品牌等“软实力”相结合。在文化创意领域，日本政府陆续推出“新文化立国”战略方针、“知识产权立国”战略，以及“内容产业全球化”战略，意图向全球推广日本文化，提升其创意产业的全球竞争力。

其中由本文作者之一梅泽高明先生参与的“酷日本”（Cool Japan）战略，可作为一个很好的例子进行分析和参考。

“Cool Japan”战略于2011年启动，日本政府的主要目标是向海外介绍日本的时尚、饮食、设计、漫画、游戏、电影、传统文化等广泛领域，加强国内相关产业的人才培养，进而打造自身“软实力”，进一步促进日本商品的全球销售和吸引海外游客前来观光游览。

2013年11月25日，日本正式设立官民基金——“酷日本基金”，共计375亿日元。出资者主要由日本经济产业省、金融机构、民营企业构成，具体支持的内容包括：第一，构建销售平台，促进日本商品及服务在竞争中获胜并取得市场地位，例如在海外开设零售店铺、购买广告等；第二，注重产品和服务的产业链打造，在当地市场持续保有竞争力，例如在海外开展并购等商业行动；第三，支持本土企业发展，帮助龙头企业和中小企业打造一个充满活力的市场环境，为酷日本产业战略的长期发展奠定基础。

伴随着日本元素的全球流行以及挖掘新经济增长点的需要，2019年，日本首次修订“酷日本战略”并新设立战略会议，“维持日本在世界范围的存在感与影响力”成为最新战略定位。通过深度梳理引发游客对日本感兴趣的“源头”，以及促使外国人对日本文化理解和喜欢的“深度”，日本正在通过科技创新和匠心制造，整合创意资源，抢占未来消费者心智，扩大国际影响力。

从“酷日本”战略落地来看，与创意产业的发展紧密相关的各类动漫节发挥了众多积极作用。根据其特征可以分为以下三种类型。第一，展销型，例如东京国际动漫节。如今，这个盛会已经发展成为世界规模最大的动漫主题大型展会，由东京市政府和相关动画企业共同发起并主办，侧重产业内部的业务洽谈和交流。第二，综合型，以培育大众市场为导向。第三，专项综合型，将产业链商的某个部分作为展会活动的主要内容，涉及游戏、玩具等衍生品，组织者以行业协会和相关企业为主。

四、轨道交通塑造的东京

有时候，尝试理解一个城市如同观赏一幅抽象主义的艺术作品，人们在地图上关心的无外乎是**“点线面”的结构**——重点项目与片区所代表的“点”、发展轴带与廊道所形成的“带”，以及各个城市圈层或多中心形成的网络作为“面”的部分。

若是为初到一个城市的游客来标识城市结构，如果是北京，是长安街与南北轴线，进而是二环、三环、四环等环线；如果是巴黎，则是香榭丽舍大街及两端；如果是纽约，则是斜插线路的百老汇、南北的炮台公园与中央公园；如果是东京，大概是环形的山手线、东西向的中央线，以及新宿、涩谷等各个大站了。

对东京而言，“点线面”则体现在与其**轨道交通系统高度相关**的特征。东京的轨道交通系统极为清晰地塑造出整个城市的空间结构，而居民的社区意识和生活方式也以此为基础进行了重置。

一方面，东京都心是由环线——JR 山手线围合而成的一个圈。JR 山手线始建于 1886 年，至 1925 年形成了一个全长约 35 公里的闭合环线。作为城市中心的东京站（皇居与丸之内）就坐落以此。此外，东京都区部 7 个“副都心”中，有 5 个都布局在山手线沿线，包括最重要的新宿、涩谷与池袋 3 个副都心。同时，这些车站也是东京关键的商务办公、行政管理、商业消费与文旅景观的核心节点。

另一方面，从山手线各个主要交通站点发散形成一系列的轨道线路，将东京的中部与外部圈层有效连接，形成一个庞大复杂且无缝衔接的轨道交通网络，进而塑造出如今这个一体化的东京都市圈。

除了东京都范围内的连通之外，东京发散出来的两条主要产业发展轴带——西南方向连接川崎、横滨的“京滨带”和东南方向连接千叶的“京叶带”，也是由轨道交通联系而成的。“京滨·京叶带”正是所谓东京湾区内的滨海发展轴带，串联起了首尾相连的横滨港、东京港、千叶港、川崎港、木更津港、横须贺港6个港口，这里也是日本最大的工业地带，尤其是重工业与化学工业高度集聚。

1. 面——东京都市圈的圈层结构

东京都区部，即东京市区的部分，主要由JR山手线塑造，在JR山手线内部，由都营地下铁形成超紧密的市中心联系网络；而在山手线之外，各个私铁线路与部分都营地下铁共同构成东京轨道交通系统，呈发散状，将都心区与近郊区域紧密联系。

圈层结构也由环状公路与滨海环路进行补充——在山手线之外，有三层环状高速路，即中央环状线、东京外环道路及首都圈中央联络道路，呈现逐层构成态势。而东京作为湾区大都市，滨海的“京滨·京叶带”也是叠加轨道交通、公路与海运运输系统，并由1997年完工的、总长15公里的东京湾跨海高速围合形成一个海上圈层。

因此，在整个东京首都圈层面（即一都七县范围内）以都心为核心，形成了三个主要的圈层，如图4-4所示。

（1）在30公里圈层内，包括埼玉、横滨、千叶三个大型副中心城市，还包括立川、柏市等六个中小型卫星城。埼玉、横滨、千叶也是东京都市圈内三个县（埼玉县、神奈川县和千叶县）各自的县厅所在地，横滨市更是东京都市圈内仅次于东京的第二大城市，人口约370万人。在这一圈层中，埼玉“新都心”、千叶“幕张新区”、横滨“21世纪未来港”等都是自20世纪80年代后期开始的超大规模综合开发项目。

（2）在50公里圈层内，则有包括八王子、川越、横须贺等七个中小城市。这一圈层最值得注意的是东京都的多摩地区。该地区以“多摩新城”为核心，涵盖八王子市、多摩市、稻城市和町田市等城市，是全日本最大的郊外居住区项目。该地区人口目前占东京都内人口比超过10%，八王子市和町田市更是26个东京都市部城市之中人口数量前二，也是仅有的两个超过40万人的城市。

（3）在80公里范围内，则已经进入都市圈的外围地带，包括筑波、成田等六个城市。值得注意的是，筑波、成田和太田三个城市都是近50年内依靠行政力量或重大基建形成的新城，虽未归属于大都市圈内，但筑波所在的茨城县与太田所在的群马县皆已列入“一都七县”的首都圈范围之内，而其余的熊谷、小山和小田原等更多是外围的边缘型城市。

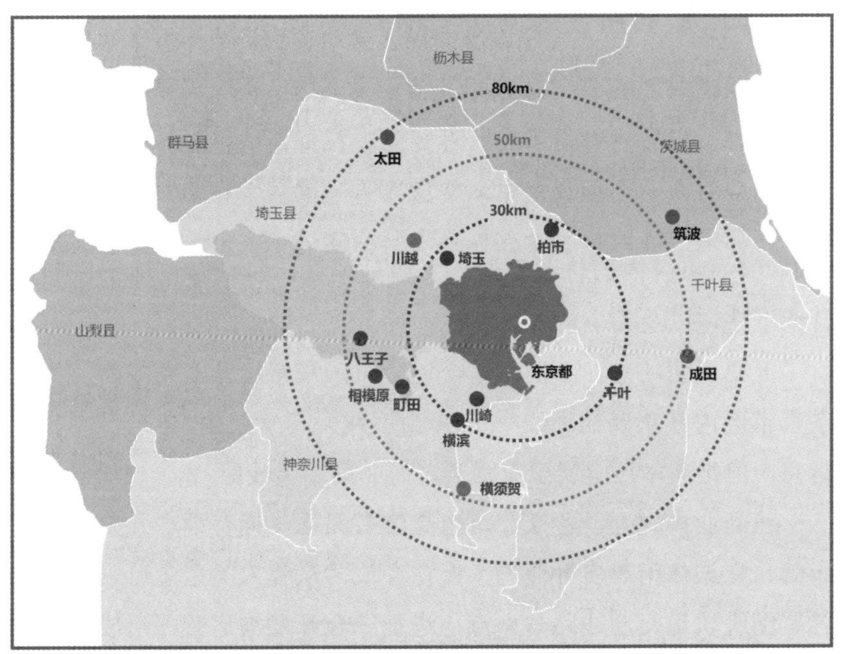

图4-4 东京都市圈的圈层结构

2. 线——轨道交通线路与东京沿线开发

初到东京的游客几乎都会被东京轨道交通系统所呈现的复杂性所震惊。

由于长期历史沿革，高密度的轨道交通投资，以及不同开发经营主体并存，东京的轨道交通线路的确很复杂。在东京都范围内，有 17 家轨道交通公司运营着上百条不同的线路。但另一方面，不同公司通过复杂的合约，确保线路、轨道和站点的彼此无缝连接，甚至可以互相租用。

总体而言，东京都市圈内的轨道交通大概包括以下四大类。

（1）城际高速铁路：新干线，如连接东京与大阪的东海道新干线。

（2）城市间一般铁路：JR 线即日本铁路公司（Japan Railways，JR），是日本的大型铁路公司集团，其前身为日本国有铁道，1987 年拆分。东京都市圈内主要是 JR 东日本公司。

（3）都市圈内城郊轨道交通：主要是私铁，如东急电铁、西武铁道等。

（4）市区内的轨道交通：主要是地铁，包括东京地下铁和都营地下铁，以及各个私铁。

但要说明的是，不同轨道交通公司，常常运营多条线路，例如东京市区内最重要的环线——JR 山手线，尽管是由 JR 东日本公司运营，但是其本质上属于第四类，而非第二类线路。

在商业模式上，各家公司也高度多元化，拥有地产开发、商业运营、文旅休闲等多种业态，百花齐放。从收入类型上可以看出，各家围绕轨道交通线路与站点，进行综合开发与运营，形成的收入总量基本与轨道交通本身收入齐平，东急电铁、小田急电铁和西武铁道等轨道交通公司形成的地产与商业收入总量甚至远超轨道交通本身的运输收入。这正是东京“站城一体化”开发与运营的魅力（如图 4-5 所示）。

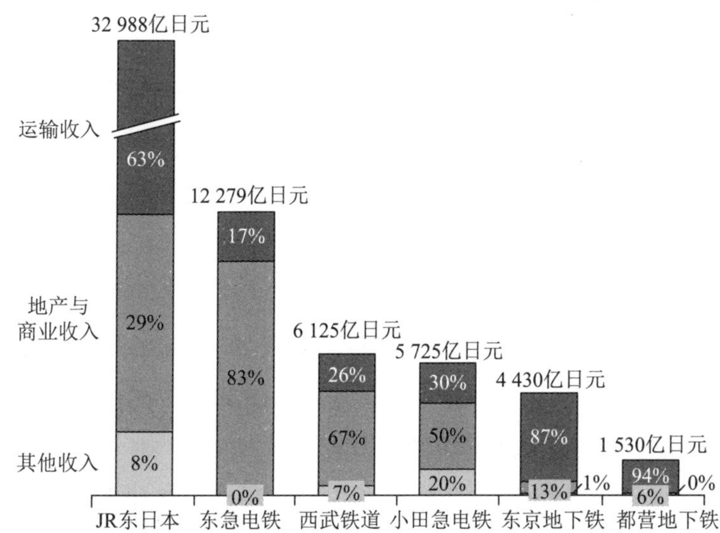

资料来源：各公司年报，科尔尼

图 4-5 2019 年东京六家主要轨交公司收入分拆

在日本，涉及轨道交通建设运营、城市与地产开发层面的关键法律是《宅铁法》。目前日本的轨道交通开发主要有两种模式：一是在市区内的轨道交通线路开展的点状综合开发；另一类是主要沿城郊轨道交通线路所开展的带状沿线开发（如图 4-6 所示）。

关于前一种开发模式，尤其是山手线形成的都心区，以及山手线沿线各个大型综合枢纽站点（如新宿）的背景等情况，在前文中已着墨不少，接下来将重点介绍后一种模式，即沿线开发模式。

以多摩地区为例，区内的两个大规模城市开发项目皆有赖于完善的轨道交通连接。多摩新城以日本住宅公团（现 UR 都市机构）

为主体开发，通过小田急线与新宿相连；东急多摩田园都市则以东急电铁为主体开发，通过东急电铁的“田园都市线”与涩谷相连。

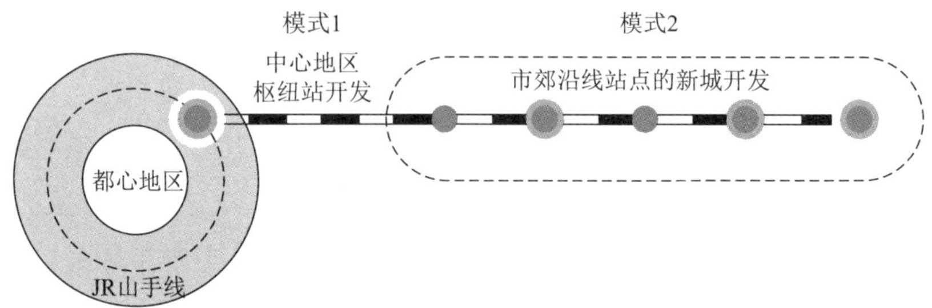

图 4-6　两种不同的轨道交通 TOD 综合开发模式

东急田园线与东急田园都市整个项目始于 1956 年，占地面积约 5 平方公里，目前人口超过 60 万。在东京都市圈内，拥有 5 个超过 1 平方公里的大规模新城开发项目（20 世纪 80 年代经济泡沫破裂前），而东急田园都市从起始年份、项目规模和人口吸引等方面都超过了其他 4 个公共主导项目，充分显示了东急作为私营轨道交通公司的战略远见与执行能力。

【专栏：东急田园都市的发展经验】

东急多摩田园都市项目位于东京西南方向，沿东急田园都市线，在距东京市中心 20 ~ 40 公里的范围内逐次分布，并与涩谷相连接。开发方是私营机构——东急电铁，其负责人在 20 世纪 50 年代坚信东京都市圈将不断扩大，因此于 1953 年提出该计划，并参考当时流行的“田园城市”理论（霍华德《明日田园城市》），开启了“东急田园都市”项目。

《梨城规划》的具体思路是，分别运营只停大站的“急行列车”与每站停靠的“一般列车”，并在设站时确保各站间隔 800 米左右，以便在步行区域能彼此重叠，形成连续的城市区域。在每一站，涉及居民日常生活所需的各类生活服务设施，将会被集中建在轨交线的站前半径 300 米的范围内，类似于今天的“邻里中心”，而把大型公共设施与商业综合体等分布于距离大站 1 公里范围内。

值得借鉴的经验有四点：一是前期以“导入人口”为优先举措，逐步打造站前生活服务设施，确保居民能满足基本生活，并在人口集聚后，逐步构筑高质量的大型服务设施，如购物中心、大型医院等；二是通过引进大学与大型商业综合体，创造与日常去往东京通勤反向的客流，以确保城市的人气和商业经营收入；三是关注持续运营，大量持有商业项目，甚至将商业作为公司与轨道交通、地产开发并列的“三驾马车”；四是关注整体舒适度，例如建设大量的公园绿地，轨道交通公司运营多班次的公交巴士，以方便居民出行。

3. 点——基于站点的站城一体化开发

要解释“站城一体化开发”是什么，首先需要解释什么是 TOD 开发模式。

所谓 TOD 即**公共交通导向型的城市开发**（transit oriented development，TOD），由美国学者卡尔索普基于纽约、东京、香港等城市的开发实践提炼而来，并于 1993 年首次提出。其核心内涵可以总结为“由于城市人口倾向于集聚在交通最为便利的区域，因而在公共交通沿线设置住宅、办公、商业与公共设施，从而通过公共交通与土地的一体化开发实现高效与紧凑型开发，并促进可持续发展”。

简而言之，就是在地铁站点等交通便利区域，开展一体化的地产开发。近年来，国内 TOD 开发已经为人们所熟知，在一线、新一线乃至二线城市都积极推动地铁建设的大潮下，在地铁站周围半径 300 ～ 500 米范围内进行站点上盖和站点周边的取套开发成为业界惯例。

我们也可以将站城一体化理解为 TOD 的日本版本，并且尤其是偏重于轨道交通与土地开发的结合。部分海外 TOD 典型案例城市，也有围绕公交站点进行开发的，如巴西的库里蒂巴，就是基于 BRT 轴线进行城市开发。

事实上，**东京站城一体化概念的实践要远远早于 TOD 理念推出的时间**。早在 20 世纪最初 10 年，阪急电铁创始人小林一三就提出了“乘客创造轨道交通”的理念，并在轨道交通沿线进行开发与一体经营。今天，大家耳熟能详的日本甲子园棒球场、宝冢歌舞团、阪急百货等，都是当年为了吸引更多人员流动所打造的。对东京而言，随着 1964 年奥运会形成的大规模基础设施开发落成，在确立以轨道优先的发展模式后，围绕轨道交通站点进行一体化的开发，成为东京主要商业活动集聚区内最为显著的一个特征。

前面也提及，东京轨道交通开发主要有两种模式：一是在市区内的轨道交通线路上，开展点状综合开发；另一类是沿城郊轨道交通线路，开展带状沿线开发。由于位于不同线路之上的站点本身在客流能级、通勤模式、消费特点方面有明显的差异，所以形成的站点开发模式也各不相同。即使是同一线路上的站点，由于所处的区位不同，以及接入换乘线路的种类和数量不同，其能级也有很大的区别（如图 4-7 所示）。

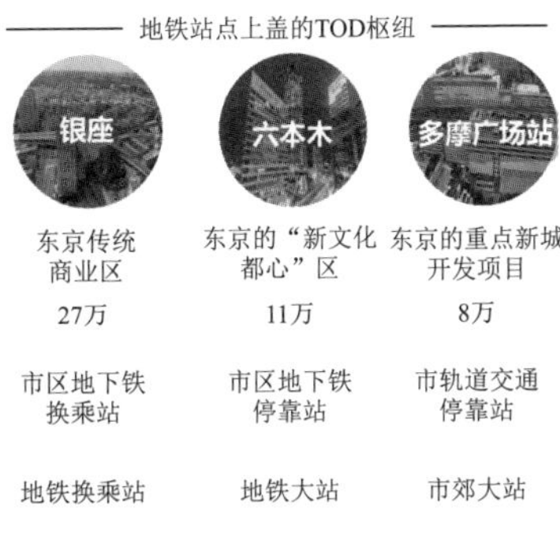

	新宿站	涩谷站	东京站	银座	六本木	多摩广场站
	东京三大副中心之一，行政中心	东京三大副中心之一，重点商圈	东京传统中心，皇居所在地	东京传统商业区	东京的“新文化都心”区	东京的重点新城开发项目
日乘降人次	338万	330万	147万	27万	11万	8万
线路特点	市内轨道交通与市郊轨道交通换乘站	市内轨道交通与市郊轨道交通换乘站	市内轨道交通、市郊轨道交通与新干线换乘站	市区地下铁换乘站	市区地下铁停靠站	市轨道交通停靠站
站点特点	综合换乘枢纽站	综合换乘枢纽站	综合换乘枢纽站	地铁换乘站	地铁大站	市郊大站
城市开发特点	兼容城铁、地铁，形成超过1平方公里的TOD枢纽区，含办公、零售、体验等多种业态			乘降人次有限，劳动的区域范围在300～500米半径，形成的站城一体化区域一般小于0.8平方公里		

图 4-7 不同类型的轨道交通站点及枢纽

例如，都心的涩谷站和六本木站，虽然都是繁忙车站，并且也都形成了各自的繁华商业与办公区域，但是两者的能级和体量完全不可横向比较。涩谷站日乘降人次超过 330 万，带动形成的城市空间影响范围超过 5 平方公里，覆盖多个街区；而六本木虽然是近年来令人瞩目的城市更新与新兴商业区，但其地铁站日乘降人次为 11 万，带动的项目以六本木之丘和东京中城为重点，整体建筑面积不到 200 万平方米。

【专栏：都心内的部分重点项目】

1. 涩谷：轨道交通 + 地铁的大型枢纽型站城一体化开发

涩谷地区被定位为东京都内的三大副中心之一。20 世纪 70 年代便由东急等多家轨道交通与地产企业共同开发，形成了成熟的商业、办公、住宅、创意与旅游产业的集群。现如今作为日本第二大综合枢纽的涩谷站，不仅拥有国铁 JR 线、城际线与多个都内的重要地铁线路，还是日本面向全世界的一张重要文化名片。

经历日本泡沫经济后期的滑坡，涩谷在 2008 年开启了区域内的“再开发计划”。通过不同地铁之间的容积率转移，将主要的开发建设指标置换至涩谷 TOD 核心区，由此涩谷区域形成了总计 7 平方公里的综合枢纽开发区。这一大片区域中，最为核心的是与涩谷站紧密相连的涩谷—神泉交通门户区，这也是整个涩谷区域内拥有最高密度与开发量的核心区域。涩谷—神泉交道门户内包括 2020 年新开业、总建筑面积超过 27 万平方米、容积率达到 14 的涩谷大厦东、西两栋楼。紧邻涩谷大厦的还有 14 万平方米的地标商业综合体——“涩谷未来之光”，并在其中层区建造了全日本最大的观剧场——东急 THEATRE Orb。“涩谷未来之光”在 2012 年开业第一年就获得了营业额 190 亿日元（约 11 亿人民币）与超过 2 200 万人次的游客量。核心区内，利用精巧的导流设计理念将每日超过 300 万人次的通勤人群与访客进行有序引导至对应方向，通过嵌入“城市核”，将空中走廊、地面广场、地下街道与不同站点、建筑连接，成功快速疏解人流并将消费者导入不同消费场景内，实现了涩谷 TOD 内的人流高效运转。

同时，在周边通过大量的文化商业目的地成功打造了三大功能区，包括围绕原宿和明治神宫前车站的、以街头潮流时尚为主的原宿商业地区，围绕表参道站的、以高端奢侈品旗舰店为主打的表参道文化区，围绕代官山站、以高端生活方式为特色的代官山—惠比寿区。同时分布有表参道万国街、根津美术馆、竹下街道与茑屋书店 T-Site 等大量公共艺术设施与商业文化目的地，为涩谷区域文化创意产业营造了极佳的氛围与商业活力。

2. 六本木：地铁型站城一体化开发

六本木一丁目站 TOD 地区位于日本东京都的港区中心，该地区围绕站点打造了多个高密度区域，包括六本木一丁目、六本木新城、东京中城。其中六本木新城项目以轨道为节点，成为打造“TOD

社区理念”的代表性项目，通过开发超高层塔楼和地下空间立体使用，形成“垂直都市”，将城市空间与站点空间融合，在直径 5 公里范围内形成了超过 300 万人的核心城区。

- 复合功能：项目围绕“商业、住宅、文化和创意设计”这四点为主要元素，塑造了一个复合型的都市生活圈，将艺术性和实用性实现完美结合，将影院、博物馆、露天剧场、美术馆、特色广场、公园等休闲空间与城市景观合理布局，全面满足人们日常生活、商务活动乃至游览等各类需求。
- 垂直化空间：项目在整体设计上充分利用了起伏多变的地形，实现从“扁平”到“垂直”的改造，通过增加建筑的高度来保留更多绿地与公共空间，并缩短办公地点与居住区的距离，减少通勤时间。
- 站城一体化设计：通过巧妙规划使新城项目与既有交通体系实现完美结合，首先地铁站、（地铁日比谷线六本木站）作为六本木新城的主入口之一，接着搭建步行街、地下通道、空中连廊与交通枢纽相连通，使得人流很容易也愿意从地铁站流动至高处的庭院美术馆区。

目前，此区域已经形成由多个站城和高层聚集区构成的国际经济和文化片区，集合企业办公总部、别具一格的购物中心及高能级公共艺术场馆，并由自动扶梯和台阶组成的步行空间“城市走廊”将各个部分相连接。在 TOD 一体化的设计思路下，这个区域被打造成为一个既具备热闹都市功能又充满自然文化气息的宜居街区。

在都市圈层面，东京大都市圈内主要有三大类副中心——综合功能的“新都心”、科技创新型的“筑波科学城”、职住平衡型的“新城”。

第一类是原“新都心”，即在东京都市圈三个县之内，各自打造一个承担综合行政、办公、商业与居住职能的地区——位于神奈川县横滨市的“横滨 21 世纪未来港”、位于千叶县千叶市的“幕张新区”、位于埼玉县埼玉市的“埼玉新都心”。

第二类是筑波科学城，集中了全日本 30% 的科研机构和 40% 的科研人员在此，其目标是打造全球顶级的国家科研中心。

第三类的“新城”型项目，主要是以多摩新城为代表。政府牵头的港北新城、千叶新城、千叶海滨新城，以及私营企业主导的东急多摩田园都市也属于这一类，但皆未入选。

根据《东京 2040 发展规划》，在都心外主要还有五个目的为“促进东京圈一体化，承担首都功能和广域性的经济职能，将高级别城市功能集中的，位于区域交流关键节点”的广域据点。

这五个“广域据点”（多摩、埼玉、筑波・柏、千叶、横滨・川崎・木更津），皆为具备良好轨道交通连通性，并与东京都心（又被新命名为“中枢广域据点”）紧密相连的地区。

【专栏2：都心外的部分重点项目】

- 横滨 21 世纪未来港夏季来横滨观看过花火大会的游客，一定会对 21 世纪未来港项目印象深刻。横滨 21 世纪港项目毗邻东京首都高速公路和城际高速铁路，能够实现和东京及其他重要区域的快速连接，是东京第四次首都圈规划的重点建设项目之一，意在分担日益向东京集中的商务办公功能，引导此类城市功能向商务核心城市集中。该项目占地约为 186 公顷，核心是建于原造船所的船坞上、楼高 296 米的横滨地标大厦。如今，这里作为城市中心地区，为市区居民和游客提供休闲、购物及文化娱乐服务，也是高科技、知识密集以及国际企业的战略规划及研究发展中心，区域内入驻了多家企业总部或研发中心，诸如横滨银行、动漫产业基地、富士软件、日产企业、三菱重工等，现已成为东京区域重要的核心商务区之一。

- 千叶幕张新区位于千叶县东京湾沿岸，由填海造地而成。历经十几年的建设，成为一座以“职、住、学、游”为特色的复合型城市。幕张新都心占地共 5.22 平方公里，其中商务办公用地为 0.84 平方公里，商业用地为 0.33 平方公里，居住用地为 0.39 平方公里，教育用地为 0.87 平方公里。其建设目标主要包括：以会展中心为核心，聚集国际商务功能；聚集前沿工业产业的商务管理、办公研发功能；聚集为高科技产业发展提供技能人才的科学教育功能；全面实现舒适的、具备吸引力的居住环境，满足未来就业人群及其家庭的居住需求。其中作为核心载体的幕张展览馆占地 0.21 平方公里，可提供 6000 个展位，一年一度的东京游戏展就在此举办。
- 多摩新城位于东京西部，规划面积为 29.8 平方公里，规划人口约为 30 万人，1966 年开始建设，采用以公共交通导向的开发模式（TOD）。在设计中，充分尊重原有地形地貌，发挥区域坡地的地理特色，每个居住区配置公园、综合医院、商场等，而在新城中心，机关、企业、事务所、学校、公共福利机构等逐渐完善，京王、小田急两条快速铁路从中心区域通过。2017 年 9 月，东京都最新一版城市总体规划《都市营造的宏伟设计——东京 2040》提出要建立两个核心区，其中一个就是多摩地区的“创新交流区”，希望将其打造成驱动东京湾乃至日本经济发展的两个引擎之一。

长期以来，东京都市圈作为人口密度最高、经济和社会活动最为密集的世界级都市圈，拥有全球最复杂、最密集，且运输流量最高的轨道交通系统和通勤车站群，高效、完善的交通系统持续推进着日本经济的快速发展，强化了城市与城市之间的关联。

东京结合日本城市发展的现状，确定了以发展**区域公共轨道交通网络为主，地面公共交通为辅**的城市交通发展目标，提高了公共交通整体服务水平。东京都市圈在各个圈层都主要依靠不同类型的轨道交通线路进行组网和联结。

在轨道交通交通体系设置上，除了市区采取地铁联系，城际依靠铁路和高铁联系之外，还创造性地通过近郊私铁将城市与近郊卫星城紧密联系，并将全国的城际铁路（JR 线）嵌入城市间网络内，从而使东京都市圈内各独立城市与卫星城市实现分层直联与无缝换乘。

以 JR 山手环线构成了核心区域，并多层次建设轨道交通、高速公路以及快速城市公路。山手环线、武藏野半环线与轨道、高速公路交叉点、沿线分布着若干副都心与新城。总的来看，这个以轨道交通为核心的区域交通体系，支撑着超过 3600 万人每日的经济和社会活动。

在换乘站点上，东京采用的方案是将**城际与地铁进行整合**，如新宿、涩谷等设置于中心城区的枢纽站，而非国内火车站将短途城际（C 字头）与长途高铁（D、G 字头）通过相对偏远的高铁站进行整合。比较而言，这更符合日常通勤习惯，也有效降低了交通网络负担。与此同时，东京着力完善集合交通和城市功能为一体的综合交通枢纽作为城市的公共活动中心，以此吸引市民。

纵观整个东京都市圈，通过复合功能的内部连接和广域网络的外部连通，促进地区内人员和产业的时空转移。我们从中可以借鉴以下几点。①超大都市应该将轨道交通的主体地位尽早确立，甚至应该超前于城市道路建设，根据不同空间圈层特点、出行时间以及目的地等，构建轨道线网的层次，强化不同层次轨道线网的相互衔接，明确各轨道类型服务范围和模式，差异化地满足短程通勤与长途出行的不同需求。②交通网络与城市结构和区域经济发展相辅相成，交通路网建设既可以带动沿线城市用地的开发和商业设施的引入，同时，土地有效开发还能为轨道交通的客流提供稳定支撑，促进城市活力。③努力实现市郊铁路与城区地铁的直通运营，减少因换乘带来的时间损耗和运营效率降低，而这需要在前期规划中预留出技术对接的空间。

五、民众参与，多元共治

在看过前几章有关“新世代东京计划”介绍之后的读者可能会有些吃惊——一个仅有 12 名专家成员的非营利组织，竟然可以凭借一己之力，为一座超级城市的发展带来如此多的改变——不仅仅是提建议和提方案，更重要的是能推进一系列具体项目的实施，甚至影响政策立法。

的确，自发起近十年来，“新世代东京计划”在社会层面引发广泛关注，日本媒体、商界和政界纷纷加入进来，针对一系列城市未来发展大计参与讨论。该计划主导发起和推动的多项东京都政府立法，内容涉及国际人才吸引、夜间经济管理、民宿管理等各个方面；同时也亲自策划和促成多个项目落地，包括重点区域再开发、创新创业社区运营、国际教育机构引进等，都无一不推动着东京的城市发展。而这本身也成为一个折射出东京独特“共治”模式的具体案例。

1. 从“新世代东京计划”看多元共治

“新世代东京计划”成功的关键，在于在机制上能够充分动员、保障和鼓励东京本土的精英贤达人士对城市发展的热情与设想。

（1）自下而上的对话机制，跨学科、多元化的意见输入，以复合知识解答城市发展未来。

“新世代东京计划”采用新颖的城市发展思路，特别是集中于决策、建设两大层面。事实上，城市发展的决策设计不仅要能保障中央及地方领导层自上而下的决策形成，更要重视来自民间的想法，为下情上达提供通畅的途径。在建设时，需特别重视修复再生（renovation）和改造（conversion）的手法，发挥现有资产的二次利用价值。

而该计划注重吸引本地专家，给予本地意见领袖较大的发挥空间。来自“新世代东京计划”社会贤达机构的 12 人专家小组，其成员中不乏来自咨询公司和商业界的专家，来自科技和创业领域的企业家，推进多个公共立法的资深律师，此外，还拥有出身设计和艺术的、来自东京大学的艺术家，来自 *Time Out* 东京的出版人、哈佛大学建筑系的系主任、知名的城市规划专家以及前奥运会顶级运动员等。

这个由多元学科专业人士参与设计的“新世代东京计划”，避免了任何领域的知识垄断，通过跨学科、多元化的专家意见输入，达成多方共识，探索城市发展的关键问题。

（2）推动政策制定与本地立法，促进城市规划举措有效落地。

在“新世代东京计划”推进过程中，总有各种各样的法律法规挡在面前。为了避免受到现有规则和条约的限制，“新世代东京计划”团队充分利用国家战略特区计划，以求特定区域内规章制度的松动，抑或是推动全国范围内的法律改革。

该计划与东京都各级政府，乃至日本中央政府，建立了密切的沟通和交流机制，向政府的国家战略特别区域咨询会议工作小组，以及规章制度改革推进室等机构提交了多项提案。提案包括：针对创新人才放宽工作签证限制、废除针对休娱业态夜间经营的限制、增设民宿特区、开放市内公共空间。其中大多数提案都已经获得了法律的支持，并已进入实施阶段。尤其是“针对创新人才放宽签证限制”和“废除针对夜间营业的限制”这两个提案，已经获得政府通过，并由“新世代东京计划”团队深入参与到项目的执行过程之中。

从政策具体细节来看，举一个简单的例子。创新人才政策涉及高级人才签证及设计类毕业生工作签证条件放宽。其中，由“新世代东京计划”团队提案，在“高级人才积分制度”中纳入设计和艺术等创意领域关键人才，并设置具体加分指标。该政策已于 2017 年 6 月被正式纳入政府方针。

（3）作为“超级项目经理”，发起与介入区域再开发和公共性项目。

区域层面，在具体落地的区域再开发和公告性项目上，“新世代东京计划”团队也取得了一定成效。下面介绍两个成功的案例。

第一个案例是联合英国皇家艺术学院和东京大学生产技术研究所，成立东京设计实验室。该项国际合作的主要内容包括英国皇家艺术学院向东京派遣教员和研究人员，并协同双方科学技术和设计技术，以项目的形式将人们对未来城市的设想一步步变成现实。

这一国际合作的实现离不开“新世代东京计划”三位成员的努力，并通过内阁府战略推进会议。该设计实验室未来将作为国际化的前沿设计中心，同日本产业界相互扶持，专注于提高国际影响力。

第二个案例是目前还在推进中的东京创业园区建设。“新世代东京计划”团队正努力与国际知名创业孵化基地 CIC 沟通，试图在东京设立 CIC TOKYO 分部。

在与 CIC 合作共建创业园区的计划中，被称为“冒险咖啡厅东京”的项目正进行初步试水。每周四的晚上，在虎之门之丘咖啡馆会定期举办创新性社区活动。简而言之，力图在东京地区建立更深入的创新社区，希望通过“冒险咖啡厅活动”这个有益尝试，将社区作为开设东京创新中心的基础。

此外，由该机构提出的在东京其他区域展开实践策略亦被纳入政府层面的考虑范围，包括对筑地海鲜市场搬迁后的改造设想和 2020 年东京奥会的社区拆建及区域交通改造。

需要特别指出的是，与此类似的项目推进方式并非是“新世代东京计划”所独有的。事实上，这类由精英市民发起、政府支持、公众团体和企业界深度协作的城市发展模式在东京屡见不鲜。“新世代东京计划”团队之一的楠本先生，曾多次发起和推动一系列类似工作，例如知名的涩谷“猫街”的再开发、“东京丰收节”（Tokyo Harvest）等区域再开发和公共性项目，有力地推动了东京在创新创业领域的高效发展。

2. 民间力量共治的沿革与模式

民间力量推动城市改变案例的背后，离不开东京乃至日本城市治理模式的历史沿革。若进一步探究，根据日本历史专家、美国教授乔丹・桑德的研究显示，关于日本民众参与共治的起源，最早可以追溯到 20 世纪 60 年代，当时日本政策的制定者、社会学家和都市规划师观察到，日本新兴的城市和郊区新城中出现“社区崩坏”的现象，这令人十分担忧，于是他们随即展开研究，期望能够找到创造良好社区的前提条件和环境氛围。

自此，“社区”这一词被赋予了全新的概念和意义。

在此之前，日本的本土社区被认为是自然生成的，但在新的都市话语体系中，社区被视作由人们主动参加而形成的，并体现了本地公民的团结性。与社区概念等同的是“自治体”，这一词在日文中是由英语单词“community”（社区、社群）直接音译的片假名所书写的。“自治体”一词在日本学界又常常与“社区营造”紧密相连。这背后体现了“自治体”所暗含的自主性的社区组织与“社区营造”所包含的本土身份塑造和国家的行政概念的紧密联系。

2000 年 4 月，日本颁布实施《地方分权一揽子法》，该法对中央政府与地方自治体应承担的作用做了明确规定，力图提高地方自治体的自主性和自立能力，建设富有特色并充满活力的地区社会。

于是，在城市形象塑造与政府的“文化行政”密不可分的时代里，社区居民和民间机构的努力能够获得政府认可，并推动国家与城市的不断更新，这个传统被延续至今。

（1）日本城市共治的传统

日本民间团体参与城市更新、社会治理的方式和举措种类繁多，可以从几个角度加以回顾。

首先，建立“多中心”的主体参与机制，促使社会治理主体多元化成为常态。在东京，居民成为治理主角，地方自治体、非营利组织、志愿者团体与企业都能够各司其职。

例如，新宿区在《城市建设基本构思与综合计划（2008—2017年）》中提出，区民是区政的主角，以“区政需要立足区民，服务区民”为目标，充分发挥町内会、非营利组织、企业、学校等机构以及当地精英分子的重要作用；涩谷区则在《培养和支持下一代行动计划（2010—2014）》中形成了以区役所在内的行政部门，保育园和学校等教育单位，非营利组织和志愿团体等民间组织，以及家庭和企业等多元主体积极合作的局面。

其次，社会治理方式的高效互动十分突出。日本市民们期待构建起“互助和有活力的社会”，其共同拥有的“协动”场所被定义为“新公共”，尤其在教育、治安、防灾、社会福利等领域，市民之间、地区之间保持良好的协同机制。

例如，荒川区在营造“安全安心都市”规划中，强调区民、町内会等地域团体、防灾与防止犯罪相关政府部门以及企业间的协动；葛饰区在社会治理整体规划中，强调通过居民、政府和企业三方协动，推进文化、环境、交通、卫生、社会保障、学校教育等各项事业发展，进而全方位推进当地社会的发展。

再次，社会治理规划的长期性受到重视，突出“地域力”，包含资源积蓄力、自制力，以及民众对于区域的关心程度。住宅区依靠邻里和居民协会，商业区依靠振兴协会进行自主管理等，而城市规划组织和非营利性组织法人也积极参与。

例如，在东京大田区，通过居民的个体力量，促成自治会与町内会、企业、非营利组织等民间团体的合作，解决预防犯罪、预防自然灾害、社会福利、儿童保健、教育事业、产业发展、国际交流等地区问题，进而持续创造当地的吸引力。

最后，在促进国际交流和多元文化发展方面，日本的地方自治体、地区国际化协会、各类非营利性组织以及民间团体和居民个人都根据各自特点开展协作，凝聚集体的创意魅力。

其间，多层次民间交流亦发挥着重要的推动作用，帮助外国人更好地了解日本的历史，吸引海外游客前来观光，促进日本本国文化多样性的形成。在教育领域，图书馆的运营，博物馆、美术馆的修建，学校和就业的指导服务，体育和休闲场所的扩建等也是地方自治体能够大展拳脚之处，终身学习的理念已经得到广泛普及。

（2）日本城市共治核心领域：城市更新

在城市共治层面，日本持续的城市更新中所涉及的多方博弈、多方共参与、多方协作的相关机制极具典型意义。

纵观日本城市的发展轨迹，城市更新的主题始终贯穿期间。自1954年迎来“二战”后经济高速发展期，日本的城市化建设便快速展开，历经“二战”后重建、人口大规模迁移、泡沫经济破裂，以及一系列自然灾害的考验，在机遇与挑战下，日本政府和民众逐步探索出了一套独具特色的城市更新体系：一方面，形成了城市规划由中央政府向地方政府不断分权的规划体系，为区域管理创造新的空间；另一方面，建立由政府主导的改建向由利益相关者自我组织协调的更新路径和制度。

在《地方分权一揽子法》之后，日本也持续推进一系列的共治机制。2001年时任首相小泉纯一郎成立了内阁直属的都市再生本部，并亲自担任本部长。2004年7月，“UR都市机构”成立。该组织作为介于官民之间的独立行政法人，扮演区域更新（日本被称为都市再生或地方创生）的主导者与协调中枢。通过运用取得的土地实施土地重划、改善道路等公共设施等工作，规范民间参与都市再生的权利与义务，建构“连锁型”滚动更新的都市更新框架，并推进改造更新的各项工作的顺利展开。

日本交通国土省从2007年开始，针对郊区住宅地区和市中心商业区等地区，积极推进“地域管理”（area management）事业。住宅区“地域管理”的组织主要依靠邻里和居民协会、商业区主要依靠商店街振兴协会；城市规划组织和非营利性组织法人也担当空间塑造的重要角色，行政力量在这个过程中只起支援和协助的作用。

而在成果方面，东京日本桥地区的改建历程则可称得上是城市中心地带由地方群体驱动“地方创生”的典型案例。

（3）日本“地方创生”的政策实战——“日本桥”的复兴

自江户时代起，日本桥一带就已经是繁荣的商业中心了，聚集着全国的商人和手工艺人。1603 年，日本桥由开创江户幕府的德川家康修建，成为江户干线的组成部分，作为水路枢纽，从此处出发能够通达全国各地。桥身最初为木质结构，历经数十次的毁坏和重建。如今，花岗岩质地的双拱石桥建于 1911 年，架在中央区北部日本桥川之上，是东京都区部的“道路元标”，即日本道路网的始点。

日本桥位于江户时代的“下町”地区，孕育着特色鲜明的庶民文化，而明治维新之后，大型百货公司、中央银行等机构的入驻，区域经济和人口数量的快速增长，见证了日本桥地区繁荣发展的历史。然而，为了迎接 1964 年东京奥运会，东京开展了首都高速公路建设项目。1963 年高速公路从日本桥上空跨越修建（见图 4-8），引发民众的异议，而受城市新兴区域发展等影响，日本桥所处的中央区人口数量逐渐减少，经济呈现萧条趋势。于是，一场延续 60 年的“自下而上”的本地创生运动悄然展开，当地的居民和企业试图扭转乾坤。

图 4-8　被首都高速公路遮盖的日本桥

最初，1968 年成立的民间团体“保存会”成为主力担当，自 1979 年起，他们将每年 7 月的最后一个星期日作为行动日，展开日本桥的清洗活动；1991 年，在日本桥两岸修建的四个小型广场传播地域历史文化，成为游客到访打卡胜地；1999 年，日本桥正式被指定为国家重要文化财产，在“保存会”的持续游说下，其地点被纳入全国知名赛事“东京—箱根大学生接力赛”赛程。

接下来，更为专业性的统筹机构“复兴 100 年计划委员会”于 1999 年成立，通过“保留、复兴、创造”这三种开发方案，力图实现日本桥区域未来 100 年的可持续发展，各民间团体的力量在其统筹下得到了协同发展。

其后，行业专家的介入再度推进了日本桥地区的复兴工程。2006 年 9 月，由早稻田大学特命教授伊藤滋等四位专家成立协会，将目标设定为将日本桥岸边改造成为市民可自由来往的公共空间。在他们看来，景观复兴应以民间力量主导、辅以官民合作。借助日本申办 2016 年奥运会的契机，该组织向时任日本首相小泉纯一郎提交报告书，建议可将架于桥上的高速公路转入地下，并对日本桥区域展开综合改造。虽然最终未能如愿实施，但为日本桥保护运动赢得了更多社会关注和支持。

随着日本赢得 2020 年奥运会的主办权，首都高速的改建工程全面展开，日本桥地区的各自治会以及民间团体于 2015 年开展请愿活动，呼唤民众意识觉醒，凝聚共识，推进拆除项目，让日本桥重现光彩。最终，超过 32 万份的请愿书呈交给了日本众议院。2016 年，根据《日本经济新闻》报道，日本国土交通省和东京都政府明确表明，日本桥段的首都高速路将进行地下化改造，列入城市再生项目，而具体的资金分配与空间的设计则将在民间已有方案上加以调整。

2018年7月，根据日本《朝日新闻》的报道，由日本国土交通省、东京都、首都高速公路、东京都中央区共同组成的研讨会召开第三次会议，达成了约3200亿日元的工程预算，用于完成东京日本桥正上方首都高速公路的地下化改造，项目将于2020年东京奥运会、残奥会结束后启动，预计耗费10～20年时间，这也意味着日本桥地区的城市空间再规划历程的全面开启。

“亚洲是一体”（Asia is one），1903年日本学者冈仓天心在其以英文写就的《理想之书》中，给出了这样一个不容分说的关于亚洲的核心观点。

百年之后的今天，世界的注意力又再次聚焦亚洲，这里是世界上最大的区域经济体、最具发展活力和潜力的地区之一，其在世界战略全局中的地位处于加速上升时期。更为重要的是，这种崛起并非属于周期性，而是出现了真正意义上的结构性的变化。

不可否认，“亚洲世纪”已经到来。亚洲区域面积幅员辽阔、历史悠久、人口稠密，各国经济、政治、社会体系复杂，且差异巨大。历史上，这个“多样化”的亚洲在各个领域都几乎无法用“一体化”来加以描述，在相当长的历史时期，关于“亚洲崛起”的期待也仅仅停留在理论层面。

多年之后，伴随着世界地缘政治和经济力量的剧烈变化，归因于亚洲地区拥有有利的人口结构、较为稳定的政治体系和刺激增长的政策倾向，区域内各大经济体在科技、贸易、文化和资源流动等方面加速融合，亚洲的力量逐步增强。

在求同存异、兼容并蓄、交流互鉴的主旨下，以中国为代表的一批新兴经济体正在超越意识形态和社会制度差异，从封闭到开放，从隔阂到互信，建设自由贸易网络，推进亚洲经济一体化、协调跨区域合作机制、搭建交流互通平台，除了经济之外，还将合作共赢的理念运用在政治、安全、文化等各个领域，从而迈向“亚洲命运共同体”的新纪元。

在亚洲不同经济体之间，“多样化”与“互补性”的特征协同发展。而若从微观层面加以观察，国家与国家之间的资本、商贸、技术乃至文化和人员流动，无不依赖于一批迅速崛起、规模庞大、连接度极高的全球性中枢城市得以实现。作为亚洲融合网络中的强大节点，这些城市竞争力的核心在于汇聚起人才、组织和资源，能够持续为创新提供动力，加强文化和思想交流，也为居民创造了大量参与、互动和经商的机会，推动人口和经济的增长，拥有着在全球范围内的强大影响力，成为多元化世界的缩影之一，进一步融入并创造全球网络链接。

改革开放以来，与经济的高速发展同步的是中国城市化进程的加快。可以说，这里有众多最为鲜活的城市再造案例，也面临着最为迫切的超大城市治理难题。在营造这个复杂的生态系统过程中，人的因素至关重要。政策制定者、开发商、设计师和商业运营者的聚齐似乎尚不足够，专业人士以及居民参与的缺位问题日益受到关注。若想打造一座理想中的城市，城市领导者急需做出更佳多元化的战略与投资决定，应对在地理、人口、产业优势等因素上的剧烈变化，促使城市更加强大且富于韧性。

其安易持，未兆易谋。

作为亚洲标志性的超级城市，日本东京拥有持续更新、再造的绝佳本领，在保持传统和吸纳多元文化之间找到了较为完美的平衡点，不间断释放出的“多样魅力”能够吸引全球注意力，也始终能在世界各大城市排行榜中位居前列。再进一步来看，即便东京的城市和发展规模已经如此庞大，但诸多显著的变革和创新依旧可以不断推陈出新且加以实践，其背后的巨大驱动力着实引人深思。

从许多国际超大城市治理实践经验来看，政府、企业、市民之间的充分协作，以及结合自上而下的统筹规划和自下而上的市民多元参与极为重要，这些与“人”紧密相关的因素，将决定城市能否在未来的超级都市争霸赛中保持常胜。

在本章节中，我们尝试从治理实践的不同视角入手，分析了东京所采取的具体发展举措和机制：无论是利用重大历史事件，推进城市能级跃升和跨越；还是强化规模与密度优先，持续吸纳人才，确保城市核心竞争力；抑或是将“创意、科技、健康”的理念注入城市 DNA 之中，带给人们多元化旅居体验；再或者通过高效、完善的轨道交通系统，重置城市空间结构，打造区域内外人员和产业的时空转移，推进经济快速发展。

进一步而言，在详读和分析由梅泽高明先生引领的“新世代东京计划”过程中，除了各项城市治理促进举措让我们眼前一亮，这类由民众参与，开启多元共治的独特模式更是给予大家更多启发。

我们认为，在城市规划和治理等方面，中日两国有着诸多相似的背景，其中既包括东亚地域文化上的共同点，也有城市发展机理和脉络的相通性。中国各大城市当下所面对诸如区域协同发展、创新发展、治理能力提升、人才吸引、老龄化挑战、教育医疗产业布局等重大问题，也是东京等日本大都市曾面临或者正在面临的议题之一。对中国城市政策规划的主导者而言，如何有效借鉴和优化这些经验教训，意义重大。而聚焦“以市民为中心共同参与”的治理模式，即动员精英市民发起、政府支持、公众团体和企业界深度协作的城市发展模式，则为中国城市实现“弯道超车”提供了极具现实意义的实践案例。

当下，突如其来的新冠疫情似乎给全球城市的发展按下了暂停键，在动荡和复苏的环境下，亚洲各大城市将面临更为激烈的竞争。正值新一轮的重大城市开发计划落地之际，如何更好发挥本地企业、学者、专家的群体智慧，借鉴他国经验，打造切实且富于创意的本土计划，推动城市的全球化发展，我们任重而道远。

综上，“新世代东京计划”对我国各一线和新一线城市打造国际超大型城市治理体系具有良好的借鉴作用。其核心思想聚焦“以市民为中心的共同治理”，关键的成功因素在于充分动员东京本地的精英贤达人士，并通过创设良好的多方交流机制，充分发挥他们对城市发展的热情和专业能力。

中国的超大与特大城市都是全国乃至全球的人才高地，有一批在各个专业领域具备精深能力，在商业运作和管理方面具备长期经验，并兼具国际视野与本土关怀的精英人才。希望借鉴“新世代东京计划”的经验，让他们将自己擅长的领域与区域发展诉求深度结合，打造出植根本地、展望全球的本土计划。通过切实发挥本地企业、学者、专家的群体智慧，推动城市的国际化发展。

第 5 章

东京城市发展史，时空交织下的传承和变革

一、关于东京的几个空间概念

作为日本政治、经济和文化的中心，东京同样也是一个世界级的大都市。在旅行者的眼中，东京也许会被定义为繁华喧闹的银座、歌舞升平的新宿、多元开放的涩谷，又或者是人头攒动的浅草寺。若从地域空间的角度来描绘东京，还可以从以下五大关键词入手解读——“都心六区”“东京都区部”“东京都”“东京都市圈”和“首都圈”，按照自小而大的顺序分析了东京的不同空间尺度与范围（如图 5-1 所示）。

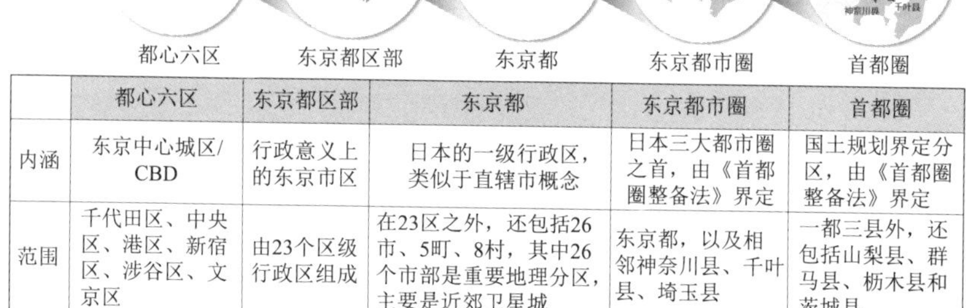

	都心六区	东京都区部	东京都	东京都市圈	首都圈
内涵	东京中心城区/CBD	行政意义上的东京市区	日本的一级行政区，类似于直辖市概念	日本三大都市圈之首，由《首都圈整备法》界定	国土规划界定分区，由《首都圈整备法》界定
范围	千代田区、中央区、港区、新宿区、涉谷区、文京区	由23个区级行政区组成	在23区之外，还包括26市、5町、8村，其中26个市部是重要地理分区，主要是近郊卫星城	东京都，以及相邻神奈川县、千叶县、埼玉县	一都三县外，还包括山梨县、群马县、枥木县和茨城县
面积	86.9平方公里	621.9平方公里	2190.9平方公里	13500平方公里	36600平方公里
人口	129.6万	924.1万	1351.5万	3612.7万	4382.8万

图 5-1　“东京”涉及的五个层面空间范围说明

1. 都心六区

根据不同的解读方式，东京城市中心区域有着“都心三区”“都心五区”“都心六区”等不同说法，其中“三区”和“六区”最为人们所熟知。

因受东京地势特点的影响，西部台地，即目前东京“山手线”所包围的内侧地区，被认定为传统意义上的上流社区；而从地理和文化传统层面看，东京市的都心是位于西部台地地区内的江户城。明治维新时期，明治天皇从京都迁往江户（后易名为东京），其所居住的场所被称为皇居，位于千代田区，这里也是日本政府的所在地，包含外务省、法务省、警视厅、国土交通省、最高裁判所等一系列最高政府机关，承担着极其重要的政治及管理职能。

千代田区之外，银座所在的中央区、CBD 和高端社区集聚的港区，汇集了众多日本及世界顶尖企业总部、高端社区及商业区，具有高强度的经济聚集能力。因此，千代田区、中央区、港区这三大区域在早期被统称为“都心三区”。

东京“都心三区”可以被视为东京传统的 CBD 区域，其在空间面积、人口规模和人口密度方面都可与纽约 CBD、伦敦市中心三区和巴黎市中心九区类比。此外，东京都政府以及交通枢纽所在的新宿区，代官山、惠比寿等高档生活区所在的涉谷区，东京大学、御茶水女子大学等一流院校所在的文京区，与“都心三区”的关联最为紧密，合称为“都心六区”，如图 5-2 所示。

20 世纪 60 年代，新宿、涩谷和池袋被确定为东京“副都心”的首批扩展区域，规划者意图通过西扩，疏解“都心三区”的拥挤。此后，为解决东京“都心三区”所面临的人口密集和交通拥堵等常态化问题，东京先后建立了多个“副都心”[①]，皆兼具购物、办公、观光、休闲等综合功能，力图避免东京陷入“单极发展”的局限。特别是 1991 年，东京都政府整体迁往新宿副都心，这一举措更是带动了整个新宿地区的区位交通提升和经济发展。这些举措都持续强化了“都心六区”的概念。

---

① 东京七大副都心为新宿、涩谷、池袋、上野·浅草、锦系町·龟户、大崎、临海。

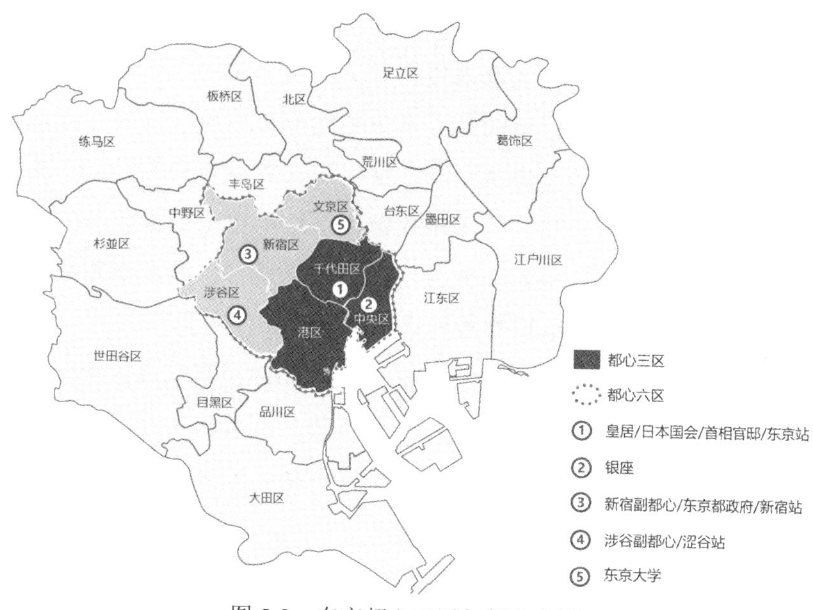

图 5-2　东京都心三区与都心六区

如果将北京的城市定义成以故宫为圆心，三环以内为核心区域的话，对照来看，以“山手线[①]作为分水岭的内圈则可称之为东京市的核心区域，即“都心六区”，涵盖了千代田区、中央区、港区、涩谷区、新宿区和文京区。“都心六区”应该也是国内读者对东京的传统印象集聚区，大部分的东京旅游目的地都集中在此。以著名旅行攻略书《孤独星球：东京》为例，在其认为应作为重点目的地集中参观的区域速览中，除了浅草（浅草寺、晴空塔）位于台东区，其他部聚集于“都心六区”之内，这片区域被视为东京古代与现代，东方与西方风格交融的地区。

由此不难看出，东京都心的发展，是建立在以皇居为中心的基础上，向外逐步辐射。这一延伸方式与北京城市的发展颇为类似，

① 山手线（Yamanote Line）为日本东京都东京市的通勤铁路之一，轨道为环线，是东京都心最大的交通动脉。

呈射线状延伸。但东京无疑在设置副都心、实现多极化发展等方面更加技高一筹，尤其是在放射线的中间位置设立副都心的举措，极大地疏解了城市压力，“都心六区”可谓是东京市集政治、经济、人文于一体的精华所在。

2. 东京都区部

通常，狭义上所指的“东京”主要是行政管理意义上的东京，即“东京都区部”。这是一个由23个区组成的特殊行政区，且与历史上的东京市（1889—1947）所管辖的范围相同。

自1868年明治维新以来，日本自上而下实施改革，1889年由15个区正式组成东京市，1932年又将周边5郡并入东京，并划分成20个区，再加之原有15个区域，共计35个区。这个区域规划一直延续到第二次世界大战之后。1947年，在驻日盟军总司令部[①]的指导下，实施精简区域政策，最终正式确定23区。当前，“东京都区部”整体所占地面积达621.97平方公里，人口超过900万。

彼时，在1947年的区域规划版本之初，秉承对区域人口分配而非地理面积分配的思路，旨在将人口最多的区域和最少的区域比例控制在3∶1。时至今日，除较为特殊的千代田区和中央区之外，根据2015年东京各区人口统计数据可见，人口最多的世田谷区（约88万人）与人口最少的台东区（约18万人）的比例接近4.9∶1。不难看出，当初的城市规划确实能够较为合理地指导区域内的人口分配，有效地促使人口压力疏解和分散至各区域。

目前“东京都区部”通过7个“副都心”实现了城市多中心分散布局。7个副都心中，除了前文提到的新宿、涩谷、池袋之外，又在1982年确立了上野·浅草、锦系町·龟户、大崎3个副都心，

① 第二次世界大战结束后，美国远东军司令兼驻日美军总司令麦克阿瑟为执行美国政府“单独占领日本”的政策，以驻日盟军总司令的名义，在东京建立盟军最高司令官总司令部。

并进一步在1987年确立临海副都心（1995年正式被指定为东京第7个副都心），以填海的方式，形成了一个约0.5平方公里的新区。

各个副都心通过多样化的轨道交通进行有序结合，实现了以交通引导的多中心网络的发展策略，从地图上可以观察到，在全部7个副都心中，有5个直接布局在“山手线”沿线地区（如图5-3所示）。

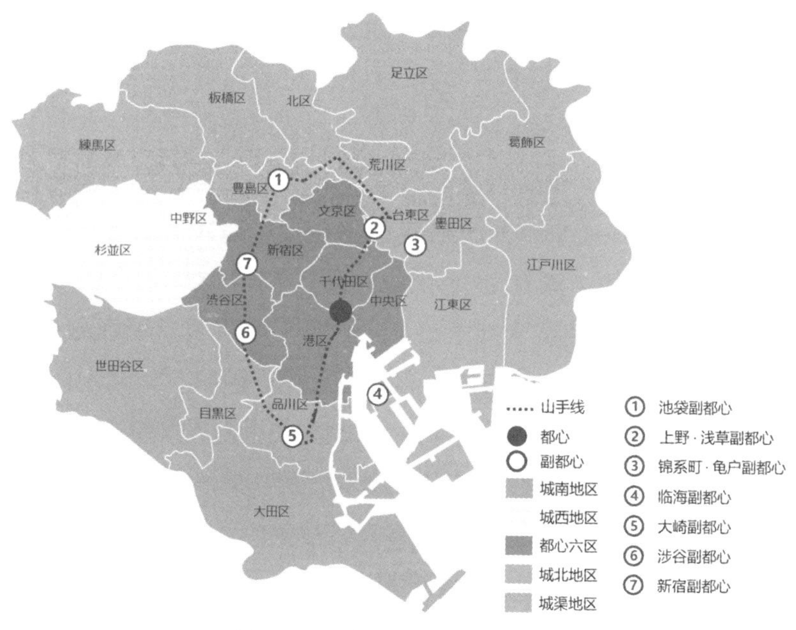

图5-3 东京都区部及各副都心

3. 东京都

东京都的设置与日本整体的区域行政规划密切相关。

1871年，为加强中央集权，明治政府采取一系列具有划时代意义的政治变革，其中涉及废除全国各藩且统改为府县的举措，一举结束了日本长达数百年的三百藩林立[①]的割据局面。与此同时，日本

① 德川幕府执政期间，采用的“幕藩体系”，指以幕府为核心，藩国为支柱的政治制度。在前后改易废除之下当时共计约300个藩，故世人称之为“三百藩”。

的地方行政规划也随着废藩置县政策的实施而出现变革，一级行政区分成“都、道、府、县”四类。具体来讲，就是分为1都（东京都）、1道（北海道）、2府（大阪府、京都府）、43县，共计47个一级行政区，下设支厅、市（特别含区）、町、村，如图5-4所示。

当前，东京都所管辖的区域由东京都区部、多摩地域以及东京都岛屿部的区域组成，占地面积2194平方公里，常住人口接近1400万人（2018年），占日本总人口数的10%以上。在东京都的23个区部之外，共辖有26个市部（城市级行政单位），合计人口约为400万，而其中除了八王子市人口超过55万人，其他城市人口数量大多在10万～20万之间。

回顾东京都的发展历程，基本上每位东京都知事在任之时，都会制定一版城市发展战略规划，如果连任，则通常每个任期也会更新规划的版本。这些规划中，既包括许多一脉相承的发展理念，也会涵盖时任知事对于城市发展的不同见解和举措。目前，最新的是现任知事小池百合子于2016年12月出台的《打造“都民优先”的新东京——东京2020年发展计划》，其继承了2014年舛添要一任上制定的《东京长期展望》的主要发展方向。在城市总体规划方面，最新一版规划则是2017年9月制定的《都市营造的宏伟设计——东京2040》。

4. 东京都市圈

与纽约、伦敦、上海等城市形成的大都市圈相似，日本也拥有三大都市圈，即东京都市圈、阪神（大阪—神户）都市圈和名古屋都市圈。东京都市圈作为日本三大都市圈之首，以东京为核心，实际范围囊括东京都、神奈川县、千叶县、埼玉县，故又称之为“一都三县”，如图5-5所示。

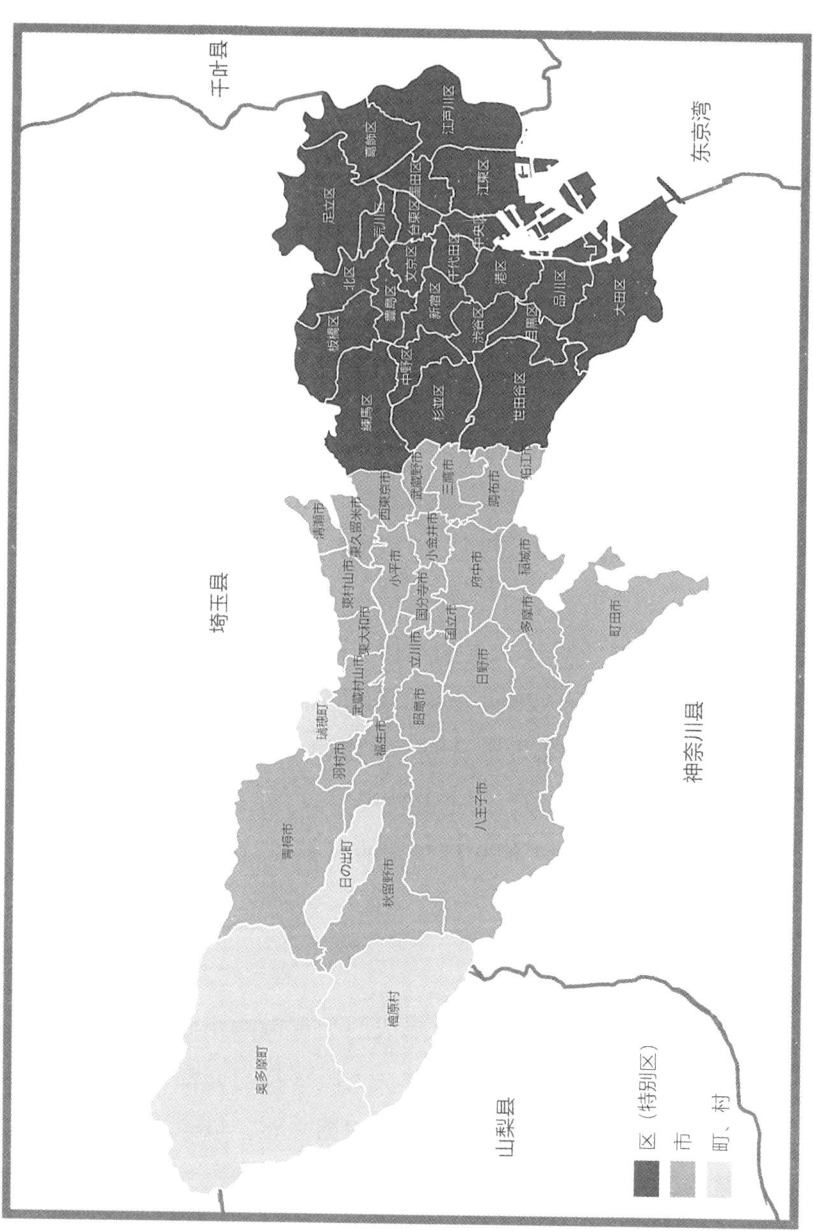

图 5-4　东京都范围（不包含管辖的岛屿部区域）

图 5-5 东京都市圈覆盖范围（一都三县）

具体来看，神奈川县的县厅所在地横滨市，是除东京之外，东京都市圈内的第二大城市，横滨港也是东京都市圈主要的国际港口。受益于东京持续的外溢与带动，目前就人口规模来看，横滨已经超越大阪，位列日本第二位；就经济体量而言，也超越了名古屋，位列日本第三位。

当前，东京都市圈占地面积接近 13 514 平方公里，常住人口约 3700 万人（2018 年），占全国人口总数的 1/3 以上，城市化率超过 90%，GDP 占全日本的 40%。若类比国内近年来热议的“大湾区”概念，东京都市圈也可以被视为“东京湾区”，包括东京港、横滨港、千叶港、川崎港、横须贺港和木更津港 6 个主要港口。以东京为核心，向川崎市和神奈川县方向形成了京浜带，向千叶县方向形成了京叶带，在这两个发展轴带中，拥有大量先进制造业与生产性服务业，涉及钢铁、石化、机械、电子、船舶重工、汽车、物流、工业研发等。

东京都市圈原型最早可追溯到“二战”后，当时为缓解人口和产业进一步集中于东京中心地区，日本政府于 1956 年颁布《首都圈整备法》，将东京都与周边地区作为一体化的区域设定为法定规划对象，开启了都市圈发展阶段。

更为值得注意的是第四次首都圈整备计划。政府于 1988 年提出调整东京“一极集中”[①]的传统结构，打造“业务核都市”为核心的都市圈，以促进东京都市圈内部空间结构的优化和区域协调发展。在此举措之下，横滨、川崎、浦和、大宫、八王子等城市被重新定为“业务核都市”。后续又在东京都之外进一步打造三大“新都心”，即埼玉“新都心”、千叶“幕张新区”、横滨“21世纪未来港”。其中，埼玉“新都心”承担了部分行政职能，中央省厅的关东地区派驻机构大都进入这个地区。

6. 首都圈

“二战”后，以东京都为中心的地区普遍存在着通勤复杂、交通拥堵、住宅供给不足等问题，为积极应对人口增长及城市功能集聚带来的巨大挑战，在借鉴了英国“大伦敦”地区综合发展模式和经验之后，日本政府于1956年制定了《首都圈整备法》。

自1958年起，每隔十年日本就会开展首都圈总体规划设计，经由日本中央政府牵头主导下的区域性行政协调机制开展工作，由首都圈整备委员会形成名为“首都圈整备计划”的成果，先后于1958年、1968年、1976年、1986年、1999年制定了五轮规划，最新一次是在2006年。跨越了日本经济从战后复兴、高速增长、维稳发展到经济衰退将近半个多世纪的历史时期。在多次历史性转折中，这些规划都映射出颇具风格的时代特征，其核心目标始终聚焦于设计区域经济一体化过程中的空间结构、功能布局等方案，以及解决因人口、资源和城市功能过度密集所引发的各类区域性问题。

目前，首都圈包括东京大都市圈“一都三县”以及关东地区剩余的三个县（茨城县、枥木县、群马县）和西部与东京接壤的山梨县，

① “一极集中”指日本的政治、经济、文化、人口以及社会资源和活动过度集中于东京及其周边县的问题。

合称为“一都七县”（如图 5-6 所示）。首都圈会聚了 4383 万的人口，覆盖面积达到 36494 平方公里。

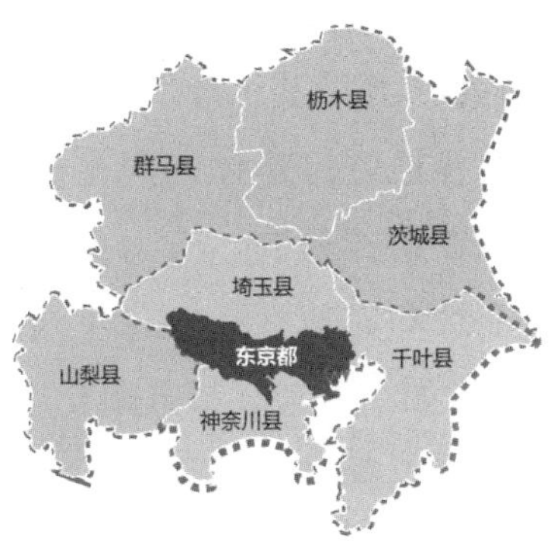

图 5-6　首都圈覆盖范围（一都七县）

首都圈比东京都市圈有所扩大，但由于其本质上还是围绕东京这一全球超级城市形成的，因此更多被视为一个扩大的都市圈，而非城市群。在国际上，被公认的日本城市群为“日本太平洋沿岸城市群”，即由东京都市圈、阪神（核心城市为大阪、神户）都市圈、名古屋都市圈三大都市圈所构成的一个超巨型城市群（如图 5-7 所示）。

图 5-7　日本三大都市圈

从区域行政的历史经验看，东京都市圈内的区域性协调机制多年来主要以中央政府主导，即中央政府通过完善权威的区域性规划体系和强有力的项目资金保障、政策配套以及自上而下的宏观调控，达到区域行政协作的目的。

在东京都市圈内的各地方自治体之间也探索出了与中央集权主导相配套的一些区域性协作机制，有力保证了在处理具体区域问题时的针对性、灵活性和有效性。一些正式体制外的跨区域协议会是最常见的形式，诸如："东京都市圈交通规划协议会""关东地方行政联席会议""七都县首脑会议""首都圈港湾合作推进协议会"等。

【小结】

梳理东京城市的发展轨迹，我们可以发现，它并不是仅以单一的线性方式向外辐射，而是通过设立"副都心"（指上文提到的新宿、涩谷等）以及"新都心"（指上文提到的埼玉、千叶幕张等），以其为中继进一步向外辐射，进而打造整个区域成为全球领先的都市圈。

再从跨行政区划的区域协作机制来看，东京都市圈的协作经验和模式也非常值得借鉴。东京都市圈内的区域性协调由中央政府主导，通过自上而下的调控和配套政策达到目的；而地方政府（包含区域联合组织或机构）的活动受到行政律法的多重限制。这一"集权化"的管理模式使得在大规模的区域行动中，开发效率、区域资金利用及资源合理配置得到了有效保障。

当然，由于东京都在整个都市圈所占据的绝对地位，以及在整个日本经济中都享有至关重要的影响力，在关于发展主导权方面，东京都政府和中央政府之间难免会产生矛盾。

二、关于东京的几个时间概念

如果从时间的角度来观察，我们还可以更好地诠释蕴藏在东京城市基因中的“传统和变化”这个特征。不管是作为幕府将军的古老城下町，还是历经明治、大正时代的沧桑巨变，抑或者是在“二战”后凭借奥运效应华丽转身成如今的国际化大都市，这座历史悠久的都市持续不断地沉淀着自身的文化传统，与此同时，也在海纳百川消融着东西方文化的精髓。

1. 古代时期的东京（公元前 3 世纪—1867）

公元前 3 世纪左右，因火山爆发带来的硬性红黏土造就了日本最大的平原——关东平原[①]。凭借亚热带季风气候所带来的充沛雨水，以及隅田川、江户川和荒川三大河流，使东京地域具备了得天独厚的早期生存环境。

虽然关东平原是日本三大平原[②]中最大的一个，却是开发最晚的一个。镰仓时期（1185—1333），史书《吾妻镜》[③]中第一次出现江户这个地名，大意为河流入川之口。室町时代（1336—1573），扇谷上杉氏的家臣太田道灌于 1457 年在江户村修建江户城，而后，伴随扇谷上杉氏的家族衰落，后北条氏于 1522 年率军攻陷江户城。此后，江户城一直作为后北条氏的一座支城，由家臣远山纲景接管。

1590 年，丰臣秀吉率军讨伐后北条氏，攻陷小田原城。虽江户城未受战争影响，但作为后北条领地按例没收。当时，作为家臣的

① 关东平原位于日本本州岛东南部，北、西连接山地，东、南面朝太平洋和东京湾。
② 日本三大平原为关东平原、大阪平原、浓尾平原。
③ 日本镰仓幕府官修编年体史书，又称《东鉴》。

德川家康受任入封关东，并择江户作为主城。彼时的江户城不过是一座仅有百座茅草顶屋的小镇。

江户城的真正发展得益于德川家康的崛起。在关原之战（1600年）取得关键性的胜利后，德川家康于1603年以江户城为据点开设江户幕府，从此开创了长达260多年的德川幕府时代。1606年，江户外围城墙修建完成，并一直持续至今。由于江户建立之时并非以皇室为中心，因此江户的形态并非像模仿长安的棋盘状形态的京都，而是根据地形特点进行修建，整个城市形成了较为自由的形态特征。1657年，江户大火，由于城内多为木制建筑，整座城市基本被烧毁。在重建过程中，逐步形成山手、下町两个地区。

时至江户幕府第三代征夷大将军德川家光时期，通过填海建市、整治河川、建设供水设施等一系列举动，大幅提升了城市整体建设水平。

在这个时期，因作为幕府将军的居城使用，江户迅速成为全国幕政中心，众多武士家族于此繁衍，而服务武士阶层的商人、工匠、使役作为町人亦大量涌入，各类交易日益活跃，江户地区得以迎来全面发展。作为日本当时事实上的政治中心和东日本地区的经济枢纽，其整体实力逐渐可以同京都及大阪等核心地区媲美，并在江户幕府中后期成为全国经济中心，鼎盛时期的人口数量高达130万，成为当时世界范围内当之无愧的大都市之一。

2. 近代时期的东京（1868—1940）

历经第二次征长战争之后，江户幕府已失去统治日本的能力。1867年，幕府第十五代大名德川庆喜还政于明治天皇，这就是历史上著名的“大政还奉”，也标志着江户时代的结束和近代日本历史的开始。

“朕今亲理万机、绥抚黎庶。江户，东方第一重镇、四方辐辏之地也。深宜东幸，以合地利，因改为东京。自今遑论东西，海内一家，其知朕意。”——《江户改称为东京诏书》

值得庆幸的是，虽经历剧变但江户城并未因此沉沦。明治维新使得政权名义上回归天皇，实则是建立君主立宪政体，完成了近代化政治改革。由于新政权的重新设立以及关东地区经济实力的彰显，京都已经不适合再作为日本的首都，迁都被提上议事日程。

1868 年，一纸诏书，易名换姓，江户城改名为东京。而明治天皇也于次年将皇室与政府驻地从京都迁到东京，从此东京在真正意义上成为了日本的首都。

明治时期（1868—1912），在城市建设方面东京大量引入西方元素，封建领主的宅邸里出现了瓦砖结构的建筑，而城市的核心主干道也采用圆石铺设。1872 年，首条连接着东京和横滨的铁路横空而出。几经江户幕府时期的繁荣、没落之后，直至 1883 年，东京人口数量再次超过 100 万人。

当然，东京的城市建设也并非一帆风顺。

大正时期（1912—1926），破坏性极大的关东大地震几乎摧毁了整座城市的传统格局与面貌。1923 年的 9 月 1 日，离正午仅差 1 分 15 秒时，东京居民没有等到皇居广场传来的开炮报时之声，而一场高达里氏 8 级的大地震悄然而至。位于东京下町[①]的大部分建筑虽在首次地震时幸免于难，但在其后的 40 多个小时内因火灾几乎化为灰烬。根据当时报道，地震造成的人员伤亡接近 10 万人，建筑物毁坏超 50 万栋以上，直接经济损失达 65 亿日元。

地震之后，对于东京城市的修复应该遵循“复旧”还是“复兴”

① 位于东京都区部东部，泛指浅草、上野、谷根千、日暮里等地区，因其风情小街近似于江户时代的风格而得名。

的原则，日本朝野展开激烈争论，最终“复兴派”取得“大义名分”[①]。短短 5 天内，以后藤新平为代表的“帝都复兴院”提出了“帝都复兴议案”，但其后又在复兴资金预算审核等问题上遭遇重重困难，最终只实现部分复兴。事实上，后藤的城市振兴计划极具前瞻性，充分考虑了防火带建设、道路骨骼拓宽和一系列近代化都市基本生活设施建造等思路，对促使东京能够发展成为世界超一流的现代化都市有着不可估量的贡献与影响。

昭和时代（1926—1989），在关东大地震的阴影之下拉开了历史的帷幕。值得东京市民兴奋的是，全日本乃至全亚洲第一座地铁线于 1927 年在东京开通运行，往返于上野和浅草两个地区之间，长度约 2.2 公里。1931 年，作为首个国营的民航机场，东京羽田国际机场落成启用。一时间，关东大地震所带来的阴霾似乎正渐渐消散，但东京城市的发展并未止步于此，“轨道上的东京”也在逐步成型。

1934 年，以轨道交通建设和土地整备一体化为目的，东京横滨电铁（后改名东急电铁）在涩谷设立东急百货，成为东京首个以公共交通为导向（简称 TOD）的一体化开发项目[②]。随后，TOD 项目也不断推陈出新，典型代表便是东京东急田园都市、汐留站再开发等项目，从“人居”的需求为出发点，将铁路交通与城市更新实现了完美的融合。到 1940 年，东京的常住人口激增至 750 万，已与远在大洋彼端且为全球顶级城市之一的纽约不分伯仲。

---

① 1923 年 9 月 12 日皇太子颁布《帝都复兴诏书》，明确关东大地震后灾后重建目标，不止于复旧，更需达到复兴。

② 指在新城开发或旧城再开发时，将人口、就业和增长机会聚集到轨道或大容量快速公交站点周边，形成以公交为导向的城市开发。

3. “二战”及“二战”后复苏期的东京（1941—1955）

第二次世界大战的爆发给这座正处于蓬勃发展阶段的城市带来致命一击。

1943年，东京为了响应战时体制强化需求，通过《东京都制案》，于同年解除东京府和东京市二重行政，统合为东京都。1945年3月9日夜间，战机的轰鸣声突然响彻东京上空，334架B-29轰炸机以563公里/小时的时速直扑东京，并实行轮番地毯式轰炸。当晚，轰炸机投下的2000余吨燃烧弹造成了火灾旋风，火势迅速蔓延，轰炸区域内的生物几乎灭亡殆尽。此次轰炸行动摧毁了东京1/4的区域，伤亡高达10万余人，其破坏力可与投放在长崎的原子弹比肩。随后2个月内，东京又遭受到程度不同的2次空袭。1945年8月15日，日本接受《波茨坦公告》宣告无条件投降，由此第二次世界大战落幕。截至1945年10月，超过400万人离开了东京，东京的人口骤降至约350万人左右，仅为1940年的一半。

东京的战后重建并没有像关东大地震灾后那样快速推进，而是在美国占领军的管理下蹒跚前行。直到1946年底，每20个东京市民中仍有1人居住于临时避难所。截至1949年，东京才完成了约1/3的住宅重建，速度远远落后于遭受了原子弹冲击的广岛和长崎。

回顾历史，1950年爆发的朝鲜战争成为东京，乃至整个日本经济复苏的关键。战争期间，日本作为美国东亚大陆作战的后勤补给基地，在工业方面得到了极大的发展。据统计，朝鲜战争使日本获得直接特需收入高达24亿美元，促使当时日本的经济迅速发展。

4. 黄金时代下的东京（1956—1985）

20世纪50年代后期，如同明治维新时代那般，日本再一次开始大量汲取西方文化和科技。其中，在建筑领域，就不乏以巴黎埃菲尔铁塔为范本而建造的东京塔；在科技领域，由于持续地推进新技术引进和革新工作，黑白电视机、电冰箱、洗衣机等日常家电开始进入东京居民日常生活。直至1962年，东京的常住人口已突破1000万。

当然，还有另一件更为重要的事件值得东京居民欢欣雀跃。

1959年，东京申办奥运会成功，在任的日本奥委会主席东龙太郎也同时担任东京都知事，奥运会的申办似乎成了战后重建的主要成果展示活动。以举办奥运会为契机，日本政府制定了将首都东京打造成现代化城市的战略规划。

除了为迎接奥运会而增设的众多赛事场馆之外，最值得一提的还是使用至今、交错纵横的东京轨道交通网络体系，而这正是得益于1964年东京奥运会前期完成的框架雏形。近9000亿日元（约整个奥运会预算的90%）投放于推动东海道新干线、连接羽田机场的东京高架单轨电车、首都高速公路、东京地铁及交通网的整备中，以及大型酒店等住宿设施建设项目。奥运会的到来也还直接带动了东京附近房地产市场的快速发展。从1960年起，东京迎来了量价齐升的房地产开发黄金时代。

进入20世纪七八十年代，伴随经济的高速发展，如同国际上其他的大都市一样，东京出现了严重的城市病。正如上文提到的，也是在这一时期，东京开始积极打破“一极集中”的格局，增设“副都心”“新都心”；另一方面，随着国际经济活动的增加，成田机场于1978年投运，双机场运营模式被确立。东京日渐成为全球首屈一指的世界级大都市。

5. 泡沫时期和进入千禧年后的东京（1986—至今）

1986 年后，因受大量投机活动的影响，日本股票和土地价格疯狂飙升，当时东京 23 个区的地价总和达到了可买下美国全部国土的程度。疯狂的投机行为也为日后的经济衰退埋下了伏笔。当实业的发展无力再支撑资产价格持续上升之际，泡沫经济开始呈现下行态势。1990 年，迎来了泡沫破裂时期，巨量的账面资产在短时期内消失殆尽。

进入千禧年后，被称为日本最大的城市再开发项目“六本木新城”落成，再次为东京注入活力。秉承着打造“城市中的城市”的理念，位于港区的六本木新城集商业活动及办公、居住、酒店、电视台、美术馆为一体，充分展现出将艺术和创意完美融合的都市空间建造理念。

2013 年，东京再一次抓住了申办 2020 年奥运会的历史机遇，成为继巴黎、伦敦、洛杉矶和雅典后第五个至少举办过两次夏奥会的城市。奥运效应使得这座历经沧桑的全球顶级城市再一次赢得全世界的瞩目。而日本政府也推出新的东京城市战略，并提出制定 2040 年的远景设计。在规划中，不乏包括中心城区的居住场所改善、机场航运能力提升，以及道路交通网络完善项目，同时计划公布的新“环境基本计划”，大力宣传可再生能源及氢能社会等。

2020 年，受全球新冠疫情的影响，东京奥运会没有如期而至，改在 2021 年举行。

2014年，“新世代东京计划”正式成立。随后我在全国多个城市进行了40多次主题演讲，从许多人那里获得了宝贵的灵感和启发。

在与外国人交流的过程中，我发现近年来全球对东京的关注度明显提高，现在的日本，终于获得了与其实力相称的评价。

然而，正如我在前言说明的一样，东京的再开发项目过于混乱，没有一个统一的指导方针。

希望拙作能够给予读者灵感上的启发，让志同道合之士联合起来，推动东京乃至全日本的经济发展和文化创新。希望东京可以通过独一无二的城市规划，挖掘每个地区丰富多彩的个性，向着全世界最具魅力的城市——“新世代东京”不断努力。

以上，便是我寄予拙作的两个愿望。

在拙作的完成过程中，我得到了许多人的帮助。虽然无法一一列举所有人的名字，但我依然想在本书的结尾，对给予我莫大帮助的人士表示由衷感谢。

首先，我想感谢堀义人先生。正是您主办的GI峰会，促使我成立了“新世代东京计划小组”。此外，我还想感谢伊藤穰一、猪子寿之、中川悠介、长谷川祐子、岛原万丈、高岛宗一郎、长谷部健、仮屋园聪一在小组讨论上给予了我的启发，以及在项目实施过程中给予我的帮助。

感谢杉山知之、辻芳树、池尾恭一、原英史、秋山咲惠在Cool Japan创新人才签证政策的修改过程中付出的努力。感谢世耕弘成、平将明、柴山昌彦、小坂宪次（已故）、秋元司、山本一太、二之汤武史等政界人士在《国家经济特区法》和《风俗营业法》的修正过程中给予的支持。

感谢 Miles Pennington、藤井辉夫、山中俊治等学界代表在 RCA-IIS Tokyo Design Lab 成立过程中付出的辛劳。感谢阿部仁史、根来龙之、藤川佳则、David Slocum 为“新世代东京计划”提供了宝贵的展示平台。

感谢广重宪嗣•北神裕（Cool Japan 战略）、宗像直子•西垣淳子（设计政策）、藤原丰（国家经济特区）、石井芳明（创业政策）等政府工作人员。感谢向山勇一、鬼头由利、伊原志津子在本书策划和校对过程中付出的努力。

从今天开始，“新世代东京计划”将怀揣初心，正式启航。希望大家能够继续给予我们宝贵的支持。

2017 年 10 月　梅泽高明

东京发展大事记

1868年（明治元年），江户幕府倒台，同年9月3日，明治天皇下诏将江户改称东京，于是江户府改为东京府，“府”包含“行政和军事中心”的意思。

1869年，明治天皇迁都东京。明治政府逐步强制实行“版籍奉还”“废藩置县”政策，建立中央集权的政治体制。

1872年，东京、横滨间日本首条铁路建成开通，全长29公里。

1883年，东京人口超过100万人。

1889年，明治宪法公布，确立了日本作为近代国家的基本体制；5月1日，东京15区从东京府中分离出来成为东京市，形成双重行政管理设置。

1893年，根据东京府及神奈川县境域变更的相关法律，将多摩地区从神奈川县编入东京府，基本确立了东京都的境域。

1914年，东京站竣工（目前是日本第三大站，位于东京都千代田区丸之内一丁目，被誉为东京的“表玄关”，具有首都中央车站的地位），车站建筑物被认定为日本国家重要保护文物。

1923年，关东大地震，东京和横滨两座大城市受损严重，约14万人死亡，30万间房屋被毁，200多万人无家可归。

1927年，全日本乃至全亚洲第一条地铁线——银座线开通。

1931年，东京羽田国际机场建成，最早是一座国营的民航机场；第二次世界大战后，为美军接管；1952年再次开放。

1934年，东京横滨电铁（东急电铁）在涩谷设立东急百货，成为东京首个TOD（以公共交通为导向的开发模式）一体化开发项目，营业至今。

1943 年，政府向帝国议会提出《东京都制案》并得到通过；同年 7 月 1 日正式实施东京都制，废除东京府和东京市的双重架构形式，统合为东京都，延续至今。

1945 年，美军对东京开展大轰炸，日本签署投降协议，第二次世界大战结束。此时，东京人口数量为349万人，仅为1940年的一半。

1947 年，将 35 区再编为 22 区；同年 5 月 3 日，由于地方自治法的实施，成为特别区。

1958 年，东京的地标性建筑物东京塔建成，超过埃菲尔铁塔成为当时世界最高建筑。

1959 年，东京申办奥运会成功；同年，日本奥委会主席东龙太郎担任东京都知事。

1962年，随着日本经济的高速增长，东京人口首次突破1 000万。

1964 年，东京奥运会开幕，成为第一个举办奥运会的亚洲城市；开通东海道新干线、地铁丸之内线、日比谷线、首都高速公路进行路网扩张；投入巨额资金对基础设施和公共事业进行大规模改造。

1968 年，东京高速公路全线正式开通，公路和轨道交通系统的不断完善得以支持城市功能的不断扩张和激增的人口数量。

1978 年，成田机场投入运营，位于距东京市区 68 公里之遥的千叶县成田市，是日本最大的国际航空港。如今，成田国际机场年旅客吞吐量居日本第二位（第一位为羽田机场），货运吞吐量居日本第一。东京确立双机场运营模式，羽田机场主要负责国内航线，成田主要运营国际航线。

1991 年，东京都政府办公机构从丸之内迁至新宿，大量办公及商业设施在其附近迅速发展，商业地产加速开发。

1995 年，日本东京的营团地下铁发生恐怖袭击事件，邪教奥姆真理教组织人员释放沙林毒气，造成 13 人死亡、6300 人受伤。

2003 年，六本木新城（六本木之丘）开放，总建筑面积 78 万平方米，历经 17 年完成建设，是一座集办公、住宅、商业设施、文化设施、酒店、豪华影院和广播中心为一身的建筑综合体，是日本规模最大的城市再开发项目之一。

2012 年 2 月 29 日，东京晴空塔（634 米）建成，东京塔退居第二位。

2013 年，成功申办 2020 年奥运会，成为继巴黎、伦敦、洛杉矶和雅典后第五个至少举办过两次夏奥会的城市。

2015 年，首都高速公路新一期，中央环线开通。

2016 年，小池百合子当选东京都知事，成为首位女性东京都知事。

2017 年正式宣布成立新党，党名为“希望之党”。

2017 年，JR 西日本公司宣布，在东海道山阳新干线运行的 N700 系列车辆的转向架上出现了裂痕。运输安全委员会做出有发生事故可能的判断，认定为重大意外事件。

2018 年，素有“东京厨房”美誉的东京筑地市场迁到江东区丰州市场，其前身是江户时代在日本桥鱼河岸进行食品流通的市场。

2019 年 4 月 30 日，明仁天皇退位，成为日本皇室近 200 年来首位“生前退位”的天皇，日本进入“令和时代”，德仁太子即位为 126 代天皇；12 月，2020 年东京奥运和残奥会的主会场国立竞技场（东京新宿区）举行竣工仪式。

2020 年，受新冠肺炎疫情在全球范围内蔓延的影响，国际奥委会宣布 2020 年东京奥运会将于 2021 年 7 月 23 日至 8 月 8 日举行，东京残奥会将于 2021 年 8 月 24 日至 9 月 5 日举行。

2020 年 7 月 6 日，小池百合子连任东京都知事。

2021 年 7 月 23 日，东京奥运会开幕。

2021 年 8 月 24 日，东京残奥会开幕。